图书馆服务管理与应用研究

孙艳红　王小青　翟　雯　著

吉林摄影出版社
·长春·

图书在版编目（CIP）数据

图书馆服务管理与应用研究/孙艳红，王小青，翟雯著. --长春：吉林摄影出版社，2023.6
ISBN 978-7-5498-5871-2

I. ①图... Ⅱ. ①孙... ②王... ③翟... Ⅲ. ①图书馆服务-研究②图书馆管理-研究Ⅳ. ①G252②G251

中国国家版本馆 CIP 数据核字（2023）第 123360 号

图书馆服务管理与应用研究
TUSHUGUAN FUWU GUANLI YU YINGYONG YANJIU

著　者：	孙艳红　王小青　翟　雯
出 版 人：	车　强
责任编辑：	罗　晗
封面设计：	刘　芸
开　　本：	787mm×1092mm　1/16
字　　数：	210 千字
印　　张：	10.75
版　　次：	2024 年 1 月第 1 版
印　　次：	2024 年 1 月第 1 次印刷

出　　版：	吉林摄影出版社
发　　行：	吉林摄影出版社
地　　址：	长春市净月高新技术产业开发区福祉大路 5788 号　　邮编：130118
电　　话：	总编办：0431－81629821
	发行科：0431－81629829
印　　刷：	北京银祥印刷有限公司

ISBN 978-7-5498-5871-2　　　　定　价：48.00 元

版权所有　侵权必究

前　言

当今社会，信息量呈现指数式增长，在给大众带来方便的同时，也为人们精准获取信息带来了困扰。如何快速准确地定位到自身所需的资源是用户寻求信息服务帮助的主要动因。随着人类社会跨入21世纪，高新科学技术在得到快速的发展与应用的同时也在改变着整个社会的面貌。同样，以网络和计算机技术为核心的现代信息技术给图书馆带来了新的挑战和发展机遇，形成了对传统图书馆的冲击，如果图书馆只有累积文化遗产和传输交流信息的功能，将有被取代的危险。因此，从这一点来看，图书馆也应不断拓展和增强其功能，而且要有其不可替代的独特性。

图书馆是一个不断生长的机体，只有不断地改革、创新，这个机体才能不断地成长发展。随着信息社会的深入发展，很多既有的图书馆管理模式和服务模式已无法很好地满足人们各方面的需求。图书馆要想在众多的服务机构中彰显自身的优势与活力，就要不断运用新技术、新理念武装自身。新媒体技术的发展和广泛应用使公共图书馆工作遇到了前所未有的冲击和挑战，同时也为图书馆开拓了一个崭新的服务平台。我们必须认识到新媒体应用于图书馆阅读服务的必要性及迫切性，深化平台建设、资源建设、服务方式等方面的变革，完善阅读服务，提高用户的满意度，提升图书馆的核心竞争力，提高图书馆的服务效能。

为此，图书馆应从管理与服务等方面加大转变力度，在知识管理、服务模式等方面积极转变工作模式，让广大用户能更快、更好地获得所需的信息资源，以此提升用户满意度，以及赢得图书馆管理与服务的快速发展与提升。同时，图书馆还应加大自身的信息技术与智慧服务建设力度，应利用大数据技术等全面提升图书馆的信息数据管理工作，确保能为广大读者用户提供最优质的服务。进入新时期，图书馆应在"以人为本"共享发展精神的指导下，进一步强化自身的管理工作效能。无论是在运用不同的管理标准对馆藏资料进行分类、归纳、整理的过程中，还是创设优质的阅读环境的过程中，都应第一时间、第一条件考虑到用户的需求、习惯与喜好等，为他们提供高质量的服务，使他们能获得良好的阅读体验。总之，在变化迅速的社会环境下，图书馆应积极进行管理和服务创新，以新型信息技术等手段，紧密围绕用户权益进行有针对性的改进，从而真正达到对图书馆管理模式、服务流程等的提升和优化。

在本书的撰写过程中，作者参考和借鉴了大量的国内外相关专著、论文等理论研究成果，在此，向其作者致以诚挚的谢意。同时，由于时间仓促、作者能力有限，书中难免有疏漏与不妥之处，敬请专家、读者批评指正。

目 录

第一章　图书馆管理概述 1
 第一节　图书馆管理的概念 1
 第二节　图书馆管理的特点和职能 2
 第三节　图书馆管理中科学理念的应用 7
 第四节　现代图书馆的未来 16

第二章　图书馆服务 19
 第一节　图书馆与图书馆的服务 19
 第二节　图书馆服务的特点和内容 30
 第三节　图书馆服务的类型与发展规律 35
 第四节　图书馆服务的原则 38

第三章　图书馆服务体系 43
 第一节　图书馆的信息资源体系 43
 第二节　图书馆的信息服务体系 47
 第三节　图书馆的管理服务体系 55

第四章　图书馆服务管理体系 65
 第一节　信息资源共享服务体系 65
 第二节　图书馆门户网站服务体系 77
 第三节　图书馆自助服务体系 83
 第四节　移动图书馆服务体系 91
 第五节　图书馆空间服务体系 96

第五章　现代图书馆信息管理及服务体系的构建 105
 第一节　图书馆服务管理系统的理论技术基础 105
 第二节　图书馆数字化服务体系的构建 108
 第三节　图书馆知识服务体系的构建 111
 第四节　图书馆成人教育服务体系的构建 112

第六章 新媒体技术在图书馆服务中的应用 ……………………………………… 115
第一节 网络媒体在图书馆服务中的应用 ……………………………………… 115
第二节 手机媒体在图书馆服务中的应用 ……………………………………… 120
第三节 数字电视在图书馆服务中的应用 ……………………………………… 124

第七章 现代图书馆管理服务模式创新研究 …………………………………… 131
第一节 现代图书馆管理服务创新的必要性、内容与方法 ………………… 131
第二节 现代图书馆管理服务的创新体系及运行模式 ……………………… 136
第三节 现代图书馆管理服务协同创新机制分析 …………………………… 144
第四节 现代图书馆管理与服务创新的模式 ………………………………… 147
第五节 网络环境下公共图书馆服务创新的对策与保障 …………………… 156

参考文献 ……………………………………………………………………………… 165

第一章 图书馆管理概述

第一节 图书馆管理的概念

现代图书馆管理是人类现代管理活动的重要组成部分。作为一门新兴的交叉学科,现代图书馆管理是现代管理学理论与当代图书馆管理实践有机结合的产物。与传统的图书馆管理相比,现代图书馆管理已经显现出许多新的内容与特点。

图书馆管理是图书馆学研究的主要对象,也是图书馆学中的重要分支学科,是集业务管理与行政管理于一体的管理学应用学科。

学者晋岚岚认为,图书馆管理就是通过计划、组织、指挥、协调和控制等行动,按照图书馆事业和图书馆工作的发展规律,最合理地使用图书馆的人力、财力、物质资源,使之发挥最大的作用,以达到图书馆预期的目标,圆满地完成图书馆任务。

国家教委高教司提出:图书馆管理是指以图书馆发展的客观规律为依据,遵循管理工作的内容与程序,建立优化的管理系统,合理配置和利用图书馆资源,实现其社会职能的控制过程。

学者付立宏把图书馆管理表述为:图书馆管理是指引导人力资源、财力资源、信息资源和物质资源进入动态的图书馆以达到图书馆的目标,即不但使其服务对象——读者感到满意,并且使服务的提供者——馆员亦获得高度的士气和成就感的活动。

综合这些学者的定义,可以说:图书馆管理是指导人力资源、信息资源、财力资源和物质资源进入动态的图书馆以达到图书馆的目标,使读者获得满意,并且使图书馆馆员也获得高度的士气和成就感的活动。或者说,图书馆管理是对图书馆的文献信息、人力、财力、物力等资源,通过计划和决策、组织、领导、控制、协调等一系列过程,来有效达成图书馆目标的活动。

图书馆资源包括人力资源、文献信息资源、财力资源和物质资源。图书馆管理实质就是对资源的吸收与配置,要达到用户满意、馆员满意,不能偏废任何一种资源的建设,要努力使它们成为协同的资源系统。管理理念是指一个单位或团体在一定时期内总的发展方向和指导方针。图书馆管理理念是人们对图书馆工作的理性认识、理想目标和价值观,是指导图书馆工作的思想基础和行动指南。先进的图书馆管理理念是图书馆发展的重要因素，也是图书馆提高服务质量和水平的先决条件。

现代图书馆管理的对象是图书馆系统。图书馆系统，从微观方面来说，主要包括三个子系统：一是收集整理子系统；二是流通服务子系统；三是财务、设备供应子系统。这三个子系统结合成为一个相互作用、相互依赖并具有特定功能的系统层次结构。现代图书馆管理的具体对象是构成图书馆系统的要素——人、财、物、时间和信息五大管理要素。图书馆的管理围绕这五个要素进行管理。

现代图书馆始于20世纪80年代，它是以现代科技手段为依托，为满足社会信息需求，科学地搜集、整理、加工、存贮、浓缩、传播和开发研究利用各种载体文献信息的科学、文化、教育机构，是社会信息交流系统的组成部分。

第二节 图书馆管理的特点和职能

一、图书馆管理的特点

图书馆管理作为一种特殊的社会实践活动，其具有一般社会实践所共有的客观性、能动性和社会历史性等特性，不过这些特性在图书馆管理中有其具体的表现形式。整个实践的特性对于不同的实践活动来说是一种共性的东西，而具有这种共性的各种实践活动又表现出不同的特性。总体来看，图书馆管理具有以下几个主要特征。

（一）总合性

图书馆管理的总合性是指，从空间上来说，它贯穿一切图书馆活动，存在于图书馆活动的一切方面和一切领域，凡是有图书馆活动的地方，就有图书馆管理存在；从时间上来说，它与图书馆共始终。只要还存在图书馆活动，不管其形式如何，仍然离不开管理。因此，在图书馆发展的长河中，管理是无处不在、无时不有的一种社会活动，它在图书馆系统中横贯各个层次、涵盖一切领域，具有总合性。

（二）依附性

任何图书馆管理都必须建立在一定的图书馆业务工作的基础上，它的全部实际内容和具体形式离开了其他的业务活动就不能单独存在。图书馆管理是对某种业务活动（文献采选、分类编目、书刊借阅、参考咨询、文献检索、情报研究等）的管理。图书馆管理的这种依附性主要表现在：图书馆管理的目标必须依托于具体的业务活动才能实现，图书馆管理的过程总是伴随着其他业务活动的进行而展开，图书馆管理的结果则总是融合在其他业务活动的成果之中。也就是说，图书馆管理必须以其他某一种、某几种或全部业务活动作为自己的"载体"。

（三）科学性

图书馆管理的动态特性并不意味着图书馆管理没有规律可循。尽管图书馆管理是动态的，但还是可将其分成两大类：一是程序性活动，二是非程序性活动。

所谓程序性活动，就是指有章可循，照章运作便可取得预想效果的管理活动。如制定读者服务工作中的各种规章制度，制定人员管理工作中的录用、奖惩、培训等方面的条例，制定行政管理的各种规章制度，制定后勤管理的各种规章制度，等等。

所谓非程序性活动，就是指无章可循，需要边运作边探讨的管理活动。如建造新馆、建设图书馆自动化系统、图书馆组织机构的调整、复合图书馆的设计等。

这两类活动虽然不同，但可以转化。实际上现实的程序性活动就是由以前的非程序性活动转化而来的，这种转化的过程是人们对这类活动与管理对象规律性的科学总结，图书馆管理的科学性在这里得到了很好的体现。此外，对新管理对象所采取的非程序性活动只能依据过去的科学结论进行，否则，对这些对象的管理便失去了可靠性，而这本身也体现了图书馆管理的科学性。

（四）组织性

图书馆管理的组织性有两方面的内涵，具体如下。

一方面，图书馆管理的组织性指的是图书馆管理活动总是通过一定的组织（如学校图书馆、科学图书馆、企业图书馆、公共图书馆、工会图书馆等）进行的，这种组织是由进行管理活动的人所组成的一个有序机构。组织既是管理的主体，因而任何图书馆管理都是由一定的组织机构（即特定的图书馆）去进行的；同时，组织又是管理的对象，因为任何图书馆管理都是对一定组织（即特定的图书馆）的管理，孤立的个人、离开了一定组织的人，就称不上是图书馆管理。

另一方面，图书馆管理的组织性指的是图书馆管理活动本身就是一种组织活动。这种组织活动将分散的资源（如人力、物力、财力、信息等资源）组合起来，形成一个稳定的、能够不断根据客观环境的变化而进行调整的物质和社会双重结构的过程。这种组织过程既把各种离散的、无序的事物结合成一个相互联系、相互制约的管理组织系统（这是图书馆管理活动得以进行的物质和社会实体），同时又能不断地根据变化着的外部和内部情况，对管理活动的各种要素之间的关系进行调整，以寻求相适应的最佳物质与社会的匹配关系，使图书馆系统朝着管理的目标运动。

前者指的是静态的组织性，它表现为一种有序的组织形式；后者指的是动态的组织性，它表现为一种能动的组织职能。图书馆管理的组织性是图书馆管理最基本的特征也是其他特征的内在根据和机制。

（五）变革性

从本质上来说，管理是变革活动，是使人获得真正自由的活动，"管理的特点就是变革——迅速的、不断的、根本的变革。唯一不变的事就是变革"。图书馆管理也不例外。

从现象上看，图书馆管理有保守的一面，它要维持图书馆系统一定程度的稳定，要用一定的原则、规章制度约束图书馆的成员。但是，保守性、束缚性只是使图书馆获得发展、使个人获得真正自由的手段，因而是暂时的、相对的。稳定是运动的一种特殊状态，因为图书馆系统中的人、财、物、信息等要素是不断变化发展的，图书馆系统外部的经济、政治、文化、科技等环境也在不断变化。要实现对图书馆的真正有效管理，目标和计划就要反映对象的变化，协调活动就要使系统内外因素的配合在变动中趋向合理，要不断通过信息反馈实现对图书馆的动态控制，要根据图书馆的发展改变失去合理性的规章制度。可见，图书馆管理的变革性是由图书馆本身的运动决定的，具有客观性。

图书馆管理的变革性更重要地表现为其发展演化。图书馆管理是一种主观见之于客观的活动，它要反映图书馆的变化，不仅反映图书馆现时的变化，而且要反映图书馆变化的趋势，还要反映趋势的转变，这只有通过科学预测、设立目标、制订计划、完善组织、实施控制等一系列动态管理活动反复循环才能实现。

（六）协调性

所谓协调性，是指调节和改造各种管理对象之间的关系，使他们能相互适应，按照事物自身固有的规律性在整体上处于最佳的功能状态。图书馆管理与其他业务活动的不同主要表现在以下两方面。

第一，从活动的对象来看，一般业务活动总以某个特定的具体事物作为自己的对象，如文献采选以图书馆未收藏的新书、新刊、新报、新光盘等文献载体为对象，分编工作以图书馆已采购回来的新文献为对象，咨询服务以读者为对象等。但是，图书馆管理在一定意义上却是以图书馆系统的各种业务活动为对象，是对这些业务活动之间的关系以及这些业务活动内部的各种要素之间的关系进行协调的活动。因此，为了与各种业务活动相适应，就要有协调这些活动的采访管理、分编管理、借阅管理、咨询管理等形式，这些管理活动是通过协调各种业务活动而间接地对它们起作用，从而改变它们的存在状态。

第二，从活动的任务来看，一般的业务活动都有自己特定的具体任务，它们或者是为了购回本馆读者所需要的文献，或者是为了改变文献的形式特征，或者是为了将读者所需要的文献传递给读者，或者是对读者进行信息检索技能培训，或者是为读者提供咨询课题的解答方案等。图书馆管理的主要任务是协调人们之间的关系和利益，协调人们活动的状态和过程，使图书馆各种业务活动的要素建立某种有序的优化结构。

所以，图书馆管理是一种柔性的社会活动，图书馆管理者一般不直接从事信息产品的生产或信息服务活动，他们主要通过协调各种业务活动的内外关系，特别是馆员之间的关系以及馆员和读者之间的关系，使各种要素、各个环节在共同目标——最有效地满足读者的信息需求的指引下，消除彼此在方法上、时间上、力量上或利益上存在的分歧和冲突，统一步调，使图书馆的各种业务活动实现和谐运转，结合成一个有机的整体。

（七）艺术性

由于图书馆管理对象分别处于不同系统（如科学院系统、文化系统、教育系统、工商企业系统等）、不同部门（如采访部、编目部、流通阅览部、典藏部、参考咨询部、研究辅导部、信息技术部、特藏部等）、不同环节（如出纳台借还、书库整理）、不同的资源供给条件等环境中，这就导致了对每一具体管理对象的管理没有一个唯一的完全有章可循的模式，特别是对那些非程序性的、全新的管理对象更是如此。因此，图书馆具体管理活动的成效与管理主体管理技巧的娴熟程度密切相关。

事实上，管理主体对管理技巧的运用与发挥，体现了管理主体设计和操作管理活动的艺术性。另外，由于在达成图书馆资源有效配置的目标与现行责任的过程中，可供选择的管理方式、手段多种多样，因而如何在众多可供选择的管理方式中选择一种合适的、用于现实的图书馆管理之中的方式，也是管理主体进行管理的一种艺术性技能。

（八）经济性

众所周知，图书馆存在着以资源稀缺性为核心的经济问题，如社会对图书馆的投资应该达到什么样的水平才能充分发挥图书馆的各项社会功能？为了节约社会投资，提高图书馆的投资效益，对图书馆的社会投资应如何分配给各种不同类型的图书馆才能使图书馆资源达到合理配置？怎样选购和组织藏书才能使有限的购书经费发挥最大的效益？要有效地解决上述问题，就必须对图书馆的人力、物力、财力、信息等资源进行配置。而资源配置是需要成本的，因此管理就具有经济特性。

图书馆管理的经济性主要表现在以下三个方面。

首先，反映在图书馆资源配置的机会成本上，管理者选择一种资源配置方式是以放弃另一种资源配置方式为代价而取得的，这里有个机会成本的问题。

其次，图书馆管理的经济性反映在管理方式、方法选择上的成本比较，因为在众多可帮助进行资源配置的方式、方法中，其所费成本不同，故如何选择就有个经济性的问题。

最后，图书馆管理是对资源有效整合的过程，因此，选择不同资源的供给和配比，就有成本大小的问题，这是经济性的另一种表现。

二、图书馆管理的职能

（一）计划职能

计划是指对未来的行动以及未来资源供给与使用的筹划。计划指导着一个图书馆系统循序渐进地去实现其目标，计划的目的就是要使图书馆适应变化中的信息环境，并使图书馆占据更有利的信息环境地位，甚至进入一个完全不同的信息环境。计划在图书馆中可以成为一种体系并有其内在的层级，如战略计划是最高层次的、总的长远计划，职能计划与部门工作计划则是中层的操作性较强的计划,而下级的工作计划则为近期的具体计划。从计划的定义、目标及其功能来看,计划无非是一种降低图书馆在资源配置过程中的不确定性的一种手段。事实上,无论是战略计划还是职能部门计划,对未来行为的一种筹划就是希望通过事先的安排有准备地迎接未来,或按照设定的目标循序渐进地工作,从而减少未来不确定性对图书馆的冲击,减少未来工作过程本身可能产生的不确定性。计划职能涉及如下因素:

(1) 有助于达到目标的政策。

(2) 管理人员将要实施的项目。

(3) 管理人员将会采用的过程。

(4) 管理人员必须按时完成的时刻表。

(5) 将会涉及的预算方面的因素考虑。

(二) 组织职能

组织是管理者建立一个工作关系构架从而使图书馆成员得以共同工作来实现图书馆目标的过程。组织的结果是组织结构的产生,即一种正式的任务系统和汇报关系系统。通过这种系统,管理者能够协调和激励图书馆成员努力实现图书馆的目标。组织结构决定了图书馆能在多大程度上很好地利用其资源创造信息产品和提供信息服务。

组织职能包含的要素如下:

(1) 将图书馆各项业务活动进行合理的组织,使之具有一定功能和位置。

(2) 为了有效地发挥其职能,管理人员必须进行一定的授权。

(3) 管理人员必须在其下级之间建立关系和联系,使这些下级能够相互提供完成工作所必需的信息。

(4) 管理人员必须仔细检查自己所在部门与其他部门之间的关系及其对图书馆经营运作的影响。

(三) 领导职能

领导有两重含义:一是领导现象,指人群中存在的追随关系,其本质是影响力;二是领导行为,指群体中的某些成员为了促使领导现象的出现或加强而实施的各种行为。在领导过程中,管理者要向员工描述一个清晰的愿景,调动图书馆成员的积极性,使他们理解其在实现图书馆目标过程中所起的作用。管理者利用权力、影响、愿景、说服力和沟通等技能协调个体和全体行为,从而使他们的努力能够得到充分的展现和利用。领导所产生的效果就是图书馆成员所表现出来的高度积极性和对图书馆的承诺。

领导涉及四个方面的功能:

(1) 及时根据外界环境的变化,指示图书馆内所有人与资源配合去适应环境并采取适当的行为。

（2）调动图书馆内成员的积极性，激励他们奋发努力，给他们创造发展的机会。

（3）有效地协调图书馆内的人际关系，使图书馆内有一个良好的工作氛围，从而降低内耗。

（4）督促图书馆内成员尽自己的努力按照既定的目标与计划做好自己专职范围的工作。

（四）控制职能

控制是指根据既定目标不断跟踪和修正所采取的行为，使之朝着既定目标方向运作并实现预想的结果或业绩。由于现实行为往往会受各种不确定性因素的影响，故每一行为都有可能偏离预定要求，从而可能使既定目标或业绩难以达成，显然这是图书馆所不愿看到的。为了避免这种状况的产生，控制就非常必要。通过实施控制这一职能，管理人员能够做到在图书馆偏离目标太远之前就将其拉回正确的轨道。

控制职能包括以下内容：

（1）将实际效果与预测结果进行对比。

（2）将已获得的结果与目标要求、项目要求和计划要求进行对比。

（3）将实际成本与预算成本进行对比。

（五）评价职能

评价是指图书馆管理实施过程结束之后，根据管理的成效，对图书馆管理过程的各项活动进行全面的检查、比较、分析、论证和总结，从中得出规律性的启迪，以达到不断提高管理水平、取得更好的管理效益、实现管理良性循环目的的一项管理活动。图书馆管理过程结束之后，需要对其所获得的管理成绩和效果进行相应的评价，从中吸取经验和教训，为下一轮的管理循环提供依据，打好基础，以便不断提高图书馆管理工作的水平。因此，评价既是图书馆管理过程的归宿，又是图书馆管理过程的出发点，它对于加强图书馆管理运作、提高图书馆管理水平有着至关重要的作用。

第三节　图书馆管理中科学理念的应用

一、用科学发展观指导现代图书馆的管理

科学发展观是全面、协调、可持续的发展观。人类社会的不断进步和高校图书馆自身的建设都需要科学发展观的引领。和谐社会的发展进步离不开文化的哺育与支持。图书馆作为社会文化发展和建设的重要组成部分，在构建和谐社会的主旋律下应加强自身建设，成为和谐的典范。构建和谐图书馆要体现以人为本。图书馆学家施莱格曾强调："人本价值观念是图书馆职业的核心。"以人为本、倡导人文关怀、实行人本管理、提供人性化服

务是现代图书馆的发展方向。

（一）用科学发展观来统领图书馆的改革与发展

党的十六届三中全会明确提出："坚持以人为本，树立全面、协调、可持续的发展观，促进经济社会和人的全面发展。"学习实践科学发展观，坚持用科学发展观来统领图书馆的改革与发展是目前图书馆工作的当务之急。

1. 树立"以人为本"的现代图书馆的发展观

学习实践科学发展观要求我们坚持以人为本的管理核心理念，也就是把人视为组织中最重要的资源，图书馆一切管理活动都是围绕着如何认识人、选用人、教育人、留住人、服务人而展开的，人是图书馆最核心的资源和力的源泉，其他资源都应围绕着如何充分调动"人"这一核心资源、如何服务于人而展开，这是科学发展观的本质和核心，也是科学人才观的出发点和立足点。图书馆树立"以人为本"的发展观是信息时代图书馆向现代化纵深发展所追求的一种新型的服务理念，是图书馆为读者提供全方位、多样化服务模式的必然趋势，也是图书馆工作者管理创新追求的目标。所谓"以人为本"的服务，就是在图书馆服务的过程中体现以人为本的思想，以满足人的需求、实现人的价值、追求人的发展、体现人文关怀为最终目的。因此，做到"以人为本"就是要坚持服务以育人为本，以读者为主体，坚持"以读者为本"。

2. 树立有效协调的现代图书馆的发展观

科学发展观着眼于全面发展，而不是偏颇一个或几个方面。作为一个整体，图书馆有着自己完整的业务链，只有当各业务链的节点有机地连接起来的时候，图书馆才能发挥整体的功能和效益。从业务链的角度来看，从采访、编目到流通、典藏，从一般咨询到课题或项目咨询，每一个环节之间都是相互联系的，因此，在发展过程中，需要有全面、综合的考虑。科学发展观着眼于协调发展，它要求系统之间、部门之间不应该各自为政、相互抵触，而应该和谐互补、共同发展。因此，图书馆在运作过程中要把握好多方面的协调关系。一是要确保图书馆服务功能的协调发展；二是要确保图书馆的信息资源建设有效、协调发展。此外，图书馆在文献资源的购进、管理、开发等方面也必须做到有效、协调发展。

3. 实现可持续性的现代图书馆发展观

科学发展观要求图书馆管理者在规划和管理图书馆的时候必须着眼于可持续发展。在资源采集上，要着眼于处理好当前需求与潜在需求之间的关系，不能仅满足于当前需求来采集资源；在资源管理上，要着眼于做好现代处理方式与未来处理方式的衔接，现在已经有许多资源描述的方式，图书馆要考虑与适应国际规范的新格式接轨；在资源服务上，要着眼于处理好当前利用与未来利用之间的关系，特别是一些珍贵或稀有资源，不能一味追求方便利用而缩短资源的寿命；在资源开发利用上，应根据服务对象的范围，开发出有特色的专业数据库并不断完善。此外，在人才的使用、设备（如存储设备等）的引进、馆舍的布局等方面均应克服一切短视行为，坚持可持续发展战略，以推动图书馆事业的健康发展。

（二）图书馆践行科学发展观的主要途径

1. "以人为本"开展人性化服务

科学发展观所要求的以人为本的核心内容是尊重人的特性和本质，把人作为手段和目的的统一体，其最终目标是实现人的全面发展。以往的图书馆管理中的"以人为本"较多注重服务客体（读者用户）的层面。实际上图书馆"以人为本"中的人包括两个方面，即作为服务主体的图书馆员与作为服务客体的读者。因此，图书馆人本管理应该包括两个方面的含义。一方面是对读者的人性化服务，即"读者第一"的思想。首先，馆员要树立"读者第一"的思想，要有热情的服务态度，要把图书馆办成读者之家，让读者到图书馆有宾至如归的感觉；其次，要为读者创造和提供良好的学习环境，让读者感受到图书馆是他们读书、学习的最佳园地，是文化传承的重要场所。馆员要不断地提高自身的综合素质，为读者提供全方位、多渠道、快捷的文献信息服务。馆员应该是读者利益的体现，应最大限度地满足读者的需求。另一方面是图书馆领导对馆员的人性化管理。馆领导要树立为馆员服务的思想，即"馆员第一"的思想，要为馆员创造和提供优良、和谐、富有人性化的工作环境和必要的后勤保障及服务，同时要了解馆员的合理需求，为他们排忧解难，解除他们的后顾之忧，让他们保持愉悦的心情开展工作，充分发挥他们的积极性，以实现工作目标的最大效益。图书馆领导应该是馆员利益的代表。

2. 创建浓郁的人文氛围和育人环境

图书馆是吸取知识的高雅场所，应充满浓厚的学术氛围和文化气息，要通过各种细节服务来体现文化理念，突出书卷气息。图书馆在建筑功能和内部环境建设中都要体现"以读者为本"的理念，把读者的需求放在首位。图书馆应营造一种幽雅、宁静的良好环境。例如，窗帘色调清淡、素雅；走廊、大厅摆放绿色植物；室内悬挂壁画、伟人肖像、名人警句等。在服务环境方面，馆员应提高服务意识、端正服务态度、提升服务质量，使读者有宾至如归的感觉。图书馆还应为弱势群体开设专门阅览室或提供相应的服务，充分为读者着想，体现人文关怀。图书馆应为读者创造一个安静的阅读环境，使读者走进图书馆就能脱离喧嚣，投身书海。

3. 建立健全合理的管理机制

合理的管理机制是图书馆实现"以人为本"管理与服务的根本。长期以来，图书馆管理机制上存在着许多不良因素，如职工岗位长期固定不变，人员缺乏合理的流动和竞争，职称、职务晋升存在着人为因素或论资排辈等。这些现象的存在制约着馆员的积极性，同时造成人才资源的极大浪费。因此，建立健全合理的用人机制、育人机制、竞争机制、流动机制、决策机制对图书馆馆员来说是最好的以人为本管理的具体体现。管理者在管理中要注重馆员在图书馆中的重要作用，关心馆员的思想、学习、工作和生活，在各方面为他们创造可靠的保障；要针对不同馆员的个体差异，调动每个馆员的积极性，充分发挥他们的潜能并鼓励和帮助他们实现合理合法的工作目标和人生价值；制定科学合理的考勤、考核制度，按馆员完成任务的情况、科研成果情况、思想道德情况，建立一套良性的竞争机制，避免在职务、职称晋升及岗位安排中少数领导说了算的不公正做法；要保证竞争的公开透明，公开公正；制订出本馆的奖惩措施，满足馆员一定的物质和精神需要；实行民主管理，让馆员参与管理。在制订目标和计划时，应广泛征求馆员的意见，使决策获得广大馆员的认可；要建立一定的监督机制，保证各项措施的实行；管理者要改变工作作风，深入工作实际和馆员当中，一切为馆员着想，一切从馆员利益出发，做馆员利益的忠实代表。

4. 重视馆员素质、服务水平的提高

图书馆能否发挥作用、能否体现效益在很大程度上取决于图书馆员的水平。图书馆领导应给每一位馆员平等的受教育的权利，为他们创造个性发展的空间，通过多种形式的培养教育提高馆员素质。馆领导要树立人才是第一资源的理念，加强人才培养，制订培训计划并形成长效机制。可以通过开展短期培训、学术交流、学术研讨、考察学习、岗位培训、脱产进修等措施努力打造一支人才队伍，让馆员适应环境的变化，鼓励馆员创新，这样才能把图书馆的事业做大、做强。

总之，加快现代图书馆建设必须面向未来，科学定位，树立科学发展观，坚持以人为本，把丰富的馆藏信息资源以最便捷的服务方式、最优良的服务质量、最充足的服务时间向读者提供最有用的信息，把全面发展与可持续发展有机地结合起来，创新服务机制，以推动图书馆事业的健康和谐发展。

二、人本管理思想在图书馆管理中的应用

在网络化和数字化的今天，知识经济给图书馆界带来了严峻的挑战。不少图书馆纷纷采取应对措施。在硬件上，建立数字图书馆；在软件上，实行人本管理。虽然很多人对于后者远没有对前者那么重视，但实际上，人本管理在提高图书馆的竞争力、促进图书馆可持续性发展方面的意义丝毫不亚于前者。

（一）人本管理的内涵

管理是人类的一种基本实践活动，图书馆管理是一般管理的一部分，是管理科学的分支学科，图书馆的人本管理则是图书馆管理中的一种新模式。这种新模式的内涵与传统的图书馆管理有着很大的不同，但它并不是完全脱离传统的图书馆管理凭空产生的，而是在传统图书馆管理的基础上吸收现代管理学中的新的研究成果而生成的，其内涵是这二者的

有机结合。可以定义如下：图书馆人本管理就是通过确立人在图书馆管理工作中的核心地位，充分调动人的主观能动性，以此推动人和组织的共同发展并求得最好地发挥图书馆职能的一种管理活动。

（二）图书馆管理工作的核心主体

传统图书馆管理的管理对象是馆员、经费、文献及设施，通称人、财、物三要素。人本管理则在此基础上突出强调人在管理要素中的核心地位，即一切管理活动均应以人为中心、以人为目的地开展。在一切因素中，人始终是第一要素，是最为活跃、起决定作用的要素。这里的人具体来说就是指图书馆员，因此有人提出了"图书馆员第一"的口号。但现在有一种较为流行的看法，认为人本管理中以人为本的人包括两个方面，即作为服务主体的图书馆员和作为服务客体的读者，以致引起"馆员第一"和"读者第一"的论争。这是将图书馆的管理对象与服务宗旨两个范畴的概念混淆了。树立"读者第一"的服务宗旨是管理的目的，管理的目的是在被管理的系统之外的，而管理是在一定的系统之内进行的，管理的对象只能是系统内的所有资源。如同金融、保险、电信、商业等窗口行业一样，其服务对象是不能纳入其系统内部的管理机制之中的。在图书馆管理工作中，可以提出"馆员第一"来强调人在管理中的核心地位，但无论如何它不能取代图书馆的服务宗旨。同样，作为服务对象的读者也不在管理对象之列，既不能取代也不能并列于管理要素之中，在管理工作中具有核心地位的人员是指图书馆员。

（三）马斯洛需求层次理论

美国著名行为科学家亚伯拉罕·马斯洛于1943年在《人才动机理论》一文中提出了需求层次论，得出人类有五种基本的需求，它们由低到高分别是生理的需求、安全的需求、社交的需求、尊重的需求与自我实现的需求。

人都潜藏着这五种不同层次的需求，但在不同的时期表现出来的各种需求的迫切程度是不同的。人最迫切的需求才是激励人行动的主要原因和动力。人的需求是从外部得来的满足逐渐向内在得到的满足转化。这五种需求不可能完全满足，愈到上层，满足的百分比愈少。任何一种需求并不因为下一个高层次需求的发展而消失，各层次的需求相互依赖与重叠，高层次的需求发展后，低层次的需求仍然存在，只是对行为影响的比重减轻而已。而高层次的需求比低层次的需求具有更大的价值。同一时期内往往存在几种需求，但是，每个时期总有一个需求占主导地位。人的五种基本需求在一般人身上往往是无意识的。对个体来说，无意识的动机比有意识的动机更重要。

人类价值体系存在两类不同的需求：一类是沿生物谱系上升方向逐渐变弱的本能或冲动，称为低级需求和生理需求；另一类是随生物进化而逐渐显现的潜能或需求，称为高级需求。在高层次的需求出现之前，低层次的需求必须得到适当的满足。低层次需求满足后，高层次需求的满足则会增强激励的力量。

(四) 调动人的主观能动性是人本管理的核心

1. 主观能动性是人的主要特征

谈管理离不开人,谈人则牵涉到对人的本质的认识,但这实在又是一个相当复杂的哲学问题,虽然有很多的专家学者做了深入的研究,但至今尚无一种学说能被普遍认可,较有影响的有实践说、劳动说、工具说、语言说、意识说等。虽然是众说纷纭难有定论,但大多论述都肯定主观能动性是人类的一个主要特征。

主观能动性是指人的主观意识和活动对客观世界的反作用。人不是像镜子那样消极地、被动地反映客观世界,而是在实践中积极地、能动地认识客观世界,并且在认识的指导下能动地改造客观世界。人的主观能动性不仅表现在对客观世界的认识和改造上,人还能够自我认识、自我锻炼和改造、自我实现,在实践中不断提高自身的认识能力与改造能力。这种主观能动性是人类特有的,其他事物不具备。人的主观能动性主要表现为意识活动具有自觉性、目的性、创造性和现实性,人独有的这种主观能动性是人本管理运行机制的哲学基础。

2. 需求是调动主观能动性的基本动力

上述意识的能动性表现正是馆员高素质的基本组成成分。但是人的主观能动性并不是随时随地、自然而然、无条件地发挥出来的,它要求调动,这就是人本管理中管理者的核心工作。

人的行为是由动机支配的,而动机又是在需求的基础上产生的。需求是一种个性倾向,它反映个体对内外环境的要求,是个体的心理与行为的基本动力。需求常常在主观上以一种不满足感被人感受和体验,是人的行动的积极性源泉。人的需求是多种多样的,高层次的需求对人有一种拉动力。

马斯洛的理论为调动主观能动性提供了方法。不同的人及处于不同阶段的人都有他们的不同需求。管理者要做的工作主要有以下几方面:

(1) 了解:了解不同人不同阶段的不同需求,为有的放矢地调动主观能动性奠定基础。

(2) 刺激:需求人人都有,但有的强烈、有的轻微、有的彰显、有的沉隐,因此对那些不那么强烈的或是潜在的需求要给以刺激,要让每个人在每个时期都能有追求的目标。

(3) 调整:人们的追求目标并不一定都是符合实际、现实可行的,这需要管理者根据个体的条件和客观实际给予调整,不切实际地追求目标将会伤害人们的积极性。

(4) 帮助:管理者不仅要对馆员提出要求,而且应该为馆员达到这些要求创造条件,尽可能地提供帮助。

马斯洛的理论对人们很有帮助,但不可生搬硬套,其学说也存在着一些不足。就一般人而言,需求也不像马斯洛排列的那样层次分明。比如职称的评定,既可以说是生理的需求,因为它与待遇挂钩,也可以说是尊重的需求,还可以说是自我实现的需求。另外,"自我实现"也并非人类需求的顶点。"自我实现"之人多为事业成功者。事业的成功并不意味着人格的完善,追求人格的完善才应该是人类的最高需求,而且这种追求是无止境的。调动人的主观能动性既不应有理论上的盲区,也不应有实际工作中的死角。永不满足才是人的天性,唯有如此,人类才能不断发展、不断进步。

3. 正确认识主观能动性

人们把主观能动性作为人本管理的哲学基础,这种主观能动性是建立在辩证唯物主义的基础上的。人们强调人的意识对客观世界有巨大的反作用是以存在决定意识为前提的,但切不可过分夸大它的作用。

主观能动性的发挥受客观存在的制约。意识的能动作用一般说来有两种不同的性质和结果:一种是促进事物的发展;另一种是阻碍事物的发展。正确反映客观事物及其规律,严格按客观规律办事,就能对事物的发展进程起积极的推动作用;歪曲反映客观事物及其规律,不顾客观条件,不按客观规律办事,就会对事物的发展进程起消极的阻碍作用。因此,管理者在充分调动人的主观能动性时要注意引导馆员尊重客观规律,正确地发挥主观能动性。

(五)基于需求层次理论的图书馆激励机制是人本管理的基础

1. 图书馆实施激励机制的前提——制定明确的目标

马斯洛理论认为,目标对人具有诱发导向的作用,清晰的目标能激发人的动机,规定行为的方向。众所周知,图书馆由于缺乏内部竞争动力,而每项具体工作又都比较琐碎、乏味,经过一段时间熟练之后,馆员非常容易产生能力上的满足和心理上的懈怠,不思进取,得过且过,逐渐丧失工作的热情和目标,从而失去自身的驱动力。这时,馆领导就要根据形势和任务确定一个时期内切实可行的组织目标和个人目标,引导大家围绕着组织目标的实现来满足个人目标的需求,从而调动起馆员工作的积极性。同时,图书馆组织目标的实现还能满足职工的自尊心和自信心,使他们焕发出极大的工作热情,形成同心同德、群策群力的局面。

2. 满足馆员基本需求的基础——物质激励

在需求层次论中,马斯洛把生理需求看成人类的最低级要求,这也就意味着物质需求是满足人们生存要求的最基本也是最重要的需求,物质激励虽不会满足人们需求中的最高目标,但它在目前经济不是太发达、广大馆员收入不高的情况下还是十分有效的。因此,作为图书馆的管理者应首先把满足馆员的基本生活需求作为物质激励的基础,通过适当地创办各种福利事业来增加职工的收入,改善他们的工作及住房条件,从根本上调动全体馆员工作的积极性和热情。目前,我国图书馆工作人员的工资大多数是按国家的统一标准进行发放,而岗位津贴和奖金则由单位自主分配。图书馆可根据员工的敬业精神、实际工作情况和业绩做不同级别的分配，鼓励员工多出绩效、多出成果，这也是现阶段图书馆比较可行的做法。在使用物质奖励时一定要严格按照"按劳分配"的原则实行，必须理顺绩效、目标、报酬三者之间的合理关系，这样才能提高激励的吸引力。同时，还要注意保持物质奖励的相对满足性，如果认为越满足，激励效果就越好，那是片面的，也是不符合马斯洛需求层次论的。过分奖赏不仅会使被激励者感到不安，也会使周围的人无法接受，不但起不到激励作用，还会挫伤许多人的积极性。

3. 重视馆员潜能发挥的根本——精神激励

马斯洛的研究还表明人的内在力量不同于动物的本能，人的本能要求其内在的价值与潜能得以实现——自我实现。也就是说，当物质需求得到一定程度的满足后，人们的精神需求便成了其他层次需求的主导因素。由此可见，利用人的本能动机来充分发挥人的潜在能力，这便是精神激励得以实现的根本。积极引导职工参与管理，充分行使他们的民主权利。按照前面对需求层次理论的理解，馆员诸如尊重、自我实现、民主、参与等高层次的需求是否能得到满足常常是影响其积极性发挥的重要因素。所以，管理者必须充分发扬民主作风，要尊重职工，重视他们提出的各种合理要求和建议，积极动员和吸收每位馆员参与重大问题的决策，充分行使他们的民主权利，这也是对馆员的一种尊重和信任。让每位馆员意识到自己在集体中的地位和作用，从而增强主人翁意识和责任感，这必将激发其极大的工作热情。

营造公平的竞争环境，使人尽其才，各显其能。一般来说，图书馆的工作人员都希望到最能发挥自己才干和潜能的岗位上工作，在工作中获得成就，实现自我价值。但现实中由于图书馆缺乏有效竞争机制，在岗位的聘任与职位的任命上往往不是依据个人的能力与才干，更多的是领导的喜好和各种人际关系，这样导致许多业务工作能力强的人员无法在最适合自己的岗位上发挥作用，挫伤其积极性。当前，图书馆要实现富有实效的竞争，首先必须要有一个可操作的衡量标准和任用制度，图书馆可以根据业务要求科学设岗，并对各岗位实行动态化管理，规定其聘期（聘期不宜过长，一般情况下两年比较适宜），每次新的聘任都要本着公开、公平、公正的原则择优录用，给有能力、有愿望的馆员提供晋升和施展才华、实现其自我价值的机会，只有公平的竞争才能真正激发出馆员的工作热情，形成人人争先恐后的竞争局面。

注重人的内激，完善人才培养机制。内激即自我激励，指馆员自己采取一定的调控手段，挖掘自身潜在的激励因素，使自己内心产生一种积极的行为。自我实现作为马斯洛需求层次论中的最高目标，要求图书馆工作人员必须清楚地意识到传统的服务型馆员已经远不能适应时代的要求，知识经济时代需要的是信息咨询员、知识导航员、网络中介员，是高层次的知识型人才，广大馆员必须激励自己不断地获取新知识、掌握新技能，通过自身素质能力的提高来实现自我价值，满足自我实现的需求。实践证明，外部激励的力量往往会随外部激励措施的消失而难以持久,但内激的力量却是持久的,只要人的内在动机不止,它就不会消失。因此,只有注重调动人的内激力量,将外激和内激紧密结合,馆员的工作积极性才能持久。

人才发展是图书馆发展的主旋律。图书馆要发展创新就必须建立完善的人才培养机制,做到统筹安排,合理规划。将社会需求、图书馆培养目标和工作人员自身价值的实现有机结合起来,并根据工作需要有计划地安排工作人员上学、进修或培训,拓宽其知识面,优化其知识结构,多途径地提高员工的整体素质,让他们开阔视野、挖掘潜能,使图书馆拥有可持续发展的原动力。

三、运筹学在图书馆管理中的应用

运筹学(operation research,OR)原意是操作研究、作业研究、运用研究、作战研究,译作运筹学是借用了《史记》"运筹策帷幄之中,决胜于千里之外"一语中"运筹"二字,既显示其军事的起源,也表明它在我国早有萌芽。

(一)运筹学基本理论

运筹学是现代数学的一个重要分支,属于信息科学和数学的综合科学,是20世纪40年代发展起来的一门具有较强实践性的综合学科,它使用许多数学工具和逻辑判断方法来研究系统中人、财、物的组织管理、筹划调度等问题,以期发挥最大效益。运筹学是软科学中的一个学科,是系统工程学和现代管理科学的基础理论之一,是许多学科不可缺少的方法、手段和工具。

目前普遍认为,在20世纪50年代以后得到广泛应用。对于系统配置、聚散、竞争的运用机理深入研究和应用,形成一套比较完备的理论,如规划论、排队论、图论、对策论、库存论、决策论、网络技术等。

运筹学将许多具有典型性的问题抽象成具有共性的数学模型,对模型求解,再对解进行切合实际的解释,然后把结果用于这类问题。它是科学、定量地研究问题,对复杂的数量关系进行分析研究,建立一定的数学模型,然后运用数学的有关原理求得问题的最优解,找到最合理的方案。

(二)图书馆资源共享的运筹学问题

运筹学主要研究效率问题,图书馆资源开发就是要实现资源的价值,使投入更有效率。调查发现,几所相邻大学图书馆藏书结构相似,这样它们都有一些供不应求的资源,也都有一些不能充分利用的资源。双方若能将有限的资金运用于建立具有个性的藏书结构,在藏书结构上互补,且能互相利用对方的图书馆,则效率会大大提高,资源也会得到充分利用。不能做到充分的资源共享的原因在于各自都局限于自己的小系统看问题。在资源共享中必须要打破一些条条框框,树立协作思想,才能做到共同受益。

（三）排队论在图书馆管理中的应用

1. 排队论的概念

排队论也称随机服务系统理论，是运筹学的组成部分，是研究要求获得某种服务的对象所产生的随机性聚散现象的理论，"聚"表示服务对象的到达，"散"表示服务对象的离去。排队过程的共同特征表现为：请求服务的人或物称之为"顾客"，读者借书过程中的"顾客"就是等待借书的读者；为"顾客"提供服务的人或物称之为"服务台"，读者借书过程中的"服务台"是图书管理员；由顾客和服务台构成一个排队系统。如果到达的顾客能进入服务设施就受到服务。如果他们必须等待就开始参加排队，直到他们能受到服务为止，然后以恒定的或变化的服务率接受服务，接着便离开系统。

2. 排队模型

典型的排队模型有三种（最简单的排队模型、单台—单相随机排队模型、多台—单相随机排队模型）。在这里研究最简单的模型。顾客到来的速度用 X 表示，服务的速度用 K 表示，若这两者都是固定的，则有三种情况：①若 K＞X，则服务设施可有 1－X/K 的空闲时间。②K＜X，则排队愈来愈长。③K＝X，不用排队，服务设备也得到充分利用。

第四节　现代图书馆的未来

一、现代图书馆网站建设的发展趋势

（一）图书馆网站是一个开放的虚拟图书馆

网站是实现图书馆服务网络化最现实、最直接、最有效的载体。现代图书馆的网站建设已经列入了图书馆的等级认定和各级考核评估体系之中，它的重要意义正在被逐渐重视。依托图书馆网站，管理者能够拓展实体图书馆服务的时间和空间，为读者提供更加全方位、多层次的服务。整合现有的计算机、网络资源优势，建好院校图书馆网站，实现资源的共建共享，是实现自动化和网络化的重要途径。

（二）图书馆网站建设要精心设计网站栏目

增强服务的针对性，网站的设计上要充分体现图书馆服务理念，在栏目的设置上主要包括图书馆简介、入馆须知、新书推荐、读书天地、书目查询、流通服务、阅读指导、留言板以及数字图书馆等栏目，以此来拓展和延伸实体图书馆的各项功能，如书刊资料的信息功能、图书服务功能、网上阅读功能、教育指导功能和读者互动功能等。努力把图书馆网站建设成为图书馆网上资源的门户、相关信息发布和查询的中心、与读者互动交流的平台等，这样师生就可以通过互联网访问图书馆网站，享受图书馆这一虚拟馆舍提供的各种信息服务，从而推进整个图书馆工作的开展。

二、现代数字图书馆的发展趋势

（一）信息资源共享化

在数字信息技术快速发展的今天，一个图书馆如果只想凭借自己的力量来满足读者对信息量的需求，显然不太现实，因此图书馆的开放与合作显得极其重要，数字图书馆遂应运而生。数字图书馆通过互联网，将各种信息资源单位或者图书馆的信息整合在一起，并按照不同的分类标准，将这些结合在一起的信息进行分类，不仅便于管理，而且方便用户进行信息的搜索和查找。如此一来，用户在查找信息时，不用再受时间和空间的束缚，能够随时随地在网络上查询自己所需的信息资源，实现资源的共享。数字图书馆是一种合作的体现，它不仅实现了信息资源单位或者图书馆之间的信息共享，还实现了信息资源单位或者图书馆之间的信息共建。除此之外，数字图书馆还为各使用者提供了各种各样的服务，如数据库团体采购、文献传递合作以及馆际互借等，这些服务进一步方便了读者获取信息。

（二）服务理念主动化

传统图书馆的服务模式，其服务理念比较保守，图书馆是服务的中心所在，教师和学生必须到图书馆中自己进行操作。这种传统的服务理念被动而保守，不符合现代对服务的要求。随着数字时代的到来，读者获取信息资料的方式也越来越多，故而改变传统图书馆的服务模式迫在眉睫。图书馆应该顺应数字时代的发展需求，树立主动化的服务理念，实现服务的主动化，建立以读者为中心的多维立体的服务模式。主动服务就是创建各种获取信息的方式，便于读者获取各种信息。因此，在高校图书馆中建立一个"数字资源中心"显得极为重要。究其原因，主要有三：第一，建立"数字资源中心"，能够更好地帮助图书馆对区域范围内的数据进行管理；第二，建立"数字资源中心"，便于图书馆对一些重要信息和资料进行存储，使其不受损害；第三，建立"数字资源中心"，便于图书馆对本馆主流数据的管理，尤其是双备份方法，使图书馆的主流数据更加安全。

（三）传递信息网络化

就数字图书馆的存储目的来说，就是实现信息的数字化，即为了便于计算机对信息进行识别，将所有信息资料（如图片资料、文字资料、音频资料）进行数字化处理，将其转换成数字信息资源，供计算机进行识别。就数字图书馆的特征来说，信息存储数字化以及业务管理的网络化，是其最主要的特征。实现图书馆业务管理的网络化，能够较好地提高图书馆的工作效率以及管理质量。服务、数据库、工作站不同，要想互相操作的可能性几乎没有，但是数字图书馆却能办到。数字图书馆只需应用协调性软件或者联合式软件，就能查询出具有相似性的服务内容或者是数据信息。在没有数字化图书馆的情况下，读者在用计算机对信息资料进行搜索时，需要检查每一个站点，显得十分烦琐。数字化图书馆就能有效地解决这个问题，读者在搜索信息资料的时候，只需给出一个搜索点，就能获得与此相关的全部信息。数字图书馆是一种虚拟的电子信息系统，其最终目的是为满足用户对信息的需求。

三、现代图书馆开展精细化管理的发展趋势

（一）精细化管理是提高服务质量、提升读者满意度的关键

读者服务工作是图书馆一切工作的出发点和归宿。随着图书馆服务设施的现代化、服务资源的多元化，图书馆服务能力发生了质的飞跃。但是与此同时，随着通讯、网络技术的飞速发展，人们获取信息的方式日趋多元化，读者对图书馆服务的要求也越来越高，其关注的焦点越来越集中在图书馆服务过程的细节。实行精细化管理，使图书馆工作人员的管理责任具体化、明确化，工作服务过程精确、量化和规范化，能够从根本上解决图书馆读者服务工作的质量问题，提高读者对图书馆的满意度。

（二）精细化管理是实现图书馆科学管理的必由之路

随着社会经济的发展，富有创造能力的劳动者和高素质的复合型人才已成为新时期人才培养的目标。为顺应社会对人才培养的要求，高校不仅要在教学层面上深入改革，还要不断探索科学的管理方法，提高管理效益，促进人才培养目标更好地实现。实施精细化管理，最大限度地发挥和强化图书馆的职能作用，满足读者日益增长的文献信息需求，是实现图书馆科学管理的必由之路，是图书馆适应高校改革发展的选择和要求。

（三）精细化管理是提高图书馆人力资源效益的需要

加强图书馆精细化管理，就是要使人的作用得到全面发挥，服务质量、管理水平不断得到改善。在图书馆管理中引入精细化管理理念，就是要在制度化、规范化的基础上更加重视常规管理，力求以最少的人力、物力和财力获取最大的绩效。实行精细化管理后，每位员工都清楚自己的职责、权限，知晓工作的内容、要求、程序，能够最大限度地减少内耗损失，降低人力资源成本。推行精细化管理，能够提升员工工作的积极性、主动性，进而提高他们的执行力和工作效率，增强图书馆的核心竞争力，全面提升图书馆服务至上的良好形象。

第二章 图书馆服务

第一节 图书馆与图书馆的服务

一、图书馆的由来与定义

（一）"图书馆"的由来

图书馆的产生和发展是有一个过程的，图书馆的发展和变化与当时社会的经济和生产技术发展有着密切的联系。

"图书馆"英文为"Library"，含义为藏书之所，来源于拉丁文的"Liber"一词。我国的图书馆历史悠久，只是起初并不称做"图书馆"，而是称为"府""阁""观""台""殿""院""堂""斋""楼"等。如西周的盟府，两汉的石渠阁、东观和兰台，隋朝的观文殿，宋朝的崇文院，明代的澹生堂，清朝的四库全书七阁等。

（二）图书馆的定义

图书馆的定义有广义和狭义之分，广义的定义是对图书馆这一人类社会现象的总的说明，是一般图书馆的定义。这个定义适用于不同的社会制度、不同的国家、不同的时代。狭义的定义是对一定时期、一定社会制度或某些特殊的图书馆下的定义。

1. 国外对图书馆的定义

《英国百科全书》的解释：图书馆是将很多书收藏在一起，这些书是为了阅读、研究或参考用的。

法国的《大拉鲁斯百科全书》的解释：图书馆的任务是保存用各种不同文字写成的、用多种方式表达的人类思想资料，图书馆收藏各种类别的、组织起来的图书资料，这些资料用于学习、研究或一般情报。

日本《广辞苑》的解释：图书馆是搜集、保管大量书籍，供公众阅览的设施。

《苏联大百科全书》的解释：图书馆是组织社会利用出版物的文化教育和科学辅助机关。图书馆系统地从事搜集、保藏、宣传和向读者借阅出版物，以及进行图书情报工作。

美国的《情报学浅说》中给图书馆下了这样的定义：图书馆是收集各种类型的情报资料，系统地加以整理并根据需要提供使用的地方。

美国图书馆学家巴特勒提出："图书馆是将人类记忆的东西移植于现在人们意识之中

的一个社会装置。"

美国图书馆学家谢拉认为：图书馆是这样的一个社会机关，它用书面记录的形式积累知识，并通过馆员将知识传递给团体和个人，进行书面交流。因此，图书馆是社会中文化交流体系的一个重要机关。

2. 国内对图书馆的定义

在我国，20世纪30年代就有一些图书馆学者相继给图书馆下了定义。

《辞海》中对图书馆的描述是这样：图书馆是搜集、整理、收藏和流通文献资料，以供读者进行学习和参考研究的文化机构。

卢震京1958年在《图书馆学辞典》中对图书馆定义作了如下解释：图书馆系根据其特定需要，搜集一切或一些人类文化在科学、技术、艺术及文学各方面所创造的精华记载，用科学、经济的方法整理保存，以便广大人民使用。

黄宗忠、郭玉湘、陈冠忠在1960年发表的《关于图书馆学的对象和任务》一文中认为："图书馆是通过收集、整理、保管、流通和宣传图书资料，为一定的阶级利益和一定的政治路线服务的一个文化教育机关。"

吴慰慈在《图书馆学概论》（1985年版）一书中提出："图书馆是搜集、整理、保管和利用书刊资料，为一定社会的政治、经济服务的文化教育机构。"而在《图书馆学概论》（2002年版）中是这样来述说的："图书馆是社会记忆（通常表现为书面记录信息）的外存和选择传递机制。换句话说，图书馆是社会知识、信息、文化的记忆装置、扩散装置。"

21世纪初，我国图书馆界开展了图书馆新定义的讨论，有学者认为图书馆是用科学方法，采访、整理、保存各种印刷的与非印刷的资料，以便读者利用的机构。王子舟将图书馆定义为图书馆是对知识进行存贮、优控、检索，为公民平等、自由获取知识提供服务的机构。

由2003年图书馆定义所引发的学术争鸣可以看出，图书馆此时正经历一个快速变化的时期——新技术飞速发展和日益广泛普及，图书馆网络技术和信息技术的广泛应用，优化了图书馆的工作流程，扩充和丰富了图书馆收藏的资源，提升了图书馆的服务水平，拓展了图书馆的服务范围，使图书馆从传统图书馆向传统图书馆与数字图书馆并存的局面发展。这种变化主要是信息技术和网络技术的发展带来的。我们要给图书馆下一个科学而确切的定义的确是困难的，只能根据人们对图书馆的认识水平和程度，给某一阶段的图书馆下一个比较科学、比较确切的定义，因为社会是不断发展变化的，图书馆也是不断发展变化的。

二、图书馆服务

服务一直是图书馆讨论的主题，在某种程度上也是永恒的主题。图书馆学五定律和刘国钧论述图书馆学要旨时,他们都是围绕着图书馆的"服务"来展开的,因为服务是图书馆的灵魂、核心、基础,服务是图书馆一切工作的出发点、价值观和理念。

(一)图书馆服务的定义

《中国大百科全书》中将图书馆服务定义为:"图书馆利用馆藏和设施直接向读者提供文献和情报的一系列活动,有时也称图书馆读者工作。"其外延是:"现代图书馆不仅通过阅览和外借的方法为读者提供印刷型书刊资料,而且还提供缩微复制、参考咨询、编译报道、情报检索、情报服务、定题情报检索以及宣传文献情报知识的专题讲座、展览等服务。"

袁琳对图书馆服务的界定是:图书馆根据读者的文献信息需求,充分利用图书馆资源直接向读者提供文献和信息的一系列活动。同时,他把读者服务、读者工作和图书馆服务三者基本等同起来。

毕九江认为:图书馆服务是为满足读者的信息需求而开展的各项工作,服务可以划分为信息资源提供服务、信息咨询服务两类,图书馆服务的内涵并不单单是指为满足读者的信息需求而开展的各项工作,还应包括图书馆的服务理念、服务质量、服务环境以及在图书馆服务过程中工作人员的业务能力、服务态度等。

王世伟认为:图书馆的服务是图书馆人以建筑设施、技术设备、文献资源为依托,以真挚的情感、聪明的才智和自觉的行动为代价,提供适合与满足读者对知识、信息需求和心理满足的劳动活动过程及活动所产生的结晶。

鲁黎明将图书馆的服务定义为:"图书馆为了满足社会和用户的文献信息等多方面的需求,利用自身的资源,运用多种方法所开展的一系列服务活动。"

柯平指出:图书馆服务是读者工作或读者服务的发展,是超越传统的读者工作或用户服务范畴的一个概念,是想要达到读者还有社会的标准,借助图书馆馆藏还有另外所有资源,展示图书馆实际价值的所有行为。它涵盖了三个要素:一是对象,也就是读者同社会;二是内容,也就是借助图书馆资料;三是目标,也就是显示图书馆的实际价值。

刘昆雄认为现代图书馆服务具有四个层次:第一是作为休闲场所的图书馆服务;第二是作为学习场所的图书馆服务;第三是作为文化和信息中心的图书馆服务;第四是作为营销机构的图书馆服务。而图书馆每一个服务层次都是由许多具体的服务项目来实现的。

谭祥金把图书馆服务定义为图书馆运用图书馆资源满足读者对文献信息需求的行为和过程。

吴慰慈则把图书馆文献的使用和服务工作以及用户发展、用户研究、用户培训等一系列工作称为图书馆服务,并把其作为用户服务工作、读者服务工作的同义词。

谢景慧则认为图书馆将丰富的文献信息资源向社会、读者传递就形成了图书馆特有的活动内容——读者服务。

从各位学者对图书馆服务的各种界定分析,图书馆服务具有几个共同的结构因素:一是图书馆的服务对象——以读者为主体的社会各种组织和个人组成了图书馆服务的用户,其中某些个人和单位可能还不一定是图书馆文献信息资源的利用者。二是图书馆资源,也可称为图书馆服务资源,它是图书馆开展服务的基础条件,包括文献信息资源、人力资源、设施资源以及其他一切可以为社会和个人所利用的资源。三是图书馆服务对象以文献信息为主包括其他各种形式的服务需求。四是为满足社会和用户需要的各种服务手段和方式,它是服务实现的前提条件。因此,图书馆服务就是图书馆为了满足社会和用户的文献信息等多方面需求,利用自身的资源,运用多种方法所开展的一系列服务活动。这样一个定义,既符合目前图书馆服务工作的实际,又符合图书馆服务功能开放性发展的趋势,具有一定的前瞻性。

(二)图书馆服务的构成要素

图书馆服务的构成要素通常有四个,这四个要素相互联系、相互作用,从而保证图书馆各项服务工作不断变革、不断发展、不断适应读者日益发展的多元化、多层次的信息需求。

1. 服务对象

读者是图书馆服务的对象,是文献信息资源的使用者,通常也被称为文献信息用户。读者是一个非常广泛的社会概念。对图书馆来说,读者通常指通过一定方式获得授权,从而具有利用图书馆各种资源条件的一切社会成员。个人、集体和单位都可以成为图书馆的读者。读者既是图书馆文献信息的利用者,也是图书馆文献的接受者,离开了读者对文献信息的利用,读者服务活动也就不会产生。

2. 服务的基础资源

基础资源是服务工作不可缺少的物质和人力条件保障。除了馆舍、软/硬件、馆员等一般要素外,作为社会特殊行业的图书馆,其服务的根本基础是图书馆拥有的信息资源,它是开展一切读者服务工作的前提条件。图书馆信息资源的内容十分丰富而广泛,它是图书馆按照自己的读者群体和服务任务,通过长期的建设而形成的巨大知识宝库。图书馆的信息资源通常具有三个基本特征:一是拥有海量的文献资源,包括传统的印刷型馆藏文献和强大的数据库群;二是拥有的信息资源具有相互支撑、相互关联的科学体系;三是拥有的资源通过各种联盟体系与外界资源构成纵横交错的联合保障体系。图书馆之所以能够拥有规模不等、不断成长的读者群体,原因就在于读者群体通过图书馆能够获得从其他社会机构和渠道难以得到的信息资源保障。因此,图书馆的文献资源体系是图书馆履行社会职能、赖以生存和发展的根本条件。

3. 服务方法

图书馆服务方法是指为满足读者特定的文献需求所采用的各种文献信息服务方式和手

段所构成的多层次、多功能服务的有机整体。它是读者服务工作得以实现的基本保障，也是图书馆服务的基本手段。图书馆服务方法的形成既是社会分工发展的产物，也是自身演变的结果。各种服务方法相对独立，同时又相互渗透、相互联系，都具有相对独立的功能、效果和适用范围，有其产生和发展的历史背景。同时，各种服务方法之间又相互补充、共同发展。图书馆服务方法主要包括图书、报刊等文献的外借服务、阅览服务、复制服务、参考咨询服务以及数字资源的网络信息服务等。随着社会对文献信息广泛的应用，图书馆的服务体系也会不断得到提升和丰富。

4. 组织管理

组织管理是图书馆服务工作顺利进行的有效组织保证。图书馆服务的组织管理是指以先进的服务理念为指导，充分应用现代的科学方法和管理技术，对读者服务活动进行科学计划、组织、指挥、协调、控制的过程。图书馆服务的组织管理既贯穿整个服务活动过程，同时也贯穿图书馆工作的全部过程，其实质是有效地运用人力、物力、财力等基本因素，对图书馆服务系统的不断运动、发展和变化进行有目的、有意义的控制，以达到最大限度满足社会文献信息需求的总体目标。

（三）图书馆服务的分类

1. 图书馆文献信息服务

图书馆利用文献信息资源直接向用户提供文献和信息的一系列活动均属于图书馆文献信息服务。对于大多数图书馆，文献信息服务是服务的最主要内容，如文献外借和阅览、文献检索、数据库访问等，都属于文献信息服务。在很长一个时期里，图书馆丰富、独特且经过科学组织的文献信息资源，保证了图书馆在提供文献信息服务方面具有自己的优势。进入网络时代后，图书馆文献信息服务增加了新的内容，即利用网络获取不属于本馆馆藏的信息，为用户提供网络文献信息服务。

2. 图书馆非文献信息服务

此类服务是指那些依赖于图书馆员工及图书馆建筑设备等资源的服务，包括由图书馆员对读者提供参考咨询、社会教育，以及利用图书馆建筑设备为读者提供娱乐休闲等等。图书馆拥有训练有素、长期从事信息服务的馆员，这些馆员除了为用户提供文献信息外，还能利用自己的知识与技能为用户提供参考咨询或社会教育服务。图书馆还具有场地，对于公共图书馆，图书馆场地是一个市民的公共空间；对于机构图书馆，图书馆场地是机构所服务对象的共有空间。图书馆管理者可以利用这个空间提供各种服务，用户既可以在这个空间中阅读或学习，也可利用它来进行娱乐与休闲活动。

三、图书馆服务发展历程

图书馆的服务是变化发展的，服务方式大体经历了以下五种形态，并在整体上呈现阶梯函数式发展，其中的每一个较高层次都源于较低层次，但呈现出优于较低层次的新的特征。

1. 文献实体服务

考古发现，约公元前 3000 年就有大批泥版文献被集中在一起，成为已知最早的图书馆。直到近代印刷革命和产业革命之前，古代图书馆——无论是西方的尼尼微皇宫图书馆、亚历山大图书馆、欧洲中世纪的寺院图书馆，还是中国殷商时期的"窖"藏甲骨、周代的守藏室、隋唐的书院——在整体上都表现出对社会的封闭性，由此便决定了古代图书馆以文献实体服务为特色的服务内容与方式。

2. 书目信息服务

书目的根本特点是在于它组织的不是信息资料本身，而仅仅是关于他们的信息。人们从文献实体中分离出来关于文献的信息，并为克服文献与需求者的矛盾以达到统一而记录和组织这些文献信息的活动，是一切书目活动历史的和逻辑的出发点，而提供书目信息服务则是书目活动的目的和归宿。

在我国，由于纸质载体和印刷技术的发明，古代文献卷帙浩繁，书目信息工作由来已久。在西方，书目信息服务大体上与近代图书馆的发展同步，西方近代图书馆起源于文艺复兴和宗教改革时期，欧洲进入资本主义社会后，大机器生产需要有文化的工人，教育开始普及到平民，文献生产能力大大提高。从而使一些全国的图书馆对外开放。17 世纪，德国图书馆学家提出图书馆不应仅为特权阶层服务，应该向"一切想来图书馆学习的人开放"。到 19 世纪中期，以英、法等国为代表的工业革命基本完成，科技革命迅速发展，以英国的《哲学汇刊》、德国的《药学总览》、美国的《工程索引》等为代表的科技书刊和文献索引纷纷出现。西方的目录学也正是在这样的经济、科技的基础上获得了快速的发展。以 1895 年世界性的目录学组织"国际目录学会"的成立为标志，世界目录学实现了从传统目录学向现代目录学的转变。

与此同时，除了传统的文献实体服务之外，各种书目信息工作、服务和管理在图书馆中开始活跃起来，尤其是分类目录、卡片目录、各种二次文献信息产品的开发，新到书刊目录报道、推荐书目服务以及相关的书目控制、书目情报系统建设等逐步成为图书馆活动和服务的中心工作。

3. 参考咨询服务

参考咨询是指图书馆员在用户利用文献和寻求知识、信息等方面为其提供帮助的活动。它是以协助检索、解答咨询和专题文献报道等方式向读者提供事实、数据和文献检索。参考咨询更加强调图书馆的情报职能，更为注重用户的信息需求，它将书目信息服务提升为不仅为用户提供书目工具，而且还要解决实际问题。

一般认为，比较正规的参考咨询服务是最早是在 19 世纪下半叶最早在美国公共图书馆和大专院校图书馆开展起来的。1876年，伍斯特公共图书馆在向美国图书馆协会第一次大会提交的题为《图书馆员与读者之间的个人关系》一文中提出，图书馆对要求获取情报资料的读者应给予个别帮助。此文被视为关于图书馆开展参考咨询服务的最早倡议。1891年，图书馆学文献中出现了"参考工作"这一术语，此后，参考咨询服务理论逐渐被图书馆界接受和应用。

20世纪初，多数大型图书馆成立了参考咨询部门，并逐渐成为图书馆服务中的一项重要内容。随着文献信息的激增和用户需求的增长，早期的指导利用图书馆、利用书目解答问题等服务内容逐渐发展到从多种文献信息源中查找、分析、评价和重新组织情报资料，到20世纪40年代，又进一步开展了包括回答事实性咨询，编制书目、文摘，进行专题文献检索，提供文献代译和综述等服务项目。

4．信息检索服务

20世纪中后期，西方工业国家的科技发展使信息处理问题凸现出来，计算机问世并被应用于文献加工领域，新学术思想活跃以及新的学科不断诞生。与此同时，一些图书馆开始利用计算机和现代通讯技术建成各种文献数据库、数值数据库和事实数据库，并逐步实现了联机检索。一方面，使参考咨询服务中的部分工作自动化；另一方面，参考咨询工作的流程，即接受咨询、进行查询、提供答案、建立咨询档案等，也为信息检索服务的方法和策略提供一种框架。这些都使得信息检索服务方式呼之欲出。

图书馆工作中的许多工作，诸如信息收集、信息组织、检索语言的编制、用户需求的调研等都开始以信息检索服务为中心开展起来。

随着检索的智能化、数据挖掘、知识发现的发展，以及各类信息咨询和信息调查机构的兴起，全文本、多媒体、多原理和自动化等新型检索方式将会取得长足的进步，信息检索服务将演变成图书馆网络化知识服务的基础和手段。

5．网络化知识服务

网络化知识服务是与信息资源的网络化和知识经济、技术创新的社会背景息息相关的，也是信息检索服务发展的必然结果。从20世纪90年代之后，随着网络技术的发展和普及，图书馆的数字化、信息资源的网络化、信息系统的虚拟化，以及各种非公益性的信息机构将包括文献信息检索、传递在内的信息服务直接提供给最终用户，导致信息交流体系和信息服务市场的重组，图书馆对信息服务的垄断地位也不复存在。这些都促使图书馆必须迅速调整和充实服务的内容和策略，重新定位其核心竞争能力，使现有的以信息检索为核心的服务方式向网络化知识服务方式转变，以保证其在数字化、网络化环境中的社会贡献、用户来源和市场地位。

网络化知识服务是图书馆信息服务的高级阶段，是一种基于网络平台和各类信息资源（馆藏物理资源和网络虚拟资源）的、以用户需求目标驱动的、面向知识内容的、融入用户决策过程中并帮助用户找到或形成问题解决方案的增值服务。网络化的知识服务具有个性化、专业化、决策性、整合性和全球化等特征,基本上属于单向或多向主动型服务。

6. 智慧型服务

智慧服务是建立在知识服务基础上的,运用创造性智慧对知识进行搜集、组织、分析、整合,形成全新的知识增值产品,支持用户的知识应用和知识创新,并将知识转化为生产力的服务。作为图书馆服务发展的新形态,智慧服务不同于其他形态,具备崭新的服务理念,并兼具创新发展、可持续发展特点。

通过对互联网的数字编码感知,主动感知对象并对其进行知识描述,把某一领域信息的单种文献与读者、馆员等信息个体互联,拒绝信息的碎片化,智能互联前台的读者与后台的馆员。智慧型服务还能把实际工作进行虚拟化,如通过情景感知,推送用户感兴趣的资料,或者通过传感设备,三维立体显示地图指引、自助借还等,以期实现全社会的感知。

智慧服务环境下,因为多种网络渠道、通信工具的使用,信息是泛在的、立体互联存在的,可以是图书馆与人的互联,如座位信息管理系统,也可以是人与人的互联,书与书的互联。智慧服务的对象利用物联网在感知层中自动组网,汇聚和转换各种数据,识别不同领域,跨部门和跨行业,甚至跨区域、跨国界,实现泛在的深度互联。

智慧服务的管理对象主要是馆内文献资源和用户。因此智慧化服务对象可表现为:一是借阅和打印、扫描馆藏资源,以及图书逾期款的支付、座位预约等,还包括对图书馆建筑中的灯光、温度、湿度,以及电梯、门和安保摄像头等物理环境及日常维护的管理;二是对用户的管理,包括用户个人借阅信息的智能化分析、用户行为的跟踪等,目的是为其提供深层次的个性化服务。智慧服务广泛、立体的感知和互联,不仅使馆内实现物物相联、物人相联,为深层次的智慧管理和服务提供了帮助,而且做到高效管理。

相对于传统服务,智慧服务融入了更多技术,但仍坚持"以人为本"的理念,因此其功能特点的实现仍以提供人性化的服务为目标。不同于以往服务,智慧服务能够主动感知用户需求,为其提供个性化的智慧服务;同时,智能化的馆舍,从温度、亮度、湿度等方面,通过严格而精准的调控,为读者创造一个舒适的环境。更有一些馆内自助设备、通借通还,以及3D导航等服务模式,都将人性化的服务理念体现的淋漓尽致。

此外,近年来,泛在图书馆理论和泛在图书馆应用的思想在国内外图书馆界极其活跃,已成为专家、学者们关注和研究的热点。泛在图书馆给出了数字图书馆新的内涵和定义,泛在知识环境带来了数字图书馆服务环境和用户需求的变革,也改变了数字图书馆的研究方向。泛在图书馆就是通过构建多语种、多媒体、多格式、多形态、移动的、语义的数字图书馆知识网来检索人类知识,使信息服务将更加实质性地转向知识服务。

四、图书馆服务理念

服务理念是指人们从事服务活动的主导思想,即服务主张和服务理想。图书馆服务理念则是图书馆开展服务工作的理论依据和行动准则,它不仅是为建立理想的用户关系、赢得用户信任所确定的基本信念和价值标准,同时也是馆员在从事服务工作中应遵循的基本信念和准则。树立正确的服务理念,为用户提供满意优质的服务,将永远是图书馆的头等大事。从19世纪50年代开始,在多年的发展历程中,图书馆的服务理念也随着时代的演变不断深化与完善。

(一)国外图书馆服务理念

1. 杜威的图书馆读者服务"三适当"准则

19世纪下半叶,图书馆学在美国得到巨大发展,卡特和杜威是其中一批卓越的图书馆学家的代表。1876年美国著名图书馆学家杜威提出图书馆读者服务"三适当"准则,即"在适当的时间,给适当的读者,提供适当的服务"。这条准则将图书馆资源的选择、提供与图书馆服务结合起来,对确立图书馆的服务理念具有开拓意义。

2. "一切为了读者"的思想

图书馆要"方便读者""吸引读者""满足读者对图书的一切要求""帮助人民利用我们的每一本书"。关于图书馆服务"一切为了读者"的思想,是其辩证唯物主义和历史唯物主义思想的具体体现。在服务方向上,图书馆要高度重视馆藏文献的流通和使用,"不仅对学者和教授开放,而且也对一般群众和市民开放",要尽可能吸引读者,方便读者,迅速满足读者对图书的要求;在服务范围上,要尽可能扩大读者群体,各机关团体图书馆要向社会公开开放;在服务方式上,图书馆要广泛采用馆际互借的方式,提供各馆藏书的免费服务,并采用开架借阅模式;在开放时间上,要尽可能延长开放时间,节假日也不例外;在服务过程中,要注意提高参考书的利用率,从读者的需要和使用效果出发,将执行制度的原则性与灵活性有机地结合起来。

3. 阮冈纳赞的图书馆学"五定律"

1931年,印度图书馆学之父阮冈纳赞在其所著的《图书馆学五定律》一书中提出了著名的图书馆学"五定律",它们是:书是为了用的(Books are for use);每个读者有其书(Books are for all);每本书有其读者(Every book has its reader);节省读者的时间(Save the time of the reader);图书馆是一个生长着的有机体(The a library is a growing organism)。第一定律"书是为了用的",这是图书馆的基本法则,是图书馆开展一切服务工作的前提和存在的价值。它表明图书馆不仅具有收藏和保护图书的职能,更重要的是要使图书充分发挥它的作用。它彻底改变了传统图书馆以收藏为主的服务观念,确立了以利用为根本的服务宗旨,点出了图书馆工作职能的精髓。第二定律"每个读者有其书",它改变了"书为特定少数人服务"的理念,提出了图书的社会化。阮冈纳赞认为应一视同仁地向每个人提供图书,所有人都享有看书、学习和享受的机会。这种坚持平等权利原则的主张,鲜明地体现了以人为本的服务宗旨,揭示了近现代图书馆服务的本质。这条定律也叫作"书为人人"。第三定律"每本书有其读者",其基本理念是让每一本书都能得以适用,使每本书找到需要它的读者,强调的是图书馆的藏书应具有较强的针对性,能充分发挥效用。为此,图书馆应努力采取一切的手段与方式来"为书找人"。这条定律为图书馆开展读者服务提供了理论基础。可以说,它与第二定律从根本上确立了图书馆服务从"书本位"向"人本位"转变的基本思想认识。第四定律"节省读者的时间",它强调的是图书馆服务的效率和效益,也就是说要改革管理方法,节省读者的宝贵时间。第五定律"图书馆是一个生长着的有机体",它概括了图书馆的发展观,认为图书馆的发展不仅包括图书馆内部的藏书、读者和工作人员的不断发展,也包括由于客观形势的变化而引起的图书馆工作在深度和广度上的发展。这条定律对图书馆事业的可持续发展提供了理论依据。

阮冈纳赞的图书馆学"五定律"是对杜威图书馆服务"三适当"准则的继承和发展,深刻揭示了图书馆的使命、存在价值、发展机理和发展规律,强调了图书馆应坚持以读者为中心、服务至上的理念和图书馆要适应社会需求的发展思想。这五条定律所体现出的"以人为本"的思想,对图书馆学的发展具有深远的影响,为确立现代图书馆服务理念奠定了思想基础,被图书馆界尊为经典理论。

4. 米切尔·戈曼的图书馆学新五定律

1995年美国学者米切尔·戈曼在阮冈纳赞的基础上,又提出了图书馆事业的五条新法则,人们称之为"新五律",其主要内容是:第一定律"图书馆服务于人类文化素质",认为为个人、团体及整个社会服务是图书馆工作最重要的原则,是图书馆工作产生、存在与发展的第一推动力。第二定律"重视各种知识传播的方式",认为面对电子图书的冲击,应重视各种知识传播方式。因为每一种新的传播方式都是对原有传播方式负载能力的增强与补充。第三定律"明智地采用科学技术,提高服务质量",认为要明智地将新技术与新方法成功地结合到现有活动和服务的过程中,充分利用科学技术的优势来提高服务的质量。第四定律"确保知识的自由存取",认为图书馆应成为人类文化成果和知识的共同收藏之所,要努力保持向所有人开放,使所有人都有机会使用。第五定律"尊重过去,开创未来",强调图书馆应在继承和发展传统服务的基础上,调整和变革图书馆服务的功能和意义,通过不断的创新,以发展的眼光看待未来,如此才能与时俱进,既保持自己的特色,又争取更美好的前景与未来,在时代发展中立于不败之地。

"新五律"是针对当今图书馆及其未来发展趋势而提出的,具有其鲜明的时代特征。它是对阮冈纳赞图书馆学五定律所蕴含真理的重新解释,它强调了服务的目标、质量,而且把服务的内涵提高到了人类文化素质、知识传播和对知识的自由存取的高度,指出随着时代的发展和科技的进步，信息环境、用户的需求都在发生着变化，图书馆工作不断地出现新的内容，但服务仍是图书馆的最根本所在。

5．"3A"服务理念

所谓 3A 理念（Anytime，Anywhere，Anyway）是指无论用户在什么时间、什么地方、通过何种方式，都能得到图书馆方便、快捷、高效的文献信息服务。要使这个理念变为现实，有赖于"虚""实"两个用户服务系统作为依托。所谓"虚"，就是基于网络的虚拟用户服务系统（或称虚拟参考咨询服务系统）。目前，上海交通大学图书馆等图书馆网站已经基本建成了"网上（虚拟）参考咨询台"，使用户可以随时随地与各位参考咨询馆员通过电子邮件或电话取得联系，获得各种与文献信息检索相关的指导和帮助；可以随时随地利用"常见问题解答"得到有关问题的答案；可以随时随地通过"网上参考工具书"查阅网上免费的在线词典、百科全书、地图集；可以随时随地通过"学习中心"，学习、掌握各种电子资源的使用方法。所谓"实"，就是基于流通、阅览、声像等业务部门以及遍布各个部门的实体参考咨询台。"虚""实"结合，使图书馆服务的时间、空间从有限变为无限，服务方式也由比较单一趋向多元化。

（二）国内图书馆服务理念

1．"读者第一、服务至上"理念

我国的图书馆服务理念较晚，从曾担任北大图书部主任的李大钊提出"现在图书馆已经不是藏书的地方，而为教育的机关"以及随后各大学图书馆的发展，到五六十年代提出"千方百计为读者服务""一切为了读者""最大限度地满足读者的借阅要求"，再到八九十年代提出"读者至上、服务第一"的口号。这样，一个以"读者第一"为最高理念的进步开放的读者服务观念就基本形成，从而树立起具有行业特色的服务观念。

2．柯平的图书馆服务的"新五定律"

南开大学的柯平教授结合信息时代图书馆服务的发展要求，对新老五定律的服务精神进行了提炼，他提出了建立图书馆服务的"新五定律"：第一定律是"全心全意地为每一个读者或用户服务"，强调依然要从思想上树立"以读者或用户为中心"的服务理念。第二定律是"服务是'效率、质量与效用'的统一"，强调了服务过程中要注意"效率""质量""效用"，三者缺一不可，既要保证质量和效用，又要节省读者时间。第三定律是"提高读者和用户的素养"，强调图书馆应采取各种有效措施，努力提高读者和用户的各方面技能与素养，以保证其能自如获取图书馆提供的各种知识与信息。第四定律是"努力保障知识与信息的自由存取"，强调的是图书馆服务的最高境界和目标。第五定律是"传承人类文化"，强调图书馆服务的长远目的是促进生产力的发展和社会的进步，促进人类文化的发展。

3．范并思的图书馆学 2.0 五定律

当前,我们面临着新一轮的 Web2.0 所带来的 Lib2.0 浪潮的冲击,面对改变了的新的信息环境,新老五定律又孕育了新的思想内涵——2006年3月,范并思先生在自己的博客上提出了Lib2.0五定律:第一定律是"图书馆提供参与、共享的人性化服务"。指出Lib2.0所实现的不仅是要提供人性化的服务,将人文理念自觉地运用于信息技术中,使用户在图书馆服务和利用服务的方式上拥有更多的自主权,能够更好地相互分享,而且要创造条件让用户积极的参与。共享与参与的理念已成为图书馆在网络时代存在的基础。这个原则是阮氏的"书是为了用的"在新的网络环境下的应用与拓展。第二定律是"图书馆没有障碍"。它表明人们在使用图书馆时要没有障碍,每个人都可便利地获得他想要的信息。这个原则是与阮氏的第二定律"每个读者有其书"相对应的。第三定律是"图书馆无处不在"。在信息时代只有实现了图书馆无处不在,才能真正体现"每本书有其读者"的精神。第四定律是"无缝的用户体验"。也就是说对用户而言,图书馆提供的资源与服务是一体的,它是网络环境下节省用户时间的最高境界。它是阮氏第四定律"节省读者的时间"在新时期的另一种表述。第五定律是"永远的Beta版"。它体现为图书馆信息资源与信息系统的永续生长,"永远的Beta版"的Web2.0术语,准确地描述了在网络时代"图书馆是一个生长着的有机体"的时代特征。

可见,范并思教授的图书馆学2.0五定律同样强调并深化了图书馆服务是人性化、无障碍的服务,强调用户的参与和协作,注重用户的体验;指出在Web2.0技术的支撑下,以用户为中心的参与、共享、无障碍获取、无缝、高效的服务是图书馆存在的基础,强调了图书馆的服务无处不在。

从以上新老五定律的提出可以看出,服务是贯穿图书馆发展始终的原动力,服务的内涵随着时代的需求不断变更和升华。但无论图书馆如何发展,发展形态如何改变,唯一不变的是图书馆的服务宗旨,服务始终都是第一位的。"以人为本""服务第一"的理念成为图书馆改革和发展的出发点和归宿,成为现代图书馆服务的最高理念。

第二节　图书馆服务的特点和内容

一、图书馆服务的特点

随着社会与科技水平的发展及计算机和网络快速普及,图书馆的服务呈现出新的特点,具体如下。

(一)服务虚拟化

随着现代信息网络技术的广泛应用,建立在虚拟馆藏资源和虚拟信息系统机制上的新型信息服务模式逐渐形成。这种虚拟化的服务彻底改变了以文献信息资源为主线的传统图书馆服务模式。图书馆的服务始终处于一个动态和虚拟的信息环境中。通过网络传输,图书馆既可以利用自有或自建的数字化馆藏资源,又可以利用多种互联网资源,这种无形的、即时的虚拟化信息服务突破了时空限制,使得图书馆为读者提供无所不在的信息服务成为可能。因此,服务虚拟化包括服务资源的虚拟化(即信息资源的数字化、虚拟化)和服务方式的虚拟化(即由面对面的阵地服务转变为面向虚拟读者、虚拟环境的服务)。其实质是图书馆由向具体人群提供实体文献服务,转变为向非具体化读者提供虚拟的数字服务。

(二) 文献多样化

随着数字资源的急剧增长,图书馆为读者服务的文献信息资源已呈现出印刷型文献与联机数据库、电子出版物、网络各化信息资源并重的格局。信息载体多样化的发展打破了纸质文献一统天下的格局,也改变着读者利用文献的习惯与观念。读者对信息载体的需求已不再局限于印刷型文献,单一的纸质文献及其传递方式已不能满足读者多元化的信息需求,读者的信息需求越来越多地转向各种类型的数字资源。同时,以现代视频技术为手段而大量涌现的数字视频信息资源,也为人们获取丰富的多媒体信息创造了条件。因此,文献多样化使得图书馆在文献保存、信息交流和教育的基础上,极大地拓展了服务空间,信息服务保障能力得到极大提升。

(三) 信息共享化

由于网络及各种信息技术的广泛应用,图书馆信息服务的观念发生了巨大变化,人们逐渐从习惯于依靠自己所熟悉的一个图书馆获取信息服务,走向依靠图书馆联盟乃至基于共享技术整合在一起的泛在云图书馆获取信息资源。现代图书馆不再是一个个孤立存在的信息实体,而是整个社会信息网络的一个个节点。图书馆之间的信息共享服务有了越来越大的空间和自由,其交互需求与作用也越来越大。共享思想与共享技术使信息资源共享服务从来没有像现在这样成为现代图书馆服务不可或缺的有机组成部分,从而使真正意义上的信息资源共享成为图书馆服务的重要特征。

(四) 需求个性化

随着经济社会发展对信息需求的深度和广度日益提高,读者对信息的个性化服务需求越来越突出。而图书馆通过专业馆员队伍素质的提升、现代信息技术的广泛应用以及信息综合保障能力的快速提高,为读者提供定制化、自助性、全天候的个性化服务,已成为现代图书馆读者服务工作发展的主要方向。在这样的服务过程中,读者的自主性得到发挥,个性得到满足。这种个性化的服务正逐渐成为图书馆界追求的服务新理念。

(五) 交流互动化

图书馆借助网络与通信技术与读者建立起了十分便捷有效的交流关系。一方面,图书馆可以及时、准确地掌握读者的信息需求动态;另一方面,读者也可以自由地向图书馆表达具体的信息需求。图书馆根据读者的信息需求通过有目的地搜索、过滤、加工、整理,形成信息集合,以多种途径与形式主动发送到用户终端,满足读者的信息需求。读者则足不出户就可直接、快捷地从图书馆获取自己所需的信息,减少了操作的盲目性;同时,读者还可以把个人的文献资源通过信息共享空间等渠道上传后提供给图书馆和其他读者,使图书馆与读者双方建立起通畅的互动交流机制。

(六)服务多元化

图书馆通过计算机技术、远程通讯技术和网络信息处理技术有机结合建立的网络服务平台,从根本上改变了图书馆的信息资源开发、组织和控制调度状况,使读者可以方便地按主体客观需求在网络环境下集中获取所需信息,即在网络中将各类信息获取方式融为一体,实现信息交流、查询、获取、阅读和发布的一站式集成化服务。在空间上,用户不仅可以到图书馆享受比以往任何时候都优越的读者服务,更可以不用亲自到图书馆,在家里或其他任何有网络的地方通过注册就可进入图书馆网页,查阅信息资源,变远距离为近距离,跨越空间的界限;在时间上,读者可以在任何时间通过有线或无线网络访问图书馆,也可以在同一个时间段内同时检索和借阅注册过的多家图书馆的资源,通过搜索、筛选,获得他认为最需要、最合适的信息资源,方便快捷。图书馆服务呈现出多元化、立体化、全天候的特征。

二、图书馆服务的内容

在图书馆的各项业务工作中,围绕服务形成了一个内容丰富的完整工作体系,主要包括以下五个方面。

(一)研究读者

研究读者是开展图书馆服务工作的重要内容和前提条件,它包括研究读者的文献需求和阅读规律两个主要方面。读者是图书馆这个社会组织的基本组成要素之一,是图书馆得以存在的根本。读者对图书馆的文献信息需求和利用规律,最直接、最具体地体现了社会的需要,它是图书馆赖以生存的土壤,也是图书馆一切工作的出发点和归宿。

开展读者研究有助于从总体上把握读者需求的特点和规律,提高图书馆服务的针对性,并对读者动机加以正确引导,不断改善和拓展读者服务的方式和服务领域,提高图书馆服务工作的质量与水平。

1. 读者的文献需求研究

研究读者的文献需求就是对不同层次的读者在阅读需要、阅读目的、阅读过程中的特点及其规律进行研究。一般来说,不同层次的读者对信息资源的需求不同,读者在不同时期所需要的信息资源不同,其阅读的目的也不完全相同。此外,现代图书馆还需要特别关注读者对不同类型文献的需求差异、不同渠道获取信息的差异,以及不同信息环境下的文献需求差异。

2. 读者的阅读规律研究

这方面的研究可以从两方面着手：一方面，对读者心理及行为规律进行研究，即对读者在鉴别、提取、利用信息过程中的行为习惯和阅读规律进行研究，它既包括阅读动机、阅读兴趣、阅读能力和阅读习惯的研究，也包括对读者对文献的选择行为和文献获取行为的分析、对读者使用各类型信息资源特点的研究、读者阅读效果的评估等。另一方面，要对读者信息素养及信息意识进行研究，包括社会的发展与变化对读者文献需求意识的影响、社会环境与读者需求结构的关系等。

（二）组织读者

组织读者是图书馆为实现服务和管理目标而围绕服务工作实施的管理措施。它的主要任务是读者队伍的组织与发展，包括确定读者服务范围与服务重点、制订读者发展规划与计划、定期发展与登记读者、划分读者类型、掌握读者动态、组织与调整读者队伍等。

组织读者应根据图书馆的任务变化和环境变化以及读者的变化而展开。只有把握住读者的阅读规律，掌握读者的阅读需求，才能使图书馆服务不断与读者的需求相适应，使图书馆服务管理方式的变革与读者需求的变化同步，才能找出提高图书馆服务工作和管理工作水平的方法和途径。

发展读者队伍是组织读者工作的一项重要内容。拥有规模化的读者群体是图书馆一切工作的前提，只有拥有了广泛而确定的大量读者，图书馆的资源建设、服务管理才有了明确的目标，才能通过大量的高水平服务实现图书馆的社会价值。

不同类型图书馆发展读者的重点和发展方式有很大差别。高校图书馆是为本校服务的信息机构，因此，高校图书馆的读者成分比较单一，主体是本校的师生员工，其读者的确定和发展通常可通过读者账户注册实现。学校的教职员工只要进行简单的读者登记，由图书馆发放标明其基本身份信息的借阅证就可以成为图书馆的正式读者。研究单位、机构等图书馆的读者发展方式大体与高校图书馆类似。而公共图书馆是面向某个行政区域内所有公众的，因此，公共图书馆的服务对象十分广泛，读者的构成也比较复杂，需要在有服务需求的个人或团体向图书馆提出注册请求的基础上，由图书馆根据办馆的方针、任务、规模和条件以及读者的阅读需求特点等确定是否授予申请者享受本图书馆的权限，只有符合本馆读者发展条件的申请者才能通过注册成为正式读者。

受读者文化层次、信息需求、年龄、职业、工作任务等因素的影响，不同类型的读者对图书馆服务的期望和要求存在很大差别。并且由于图书馆的主要任务不同，资源、人员、环境和经费也很有限，图书馆需要在研究读者的基础上，通过制定不同类别读者使用图书馆的权限规则，以及读者管理系统的身份认证与权限管理，将庞大的读者群划分为在某些方面具有需求共性、使用行为共性的读者群体，从而在普遍服务的基础上实现针对不同需求的差别化服务。

读者发展、细分、管理的成果一般都通过图书馆的读者注册与身份认证管理系统固化下来。这既是了解读者、研究读者的重要资料，也是图书馆开展一切工作的基础数据，更是评价图书馆绩效、制订发展规划、进行服务与管理改革的重要基础。

（三）组织服务

充分利用图书馆的各种资源，在深入研究和准确掌握读者需求的基础上，通过组织开展多层次、多角度的全方位服务，最大限度地满足读者的文献信息需求，是图书馆服务工作的中心环节，同时也是图书馆实现社会价值和最终服务目标的重要手段和方式。

图书馆服务是图书馆各项工作的外在表现形式，也是图书馆中最具活力、最富创造性的工作。组织服务工作的主要内容包括优化读者服务方式、扩大读者服务范围、增加读者服务内容和提高读者服务水平等几个方面。一个图书馆以何种方式服务读者，主要取决于本馆的性质、规模和读者需求，而且还要随着图书馆的发展和读者需求的变化而不断变化。

图书馆的传统服务方式是根据读者的实际需求，利用馆藏资源、馆舍设备以及环境条件，有区分地开展各项服务活动，包括文献查询、外借服务、阅览服务、复制服务、咨询服务、检索服务、定题服务、编译服务、报道服务、展览服务、情报服务等。由于读者需求具有广泛性、多样性和复杂性，几乎所有图书馆都根据自身特点，以这些服务方式为基础，组织建立起多类型、多级别的综合服务体系，有效地满足各类读者对文献的不同层次需求，进而帮助读者解决在学习、研究、工作中选择书刊、查询资料以及获取知识信息方面的各种具体问题。

随着网络的普及和计算机技术在图书馆中的广泛应用，现代图书馆的服务方式由传统的服务转向了现代化数字图书馆服务。因此，充分利用网络为读者提供服务已经成为现代图书馆的服务方向。这方面的服务包括资源检索、全文浏览、文献下载、自助借阅、虚拟参考咨询、网上读者调查、资源导航、特色数据库、移动阅读、用户文件上传与共享、个人学习空间、用户意见征集与实时交流等。

总之，图书馆服务的组织应根据本馆的具体情况和社会发展水平来决定，总的要求是用最少的投入，在最短的时间内，为最多的读者提供最好的信息资源。

（四）宣传辅导

读者宣传辅导工作是图书馆教育职能的体现。它包括读者宣传、读者辅导以及读者培训三个方面的内容。

1. 读者宣传

读者宣传是图书馆对读者进行科学管理的基本手段之一。宣传的目的是在了解和研究读者阅读需要的基础上，主动向读者揭示、推荐信息资源的形式与内容，宣传先进思想、科学知识、职业技术以及广泛的文化信息，通过多种形式，把读者最关切和最需要的信息及时展现在读者的面前，吸引读者利用图书馆的各种资源和服务，使图书馆的资源得到最大限度的利用。

2. 读者辅导

读者辅导是指针对不同读者的具体情况，有区别地为读者答疑解惑、排忧解难。读者辅导需要图书馆员充分掌握信息资源的特点，熟悉图书馆各项服务流程，了解读者行为习惯和信息需求心理，在读者熟悉图书馆各项服务流程的过程中，了解读者行为习惯和信息需求心理，在读者利用图书馆各项服务的过程中，积极影响读者选择阅读范围，引导他们正确地选择信息资源内容，帮助他们学会利用信息资源和图书馆，有针对性地为每位读者提供帮助和信息技能指导，以促进读者更好地获得知识，提高阅读能力及阅读效果。

3. 读者培训

读者培训是指根据不同读者群体的共性需求，通过开展讲座、参观、课堂教学等多种方式，帮助某一读者群体提高使用图书馆及其资源的技能，提高图书馆资源的利用率。培训读者主要从两个方面入手：一是培养读者的情报意识，激发他们利用图书馆的欲望，使他们自觉地认识到图书馆是自己的良师益友，是终身学习的场所；二是提高读者利用图书馆和检索情报的技能，帮助他们学会利用图书馆及其资源，充分发挥图书馆的教育职能和情报职能，吸引更多的读者开发和利用图书馆资源。

（五）服务管理

服务管理是指对图书馆读者工作部门的业务活动进行科学的组织管理，包括读者服务对象管理、读者服务人员管理、读者服务设施管理三个方面。它具体包括制订读者发展的计划、服务机构设置、岗位设置、人员配置、明确岗位责任、建立健全各种规章制度、人员分工与业务流程设计优化、合理组织藏书、改进服务手段、采用先进的设备与技术手段、完善服务体制等工作。服务管理为读者创造良好的环境和条件，方便读者有效利用图书馆资源，保证图书馆服务工作健康地向前发展。

这五个方面的内容相互制约、相互作用，缺一不可。其中，组织与研究读者是开展一切读者服务工作的前提条件和基础；科学组织各项服务工作，构建层次分明、体系完整、灵活多样、富有生机的读者服务工作体系，是实现读者服务工作目标、体现图书馆社会价值的根本保障；组织各项宣传辅导活动，开展卓有成效的读者教育，是提高读者素质、增强信息能力，从而提高读者服务工作成效，充分发挥图书馆效能的有效途径；加强图书馆服务管理，是顺利开展读者服务工作，有效实现上述任务的制度和组织保障。

第三节　图书馆服务的类型与发展规律

一、图书馆服务的分类

图书馆服务是读者工作或读者服务的发展，是超越传统的读者工作或用户服务范畴的一个概念。图书馆服务是为满足读者和社会需求，利用图书馆的文献信息及其他各种资源，实现图书馆使用价值的全部活动。这一概念包括了三个要素：首先是对象，即读者与社会；其次是内容，即利用图书馆资源；最后是目标，即实现图书馆的使用价值。

（1）从服务对象看，图书馆服务有读者服务、用户服务和社会服务。读者服务确立的读者概念与阅读行为有关，读者服务离不开文献、阅读设备和阅读空间。用户服务突破了图书馆以借阅证判别读者的限制。特别是网络环境下的图书馆服务，点击图书馆网站，利用图书馆网上资源，对用户具有现实的意义。社会服务就是拓展图书馆的社会教育功能，提高公民素质，以满足社会的需求。

（2）从服务资源的层次看，图书馆服务有文献服务、信息服务和知识服务。文献服务利用图书馆的基本资源开展多种服务，如期刊服务、专利服务、学位论文服务等。信息服务比文献服务上了一个层次，主要体现在运用信息技术和信息资源，如OPAC、数据库检索、信息咨询等。知识服务是更高水平的服务，是运用知识和智慧开展的服务，如学科馆员服务、查新服务等。

（3）从服务手段看，图书馆服务有手工服务、计算机辅助服务、数字图书馆服务等。随着"My Library"个人图书馆服务的产生，自助服务和自我服务成为一种趋势。技术的发展推动服务形式和功能的拓展，新的服务不断出现，以紧跟时代的发展步伐。

（4）从服务历史看，图书馆服务有传统图书馆服务和现代图书馆服务。传统图书馆服务是以馆藏文献为依托，以借阅活动为核心，面向有限读者的服务。现代图书馆服务则是以图书馆资源为依托，以文献信息服务为核心，面向所有用户的服务。如果说，传统图书馆服务主要是以图书馆建筑为坐标的有形化服务，现代图书馆服务则是以知识资源为坐标的图书馆物理空间和虚拟空间的复合型服务。

二、图书馆服务的发展规律

依据图书馆服务的构成要素和图书馆的历史演变来看，图书馆服务具有以下发展规律。

（一）服务对象扩展

图书馆的服务对象经历了一个从严禁到限制到部分开放到全面开放的过程。在我国，解放前因为能够对外开放的图书馆数量和藏书极其有限，加上广大工农群众中文盲占大多数，图书馆实际上只能为少数达官贵人和有文化者服务，是完完全全的"精英服务"。解放后一直到20世纪80年代后期，虽然通过开展扫盲运动，普及教育，广大人民群众的科学文化水平逐步提高，图书馆服务对象扩展到了全民族各个阶层，但服务对象还是受地域、身份等方面限制，读者必须持有关证件进馆，办理借书证需单位证明和本地户口。到了20世纪90年代，由于人们文献信息需求的增加，图书馆事业的发展，特别是公共图书馆事业的发展，公共图书馆已面向全社会开放，社会成员可以不受地域、身份等方面的限制，可以就近享受图书馆服务。目前许多图书馆都免费向所有居民开放，任何人都可以免证件进馆阅览书刊，无论是本地居民还是外来劳务工，只要持本人身份证就可以办理借书证，免费借阅图书馆的书刊资料。

（二）服务内容增加

由于人类信息需求的扩大，图书馆的服务内容也在相应增加。古代图书馆只是为皇朝政事提供参考、为公私著述提供资料，近代图书馆主要是阅览服务。现代图书馆除了为用户提供借阅服务、参考咨询、文献情报检索等服务外，同时为他们提供网络服务，包括全文检索、多媒体检索服务、网络检索服务、网络咨询服务，以及查新咨询服务、休闲娱乐服务等；不仅提供传统印刷型文献资料，还同时提供数字化的文献信息。服务功能的多样化使图书馆不再是单纯的文献收藏中心，同时也是社会教育的基地、信息传播中心和民众休闲娱乐的重要场所。

（三）服务手段提高

20世纪60年代以前，图书馆各项工作都处于手工操作阶段，图书馆服务效率低下。20世纪70年代以来，随着计算机技术在图书馆的应用，图书馆内部管理逐渐实现了自动化，图书馆服务效率有了显著提高，机读目录的出现为用户提供了更多的检索途径，流通自动化简化了用户的借、还手续。20世纪90年代以后，随着互联网技术的发展，图书馆服务实现了网络化。通过互联网，用户可以端坐家里轻松享受图书馆服务，阅读图书馆数字化的文献资料，并下载自己所需要的信息。图书馆则可以利用互联网建立虚拟馆藏，共享他馆及其他信息机构的信息资源，为用户提供信息服务。

1. 服务方式进化

随着社会的进步和发展，人类的信息需求日趋增加，图书馆的服务方式也有了巨大变化。古代图书馆，由于馆藏信息资源数量、管理手段及信息需求等方面的限制，图书馆一般仅提供室内阅览服务。到近代，图书馆馆藏文献数量有了显著增长，人类文献需求趋于大众化，图书馆除了提供馆内阅览服务外，还向读者提供文献闭架式外借服务。到了现代，随着科学技术的飞速发展，文献信息资源急剧增长，人类的信息需求日趋多样化，封闭式服务已不能满足他们的需要，图书馆逐步实现了开放式服务，实现了借、藏、阅一体化，不仅极大地方便了用户利用文献信息资源，也提高了文献信息资源的利用率，最大限度地发挥了资源的效用。随着互联网的发展，图书馆服务已不再局限于图书馆内服务。通过互联网，图书馆可以提供网上阅读，全文信息传输等多种服务，及时快捷地满足社会大众的文献信息需求。同时，图书馆服务已不再局限于提供纯文献信息，而是提供着多种功能、多种形式的社会化服务。

第四节 图书馆服务的原则

图书馆服务有着特定的原则及内涵,最大限度地满足读者的信息需求是图书馆一切工作的出发点和归宿,图书馆要始终把"读者第一、服务至上"作为读者服务工作的宗旨,并遵循以下原则。

一、以人为本的原则

"以人为本"是图书馆服务的首要原则,也是图书馆精神的精髓,"以人为本"就是指在图书馆服务中,坚持以满足读者需求为核心,以积极的服务态度和认真的服务精神,通过各种措施,调动一切力量,为读者充分获取和利用图书馆各种信息资源提供一切方便。以人为本的原则体现了"一切为了读者"的服务思想和全局性的要求,即图书馆的所有文献、所有人员、所有工作都要把为读者服务当作出发点和归宿,并贯穿于一切服务过程之中。以人为本主要体现在下面几个方面。

(一)从方便读者出发

从本质上说,千方百计减少对读者的限制,是方便读者的重要方面。围绕图书馆服务所建立的一系列规章制度和管理办法都是为了维护大多数读者的利益,不应成为读者利用图书馆的障碍。但是,在实际工作过程中,图书馆往往会有意无意地以方便管理为出发点,制定一些限制读者、限制使用、忽视读者方便性的管理措施,这样就必然会给读者造成种种不便。图书馆应当根据客观情况的变化及时地调整和完善规章制度,协调好图书馆、工作人员、读者三方面的关系,既要方便读者,又要在科学管理的基础上,真正使图书馆的服务与管理体系以保护大多数读者的利益为出发点,保证图书馆的服务健康有序地发展。

(二)建立科学合理的馆藏组织与揭示体系

经过日积月累,图书馆的馆藏越来越多,内容和形式都较复杂,只有对馆藏进行科学的组织与布局,并通过多功能的目录检索体系指引读者查找文献,才能够使各种类型的读者方便及时地获得所需文献资源,便于工作人员的管理,提高服务效率和服务质量。在图书馆的资源组织过程中,一方面要全面收集和充分揭示文献信息资源,另一方面要按照读者需求组织资源。为有利于读者快、精、准地检索和获得所需要的文献,图书馆应按照科学方法将馆藏文献、网络文献以及可以共享的一切文献组织成一个有序化的资源体系,建立合理的布局,并通过一站式的统一目录体系加以全面揭示和引导。

(三)建立协调统一的服务体系

在现代图书馆,服务与管理都已广泛实现了网络化、自动化,大大缩短了读者查找、获得信息资源的时间，为读者利用图书馆创造了方便。图书馆应充分利用现代管理手段，建立科学合理的服务体系，主动采取多种服务方式为读者服务，体现以人为本的服务原则。

二、平等原则

平等原则是图书馆信息服务最基本的原则，是现代图书馆服务的基本方向，它主要体现在以下两个方面。

（一）平等享有权利

平等意味着无贵贱之分，无高低（身份）之别，无特权之规定。"图书馆面前人人平等"是图书馆界的"人权宣言"。联合国教科文组织与国际图联 1972 年公布的《公共图书馆宣言》中早就写明："公共图书馆的大门应向社会上所有成员开放。"1994 年国际图联起草的《联合国教科文组织公共图书馆宣言》（修订版）指出："每一个人都有平等享受公共图书馆服务的权利，而不受年龄、种族、性别、国籍、语言或社会地位的限制，向所有的人提供平等服务。"平等原则强调的是图书馆要尊重、关爱每一个用户，坚决维护用户的合法权利。用户的这些合法权利包括：平等享有取得用户资格的权利；平等享有阅读的权利；平等享有个人人格和隐私不受侵犯的权利；平等享有提出咨询问题的权利；平等享有参与和监督图书馆管理的权利；平等享有遵守图书馆规章制度的权利和义务；平等享有提出合理化建议的权利；平等享有接受安全、卫生等辅助性服务的权利；平等享有对图书馆工作进行评价的权利；平等享有自己的合法权益受到侵害时提出改进、赔礼或诉讼的权利。图书馆是通过文献信息资源的传播来保障公众"认识权利"实现的机构，"读者的权利不可侵犯"应成为所有图书馆人铭记的职业信念。

（二）平等享有机会

平等享有机会也就是说图书馆除了应该保障用户平等利用图书馆的权利外，还应该为所有图书馆用户提供平等利用图书馆的机会，不应有任何用户歧视。图书馆服务的平等不仅要求形式上的平等，更要求实质上的平等，要为弱势群体，给予特别关注和提供特种服务，弥补用户自身能力的客观差异，维护和保障社会弱势群体利用图书馆和享用信息资源的权利。

可以说，没有平等就没有人文关怀可言。贯彻平等的原则就要做到使信息资源尽量接近用户，方便用户使用；为用户提供相对宽松和自由的环境，消除用户利用图书馆的各种障碍，做到信息资源占有和利用的平等；尊重用户自主查询和利用各种信息资源的权利，坚持守密原则，不监控思想，不窥探用户的个人隐私，尽量为他们个性化的信息需求提供帮助。

三、开放原则

开放原则是图书馆服务的基本原则。开放是服务的前提，没有开放便没有服务。开放服务是图书馆适应时代发展的必然趋势，是现代图书馆服务的重要特征。它包括资源开放、时间开放、人员开放和管理开放，是一种全方位的开放。首先，要将图书馆的所有馆藏资源、设施资源和人力资源向用户开放。通过实施开架借阅、加强图书宣传、健全检索体系等手段来全面揭示馆藏，使所有馆藏全部向读者开放并充分获得利用。要争取馆与馆之间相互开放资源，实现资源共享。其次，要最大限度延长读者利用图书馆的时间，尽量做到节假日不闭馆，从而保证开馆时间的完整性和连续性。而对于虚拟图书馆，则要求提供 7×24 小时的服务。再次，图书馆要向所有人开放，无论其国籍、种族、年龄、地位等。图书馆不仅是社会文化教育中心，也是一个人们相互交流、休闲、娱乐的场所，是具有综合功能的社会文化中心，每个人都应享受利用图书馆的权利。最后，图书馆应建立用户参与管理、参与决策的机制，如设立"用户监督委员会"之类的非常设机构、公布"馆长信箱"、设立"读者意见箱"等，认真听取用户对图书馆服务的意见、建议，接受他们对图书馆服务工作的监督，并在可能的情况下让读者直接参与决策过程，将反馈结果向全部用户开放。图书馆要重视用户的评价，查找差距，改进工作，以此促进图书馆服务工作开展。

四、方便原则

为服务对象提供方便，是任何一种服务都要追求的目标，图书馆也是通过服务来发挥其功能的。方便原则体现的是现代图书馆服务的内在品质，是图书馆业务的目标和工作努力的方向。实践表明，用户在决定是否选择和利用信息时，可获得性和易用性往往超过信息本身的价值。因此，图书馆在开展信息服务时，应为用户的信息获取和信息使用提供最大的便利，创造文献与人的和谐关系。如实行开架借阅，最大限度地拉近读者与资源之间的距离；文献标引准确、规范，排架合理，为读者方便快捷地接近、利用实体馆藏创造条件；资源检索一站式，力争一索即得；建筑格局采用大开间、灵活隔断的开放式模式；导引标识简明易认，一目了然；人机交互界面友好，操作"简单"化；尽量减少读者寻找书刊、排队等候、往返楼层等无效劳动，提高效率；信息检索与参考咨询网络化；服务设施无障碍、人性化；服务方式灵活多样；简化办证手续、扩大读者范围；保证开馆时间；开展自助借还、送书上门服务等。总之，要千方百计从细微处方便用户，一切以方便用户为目的来开展图书馆的各项工作，让用户感到方便无处不在。

五、满意服务原则

满意服务原则是图书馆服务诸原则中的核心原则。用户是否满意及其程度如何，是衡量图书馆服务质量的最终标准。用户对图书馆服务是否满意，实际上就是用户对图书馆的文献资源、工作人员、服务方式和环境设施等要素的预先期望与其实际感受的对比。如果按照现代企业管理的CS（Customer Satisfaction）理论，图书馆服务的满意原则将包括服务理念的满意、服务行为的满意和服务视觉的满意三个方面。服务理念的满意，是图书馆的办馆宗旨、管理策略等带给用户的心理满足感。服务行为的满意，是图书馆的行为状况带给用户的心理满足状态，如图书馆的各项业务建设、制度规章、服务项目、服务态度、服务能力、服务效果等，是图书馆理念满意思想的外部表现形式。服务视觉的满意，是图书馆所具有的各种可视性的显在形象带给用户的心理满意状态，是图书馆理念的视觉化形式。它不仅包括对图书馆的环境、氛围、设施设备的性能的满意，也包括对图书馆及其相关工作人员职业与业务形象的满意。坚持满意服务原则，除了要坚持"一切为了读者"，积极采取多种措施、开辟多种渠道，多层次、多形式满足用户需求外，还要建立起不同层次的评价指标，分别从不同的角度进行评价以准确反映用户的满意程度，不断改进图书馆的服务工作。

六、特色服务原则

图书馆由于工作性质、任务、服务对象和地域的不同，在信息资源的搜集与建设、服务的方式、管理等方面，呈现出各自独特的内容或风格，显示出不同的特色。特色服务主要以特色信息资源为基础，是专业性、专题性或专指性的服务，是有针对性地满足特定用户的特殊需要的重要手段。在网络信息资源极大丰富的今天，用户的信息需求更加趋向微观化和个性化，他们需要的是个性化的、特色化的、专业化的文献信息。因此，信息服务要有针对性和特色性，多层次、多角度地满足用户的需求。没有特色，图书馆就难以在林立的信息机构中生存和发展。图书馆只有独树一帜，树立品牌特色服务，才能吸引更多的用户，得到更好的发展。

七、创新服务原则

阮冈纳赞的图书馆学五定律的第五定律提出"图书馆是一个生长着的有机体"。这就意味着图书馆所收藏的文献信息、用户的信息需求、服务技术以及馆员的业务能力和业务水平都是在不断增长、不断变化着的，而图书馆正是在这种不断变化与创新中发展起来的。要创新，首先要树立创新意识，确立主动化、优质化、品牌化、专业化的服务理念。具体体现在：服务中要主动、想方设法贴近用户，处处为用户着想，为他们提供尽可能的方便；讲究"精、快、广、准"的服务质量，满足用户求新、求快、求便捷的心理；通过特色馆藏、特色服务、特色活动、特色环境等突出本馆服务特色，建立图书馆特有的品牌服务；建立一系列严格的业务规范与规则，凸显图书馆服务的专业化。其次，要创新服务内容。如在信息服务方面,要努力从文献提供服务向知识提供服务转变;加大参考咨询特别是网上虚拟参考服务的力度;增加网上信息导航;开展个性化信息服务;充分利用各种资源,开展形式多样的读者活动等。最后,要创新服务方法。如改变以往单一的馆藏文献借阅服务模式,利用现代网络平台,提供多种数据库服务、知识库服务以及各种在线或离线信息服务和主动推送服务、虚拟参考咨询服务、网络呼叫、智能代理服务等。

八、资源共享原则

随着社会的进步和科学技术的飞速发展,文献出版数量剧增,各种信息大量涌现。任何图书馆没有必要,也没有经费去全面搜集、存储各种信息资源。但面对用户日益增长和不断扩大的信息需求,图书馆只有树立资源共享的观念,走资源共享的道路,变"一馆之藏"为"多馆之藏",才能减轻单个图书馆的负担,既能最大限度地满足用户对知识、信息的需求,又能充分发挥馆藏文献信息资源的作用。资源共享将有力地促进人类知识的继承和发扬,实现人类的共同进步和发展。为此,不同系统、不同级次的图书馆要积极地加强图书馆之间的联合和合作,加强信息资源的共知、共建、共享,从而极大地提高图书馆事业在社会中的地位和发挥其知识宝库的重要作用。

第三章　图书馆服务体系

图书馆服务体系是由诸多服务体系构成的多功能、多层次的有机整体。这个体系包括文献外借服务、馆内阅览服务、馆外借阅服务、参考咨询服务、用户教育服务等，各种服务都有其相对独立的功能、效果和适用范围。而作为整个服务方法体系的组成部分，各种服务之间是相互联系、相互补充、相互渗透、紧密结合的。

第一节　图书馆的信息资源体系

一、信息资源体系

（一）信息资源体系的内涵

信息资源体系是指信息资源各要素相互联系、相互作用而形成的具有特定功能的有机系统。它是指一定范围内，经过布局、搜集、整理、保存并提供利用的所有信息资源的集合。面向用户的资源与服务整合是根据一定的需要，对各个相对独立的信息资源系统中的数据对象、功能结构进行融合、类聚和重组，重新结合为一个新的有机整体，形成一个效能更好、效率更高的信息资源体系，从而保证信息资源更好地被利用。这包含三方面内容：一是将内部信息资源和外部信息资源进行有机融合；二是构成一个高效合理的信息资源体系；三是实现信息资源的整体利用价值。加强信息资源体系建设应从两方面入手：一是应当保证各图书馆每年都能入藏一定数量的各具特色的信息资源；二是通过信息资源整体建设，建立起能在一定范围内有效地保障社会信息需求的信息资源系统，称为信息资源保障体系。

（二）信息资源体系规划

信息资源体系规划就是根据信息资源体系的功能要求，来设计这个体系的微观结构和宏观结构。在微观层次上，就是每一个具体的图书馆根据本馆的性质、任务和读者对象的需求，确定信息资源建设原则、资源收集的范围、重点和采集标准，提出本馆信息资源构成的基本模式。在此基础上，制订信息资源建设计划，安排各类型信息资源的数量、比例、层次级别，形成有内在联系和特定功能的信息资源结构，建立有重点、有特色的专门化的信息资源体系。微观规划在时间上表现为短期规划，包括年度计划、季度计划等，是信息资源建设的具体实施计划。

宏观层次上的信息资源体系规划就是从一个系统、一个地区乃至全国的整体出发，对信息资源建设进行统筹规划、合理布局，制定各种类型的图书馆及各类型信息机构之间在信息资源的收集、组织、储存、书目报导、传递利用等方面的协调与合作规划，从而形成相互依存、相互联系的整体化、综合化的信息资源体系。它通常会受到各种内外环境如政治、经济、文化以及各馆已经形成的馆藏体系、服务对象等诸多因素的影响。宏观规划又分为总体规划和长期规划。总体规划指一个图书馆对本馆信息资源建设的总方向、指导思想、最终目标等所作的构想与规定，解决信息资源建设中带根本性、全局性和长远性的大问题。长期规划，通常有三年规划、五年规划等，主要用于确定规划期内信息资源建设的发展目标、任务及实现的途径和结果。

二、信息资源建设

（一）信息资源建设的概念

1. 情报学界对信息资源建设概念的理解

情报学界在图书馆界提出文献资源和文献资源建设概念之前，就已经对信息资源、信息资源建设的一些问题展开了讨论。随着 20 世纪 80 年代中期国外信息资源管理理论进入国内及我国正式与国际互联网接轨，信息资源建设就成为了情报学理论界的研究内容及信息机构的工作内容。

2. 图书馆界对信息资源建设概念的理解

图书馆界认为，信息资源是经过人类采集、开发并组织的各种媒介信息的有机集合。也就是说信息资源既包括纸品型的文献信息资源，又包括非纸品的数字信息资源。所谓信息资源建设是指图书馆根据其性质、任务和用户要求，有计划地系统地规划、选择、收集、组织各种信息资源，建设具有特定功能的信息资源体系的整个过程和全部活动。

目前，信息资源建设已经成为图书馆界、情报界和其他信息工作领域普遍接受并广泛使用的概念。与文献资源建设相比较，信息资源建设的内涵与外延更为广泛。因此，应将情报学界与图书馆界关于信息资源的不同理解加以整合，信息资源建设应该包括（传统型）文献信息资源建设和数字信息资源建设两部分。因为只有将（传统型）文献信息资源建设和数字信息资源建设都包含进去，才能形成一个完整的信息资源建设概念，才是对信息资源建设含义的完整而准确的理解。

（二）信息资源建设的主要内容

信息资源建设是人们对处于无序状态的各种类型的信息进行搜集、选择、加工、组织、开发和利用，使各种信息资源形成可利用的资源体系的全过程。其主要研究内容包括以下几个方面。

1. 信息资源的体系规划

信息资源体系是指信息资源各要素之间相互联系、相互作用而形成的具有特定功能的有机系统。信息资源体系规划就是根据信息资源体系的功能要求,来设计这个体系的微观与宏观结构。

在微观层次上就是每一个具体的图书馆根据本馆的性质、任务和读者对信息的需要,确定信息资源建设的原则以及资源收集的范围、重点和采集标准,提出本馆信息资源构成的基本模式,制定本馆信息资源采集政策,安排各类型信息资源的数量、比例、层次级别。形成有内在联系和特定功能的信息资源体系,使整个文献信息资源形成重点突出、有特色的多元化的信息资源体系。

在宏观层次上,还要与本地区、本系统的文献信息资源建设相适应,与本地区、本系统的图书情报服务机构协作、协调,统筹规划本地区、本系统文献信息资源的收集、组织、贮存、书目报道、传递利用,从而形成相互依存、相互联系的整体化、综合化的信息资源体系。

2. 信息资源的选择与采集

根据已经确定的信息资源体系的基本模式,通过各种途径选择与采集信息资源,建立并充实馆藏,信息资源的选择与采集是信息资源建设的基础工作。信息资源的选择与采集工作包括以下几个方面:

(1) 印刷型文献的选择与采集。根据既定的信息资源选择与采集的原则、范围、重点、复本标准、书刊比例等,通过各种渠道和各种方式,采集所需要的文献,建立并不断丰富实体馆藏资源。

(2) 电子出版物的选择与采集。这里所说的电子出版物是指以实体形式存在的、单机或在局域网络中镜像存储使用而非网络传递的电子信息资源。图书馆要根据读者需求、电子出版物本身的质量、电子出版物与本馆其他类型出版物的协调互补、电子出版物的成本效益等原则进行选择和采集。

(3) 网络信息资源的选择与采集。网络信息资源包括付费订购使用的数据库、免费使用的网页信息资源等,网络数据库是图书馆通过签约付费,可远程登录、在线利用的电子信息资源。国内外许多数据库生产商或数据库服务集成提供商已开发出各种文献数据库,直接购买这些产品或服务也是信息资源选择与采集的重要内容。

3. 馆藏资源数字化与数据库建设

馆藏资源数字化是网络环境下信息资源建设的重要内容之一。因为只有经过数字化处理的文献才能通过网络为人们所共享。图书馆应通过计算机和大容量的存储技术、全文扫描技术、多媒体技术,将馆藏中有独特价值的印刷型文献转化为扫描版全文电子文献,并制成光盘或网上传播。

数据库建设是数字信息资源建设的核心内容。对图书馆来说,数据库建设主要有书目数据库和特色数据库建设。书目数据库既是开发图书馆信息资源的基础数据库,也是图书馆实现网络化、自动化的基础；特色数据库是图书馆特色资源的集中反映，是图书馆充分展示其个性，提高其社会影响力和信息服务竞争力的核心资源。图书馆要根据本系统、本地区的社会需求和本馆的技术力量、经费等条件，选择适合的主题，系统地将馆藏资源中的特色文献制作成独具特色的文献数据库或专题数据库，并提供上网利用。

4. 网络信息资源的开发利用

因特网信息资源极为丰富，图书馆对它进行开发组织，就可以使这些分布在全球的网络信息资源成为自己的虚拟馆藏。这种开发和组织就是根据用户的需求与资源建设的需要，搜索、选择、挖掘因特网中的信息资源，下载到本馆或本地网络之中，通过分类、标引、组织等程序，通过网络或其他方式提供给用户使用，或者链接到图书馆的网页上，如建立因特网信息资源导航库，以方便读者迅速检索到自己感兴趣的、有价值的网络信息资源。这种虚拟馆藏对图书馆及各类型信息机构的信息资源建设和信息服务具有重要意义。

5. 信息资源的组织管理

图书馆对本馆已入藏的实体信息资源进行的组织与管理包括：对入藏的文献信息资源进行加工、整序、布局、排列、清点和保护，使信息得到有效利用；对数字化信息资源进行整合，将购买的数据库与自建的数据库有机地集成在一起，对其内容进行充分的揭示，实现跨库检索，提供"一站式"服务，使用户能够像利用传统文献一样熟悉和利用数字信息资源。

6. 信息资源共建与共享

信息资源共享是人类社会的崇高理想，是图书馆为之奋斗的最高目标。而信息资源共享的前提是信息资源共建，在新的信息环境中，文献信息数量激增与图书馆有限收藏能力的矛盾加剧，信息需求的广泛性和复杂性与图书馆满足需求的能力形成强烈的反差。网络环境使信息资源共建共享变得更为必要和迫切，同时也为信息资源共建共享提供了重要的技术支持。

在新的信息环境中，信息资源共建共享的主要内容包括：根据图书馆类型、性质和任务以及本地区文献信息资源现状，通过整体规划明确图书馆之间文献信息资源采集的分工协作，建设相对完备的文献信息资源保障体系；建设完备、方便快捷的书目查询信息网络，实现网络公共查询、联机合作编目、馆际互借、协调采购等功能，建立迅速高效的馆际文献传递系统，达到文献信息资源的共建共享。

7. 信息资源建设的基本理论与方法的研究

信息资源建设是一项复杂的系统工程，它离不开理论的指导。因此，对信息资源建设基本理论和基本方法的研究，是信息资源建设的重要内容之一。其研究的主要内容包括：信息与信息资源以及各种类型信息资源的形成、特点和发展规律；信息资源建设的原则、政策、方法及其实施；信息资源的采集、加工整理、组织管理的技术手段和业务流程；信息资源的选择与评价理论；数字信息资源建设的技术与方式方法；网络信息资源内容开发与数据库建设；信息资源共建共享的理论基础、结构模式、运行机制、保障条件；信息技术在信息资源建设中应用等。

第二节 图书馆的信息服务体系

图书馆信息服务是指在网络环境下图书馆利用计算机、通讯和网络等现代技术从事信息采集、处理、存贮、传递和提供利用等的一系列活动，其目的是给用户提供所需的分布式异构化数字信息产品和服务，满足信息用户解决现实问题的信息需求。更确切地说，现代图书馆信息服务是对有高度价值的图像、文本、语音、音响、影像、影视、软件和科学数据等数字化多媒体信息进行收集、规范性的加工、高质量的保存和管理，以及实施知识增值，并提供在广域网上跨库链接的数字信息存取服务。同时，它还包括知识产权存取权限、数据安全管理等。而"体系"一词在辞海中的含义是"若干有关事物相互联系、相互制约而构成的一个整体"。由此可见，图书馆信息服务体系是指有关利用图书馆信息资源为用户提供信息线索、信息内容、信息服务的组织、制度、方法之整体。

一、图书馆信息服务

（一）图书馆信息服务的特点

图书馆信息服务是一种高效的网络化、数字化信息服务，是现代信息服务的高级形式，它在服务内容、载体形式、服务模式、服务策略与方式等诸多方面都具有区别于传统信息服务的特点。具体表现如下。

1. 服务资源的数字化、虚拟化

信息服务资源数字化，即信息以计算机可读形式存贮；信息服务资源虚拟化，是指信息资源表现出来的只有使用权而无所有权的非占有性。现代图书馆的馆藏不仅包括载体形式多样的本地实体数字信息资源，而且包括大量网上的分布式的虚拟数字信息资源，其特点是收藏数字化、存储虚拟化。

2. 服务内容的知识性、精品化、多样化

现代图书馆信息服务强调信息资源的开发与利用，为信息用户提供的不仅仅是信息线索及相关文献，更主要的是直接提供所需解决现实问题的知识。信息的精品化源于电子信息量的急剧增长，促使用户利用信息时越来越重视信息的质量和浓度，而不是资料的数量，精品化的信息服务以信息的内在质量为保证，应具有"广、快、精、准、新"等特点，要以高品质的服务满足社会用户需求。同时信息服务的内容是多方面的，几乎包括所有信息资源类型，信息资源的选择呈现出复杂性和多样性。

3. 服务方式多元化、多层次化

现代图书馆是一个开放式资源体系,用户可以在任何一个地方通过终端以联网的方式查找所需信息。同时图书馆进一步扩大了自身对文献信息的收集存储和开发功能,随时在网上发布各种文献资源的消息,不断地向用户提供所需的信息和知识,对读者进行"引导"或"导航"。根据用户的不同需求,增设服务项目,推出新的服务产品,其服务方式是主动的、多元的、多层次的。

4. 信息存取网络化、自由化

互联网的真正价值就在于可以通过网络来快速传递信息资源,这就是信息存取的网络化。网络化传播文献信息将成为现代图书馆信息传播的主要手段。它彻底改变了传统的信息提供和获取方式,将分散于不同载体、不同地理位置的信息资源以数字方式存贮,通过网络联接,提供即时利用,实现了真正的信息资源共享。现代图书馆信息服务系统中,大量经过整合的数字化信息资源可以不受时间和空间的限制,在开放的空间里顺畅、自由地传递。用户可以根据自己的特定需要自由访问那些适合自己的图书馆信息资源。

5. 服务手段网络化

现代图书馆的信息服务与传统的信息服务不同,首先是信息机构网络化,变单体为组合,多种多样的信息服务机构构成四通八达的信息服务网络。其次是信息资源网络化,变独享为共享,各信息服务机构致力于开发各种各样的专业数据库并将它们提供上网,汇成信息十分丰富的网络信息资源。最后是信息服务网络化,变手工服务为网络服务,信息服务人员利用网络信息资源来满足用户资源需求,而且让用户参与信息的收集与研究。

6. 资源利用共享化

以数字化资源为基础,以网络技术为手段,实现跨越时空的资源共知共建共享,是人类实现共知共享全球信息的崇高理想。现代图书馆的资源共享使众多的图书馆既能够借助网络获取自身无法具备的数字信息,同时也能够将自身拥有的数据信息提供给网络用户共享,从而尽可能地避免资源重复建设,极大地拓展信息资源的拥有量,最终使整个社会的信息获知能力得以提高。

7. 服务环境开放化

在网络出现以前,图书馆建筑实体的围墙实际上界定了图书馆信息服务工作的范围。现代图书馆信息服务环境从封闭式实体馆舍转变到开放式数字空间,计算机网络将现代图书馆置身于广阔的信息空间里,最大限度地拓展了图书馆信息交流与服务的空间,图书馆真正进入一个共建共享、共同发展的新阶段。

8. 服务范围市场化、社会化

现代图书馆信息服务的范围与用户越来越市场化和社会化。面对市场经济和网络化社会,读者利用图书馆,不再限于单纯利用书目信息服务获取所需文献的线索或从图书馆获取原文，而是能得到全程性、全方位的知识信息。网络技术的发展为读者提供了开放化信息需求的客观环境，加速了读者信息需求社会化的进程，信息产品已成为图书馆自立于信息社会和市场的一个标志。图书馆为了自己的生存和发展，必须走信息服务社会化之路，为广大的信息用户服务。

9. 信息检索智能化

现代图书馆的检索技术不是采用传统图书馆中惯用的关键词及其逻辑组合的方法，而是通过智能式人机交互方式来检索信息。以知识为基础的智能检索方法，是数字图书馆在信息检索方法上的重大变革。读者可以通过自己的"自然语言"，不断地与系统进行交互，逐步缩小搜索目标，获取自己所需的文献资料。

(二) 图书馆信息服务的方式

1. 公共目录查询服务

目前大多数图书馆都提供了联机模式或 Web 模式的公共目录查询服务，供读者通过网络查询本馆的馆藏书目信息以及读者的个人借阅信息。这是图书馆实现服务网络化的标志性、基础性的服务模式，也是应用最为普遍的网络化服务方式。

2. 建立图书馆门户或网站

网站作为图书馆提供各类网上信息服务的基础平台或服务窗口，是网络信息技术在图书馆服务领域的重要应用。目前，要想获得某图书馆的各种网上信息服务，通常是从登录该馆网站开始的。

3. 一般性读者服务

一般性读者服务主要是通过网站提供以下服务内容：①图书馆要闻。将图书馆的最新消息，如新引进的数据库、新提供的服务等信息发布在网页的醒目位置，帮助读者跟踪最新的服务动态。②图书馆概况。一般包括图书馆简介、馆藏状况、机构设置等内容。③读者指南。主要是在网站主页上放置读者帮助信息，包括开馆时间、馆藏布局、服务项目介绍以及常用软件工具下载、检索指南等辅助性内容。④读者意见及反馈。主要通过电子邮件、留言簿、电子公告板（BBS）等方式实现。

4. 数字文献检索服务

此项服务是现代图书馆信息服务的核心内容和基础性服务模式，主要通过可供网上查询的各类数据库来实现。根据数据库的文献信息类型、载体形式、使用方式，数字文献检索服务可概括为以下几种主要服务方式：①光盘数据库网上检索服务。主要通过光盘镜像发市软件、Web 检索接口软件等，实现光盘数据库资源的网上检索利用。②网络数据库镜像服务。通过建立网络数据库本地镜像的方式，极大地提高图书馆数字文献的网络检索服务质量。③在线数据库授权检索服务。购买数据库网络使用权，开展网络虚拟资源检索服务，已成为网络环境下文献信息服务的重要组成部分。④自建特色数据库服务。近年来，许多大中型图书馆都建立了特色文献数据库，提供网上查询服务。

5. 数字化参考咨询服务

随着信息技术的迅猛发展，图书馆正在兴起一种新型的信息咨询服务模式——数字化参考咨询，也称为虚拟参考咨询服务、网络参考咨询或在线参考咨询。数字化参考咨询使得咨询工作不再受时间和空间的限制，它主要通过以下几种常见的服务模式向远程用户提供同步咨询、异步咨询和合作式咨询服务，随时解答用户的问题，包括：自助式咨询模式、电子邮件（E-mail）咨询模式、Homepage（信息咨询网页）模式、实时咨询模式、网络信息专家咨询系统模式、网络合作咨询模式等。

6. 资源导航服务

根据用户需要，图书馆利用导航技术，帮助用户查找、鉴别和选用信息资源。如资源分类浏览服务、新书导读、学科指南、数据库指南等。把常用的、重要的数据库地址或相关的信息资源预先汇集起来，或建立专业导航库，帮助用户从网上查找所需有价值的信息；同时，通过搜索引擎等各种检索工具，搜集、加工和整理网上各种有用信息资源，将其转化为用户所需要的特定信息，提供给用户。

7. 特色化服务

特色化服务主要包括：①电子文献传递、馆际互借服务。利用文献传递系统，与国内外的同行和有关部门建立同盟，达成文献传递的协作关系，向各自的服务对象提供电子文献传递服务；并通过电子邮件、传真、复印等方式传递给用户。②中间代理服务。如为用户提供科技查新、代查代检等服务。③学科导航。④新书评介、导读服务。⑤期刊目次通告服务。⑥多媒体信息服务。⑦个性化服务。利用信息过滤、信息报送和数据挖掘等智能技术，针对不同用户采取不同的服务策略，提供主动服务，使用户通过尽可能小的努力获得尽可能好的服务。⑧多媒体信息点播。⑨基于学科馆员的知识服务。

8. 网络教育

网络教育是一种全新的教育方式，采用远程教学，利用多媒体技术，将课程教育、专题教育、普及教育等方式结合，满足用户教育的需求。

（三）图书馆信息服务模式

随着现代图书馆逐步发展和成熟，以及数字信息资源、信息服务系统和用户信息环境的发展与变化，图书馆信息服务模式经历了一个由"馆员中心""资源产品中心"到"用户中心"的发展变化过程。

1. 馆员中心服务模式

馆员中心服务模式是一种从信息服务人员出发，并以信息服务人员为中心的服务模式。信息服务人员在这一模式中处于主动、主要和中心的地位，是信息服务工作的中心，一切工作以是否有利于服务人员开展服务工作为目的，而较少考虑信息用户的主动参与。

用户自始至终处于被动接受的地位，不能主动地选择和参与信息服务产品的生产，只能坐等服务人员给他们提供产品，他们的需求在服务人员的信息服务工作中得不到充分的反映，因而也就得不到充分有效的满足。这种被动坐等的信息服务模式很难适应现代图书馆信息用户的需求。

2. 资源/产品中心服务模式

资源/产品中心服务模式，是一种面向信息资源的，并以信息服务产品为中心的信息服务工作模式。信息服务人员通过对信息资源加工增值形成信息服务产品，并以某种策略与方式提供给信息用户使用。在这种服务模式中，服务活动的中心是信息资源与产品，关注的是信息资源的加工和服务产品的生产，服务人员较少去考虑信息用户的需要。此服务模式各要素中突出服务资源、产品的地位，用户是客体，始终有求于图书馆，居于从属地位，信息服务人员的特定服务和信息用户的能动性受到忽视。这是一种传统型的信息服务模式，在现代图书馆发展的初期阶段发挥了重要作用，但随着现代图书馆信息环境的变化与发展，此模式在数字图书馆信息服务中已经缺乏生机与活力。

3. 用户中心服务模式

用户中心服务模式，就是信息服务工作一切从用户信息活动出发，基于信息用户的信息需求并以用户信息需求的满足与问题解决为目标的信息服务工作模式。信息服务工作从信息用户出发，根据信息用户的信息需求与解决问题的信息活动的需要，以某种策略与方式生产用户需要的信息产品提供给信息用户，用户需求与问题在这个服务活动中得到彻底解决。用户中心服务模式充分注意到了现代图书馆信息服务活动各要素之间合理结合与服务系统功能放大，特别强调了信息用户在信息服务活动中主观能动与参与作用，用户是这一服务模式中的主体。用户中心服务模式是当今与未来数字图书馆信息服务的主流模式。

（四）图书馆信息服务原则

信息社会对图书馆信息服务提出了更高的要求，文献的服务方式、服务内容、服务手段、服务范围、服务意识、服务模式等都有较大的调整和转变。因此，我们应该遵循以下文献服务工作的原则。

1. 服务方式多样化

现代信息技术发展突飞猛进，传统馆藏内涵的扩充和数字图书馆的出现，对图书馆的传统文献服务工作方式提出了挑战。信息社会是以数据库信息技术为利用对象，以信息技术为手段，以电子文献的形式提供给用户的交互服务。文献信息传递具有多向性的特点，图书馆一对一、人对人的传递方式将一对几、机对人、几对机的情报型传递方式所取代。对一个图书馆的评价已不仅仅局限于馆藏量、座位数等，而应评价图书馆通过多少种方式为读者提供了服务，以及提供各种服务的快捷性、能力和质量等如何。

2. 服务内容个性化

在信息社会，图书馆面对的将是建立在广泛基础上的需求日趋多元化，个性化的用户,图书馆要改变以馆藏为中心的传统服务模式,代之以藏用并重甚至以用为主,最终目标是针对每一个人和每一项特定任务,为特定的信息找到特定的用户,使信息发挥最大效用。目前,基于网络环境的个性化信息服务模式已初露端倪,大体有词表导航、推送服务、信息传播服务等中介信息服务。图书馆员要密切关注网络环境下信息服务的发展和变化,及时掌握新技术,如此才能保证并满足用户个性化价值追求的需要。

3. 服务手段网络化

传统的文献服务手段是单一的。读者通过口头咨询或利用各种索引及文摘等检索工具检索到所需图书的有关信息,然后到借阅窗口索取文献。在阅览方面,只能提供现有的纸质文献,而且是只能自己去阅读。在其他方面,服务手段也缺少。

在信息社会中,图书馆信息服务手段发生了根本性的变革,由传统的文献信息服务转变到网络化信息服务,出现了数据库、电子出版物、电子邮件等形式的多种服务手段。读者的咨询除了面对面、信函、电话等外,还可以利用终端机通过网络进行信息远程查询,在网上进行交互式问答。通过电子函件服务,读者的检索可以随时随地在网上进行,查询范围也超越了馆藏的界限。利用整个网络世界的信息资源,提供网络查询服务将是图书馆服务的一个主窗口。

4. 服务范围远程化

传统的文献服务工作总是处在一个特定的地域范围内,都有自己的特定服务对象,通常人们会按照"就近原则"选择离自己最近的图书馆。这种传统的服务方式存在两个弊端:一是少数图书馆拥有的信息资源必定有限;二是各图书馆服务读者范围相对固定,不利于信息资源的广泛传播和充分利用。互联网的出现,使单个图书馆成为信息网络上的一个节点,人们可以在网络中使用全地区、全国、全球的信息资源,读者对图书馆存取方式可以不受时空限制。

5. 服务意识超前化

文献服务意识强,图书馆发展就快。文献服务意识的强弱,对图书馆的发展起着不可低估的作用,而且服务与发展相辅相成。传统的文献服务观念落后,只求馆藏数量,不讲馆藏质量;重藏轻用,忽视信息传播。这使得图书馆服务大多停留在书籍报刊服务上,经济问题、管理问题及科技实用技术等方面所占比例则较小。总的来说是宏观的多,主动服务的少,这些传统观念严重制约着图书馆的健康发展。

在信息社会和知识经济时代,服务意识超前化是图书馆加强文献服务工作首先要解决好的问题。图书馆文献服务人员必须更新观念,彻底改变旧思想、旧观念。一是要树立竞争意识,开拓创新,不被社会淘汰。二是要改变"重藏轻用"的观念,改变旧的一套封闭式的、守株待兔式的服务模式,去适应信息社会图书馆读者服务工作的需要。三是要改变"以我为中心"的思想,任何规章制度的制定、图书的采访、分类编目体系等都应照顾到读者的利益。

6. 服务模式集成化

集成服务是信息社会中图书馆提供文献服务的发展模式。所谓集成文献服务是指对于某一特定领域或某一特定用户的文献需求,把文献资源保障体系诸要素(功能要素、信息要素、技术要素等)有机地连接成一个整体,使用户得到面向主题的文献服务。

二、图书馆信息服务体系的构成

(一)信息服务原则

信息服务原则是制定信息服务规则、构造信息服务流程的基本理念,它在整个信息服务体系中起着主导作用。

1. 个性化服务原则

最大程度地满足每个读者的个性化要求,从而与读者产生互动的个性化主动服务能真正体现用户为中心,使读者产生归属感和认同感。另外,可以把信息服务对象按不同的标准进行细分,并根据其不同的特点确定最适当的服务方式和内容。例如高校馆可按照读者身份将其划分为教师、学生、行政人员、外来人员等几大类服务对象,还可进一步按文化层次将学生细分专科生、本科生、研究生等,然后根据各类读者需求的差异性做出分析,进行针对性服务,在统一的信息服务体系中体现不同的层面。

2. 易用性原则

实践证明,易用与可用是影响用户信息查寻行为的两个重要因素。一个优秀的信息服务体系,在设计业务流程时,应首先从方便用户使用出发,简化流程操作,强化系统功能,提供培训与帮助,消除阻滞因素,从而提高信息产品的利用率。

3. 协作服务原则

积极利用现代信息技术手段开展体系内协作、馆际间协作能整合优势资源,进行大规模、全方位、多层次、高效能的服务。

4. 合法性原则

图书馆开展信息服务应当保障公民自由获取信息的基本权利,同时不可违背相关法律法规,并从可靠性、系统性和完整性方面对信息质量把关,以使信息服务工作产生积极的社会效益。

(二)信息服务相关制度

1. 组织与经费保障制度

图书馆信息服务体系作为一个整体,应有完善的配套制度。人员组织与资源是这个体系的基础,因而在馆际协作服务体系中应当有地区性协作中心制定相关的制度,以形成约束力,保证体系的正常运转。

2. 业务规范

联合协作的前提是遵循共同的规范。包含联合数据规范、通用接口协议、文献传递流程、联合咨询的轮值制度、馆际互借的经费支付办法等。

(三) 信息服务系统

信息服务系统是图书馆进行信息服务的实体，包含以下几方面的内容。

1. 资源

包含信息服务组织结构内一切馆藏文献、数据库、网络虚拟资源的总和。一次文献资源可通过购买、搜集（如利用 SPIDER 进行的网络信息挖掘或手工搜索）等手段获取，通过地区性协作组织进行联合采购是充分利用有限经费的有效方法之一。同时还要注意二次文献资源的建设，如编制专题文摘、索引等。

2. 组织结构

图书馆传统信息参考组织结构采用的基本是馆长—部主任—信息服务人员模式的直线制结构，工作人员以参考咨询部门为主体，机构较为简单，难以适应多样化的信息需求。以馆际互借服务为例，一个基本的业务流程就涉及到双方馆的信息咨询部（接收并处理互借请求）、技术部（开发维护馆际互借平台）、读者服务部（提供所需文献）、文献资源建设部（编制维护联合目录）等多个部门，任何一个环节出现问题，就会导致整个服务流程的阻滞。这就要求现代图书馆信息服务系统应当采取能纵横协调的、多维多层的组织结构，使多项专门任务能在一个组织之内平衡协调地完成。

3. 信息处理平台

在信息技术高度发达的今天，建立起能在分布式环境下提供集成化服务的信息处理平台则是现代图书馆信息服务体系的必要手段，体现了"法"的因素。

(1) 信息整合。从信息资源的构成看，大量资源来自异构的检索平台，语种多样化，访问权限不同，各类型资源的内容也存在着一定的交叉重复，导致检索时既需掌握多种系统的使用方法，又需要利用不同检索工具。重复使用各种检索策略，导致人力浪费和检索效率的低下，甚至出现人为的遗漏，使信息资源难以实现交互式的完全共享。要解决这些问题，应通过开放语言描述集成定制结构或流程，以分布服务和开放描述支持对资源（如 OPAC、各类型数据库、网络信息资源库、实时咨询知识库等）的动态的搜寻、调用、解析和转换，通过开放链接进行数据对象的传递，从而使集成本身形成可解析、可复用、可伸缩、可扩展的知识元库，然后通过开放式协议对分布式信息资源进行有效整合。

(2) 信息分析评审。对于知识元库中的数据，经过动化技术聚类、摘要、提取后，还可由计算机系统自动分析或分发至咨询专家进行分析、评审，以确认其价值并提供给相应的用户。

4. 服务平台

网络信息服务大量的需求来自不同的读者类型，要求提供不同种类的资源，信息传递与推送也必须经过不同的途径，故而在实行服务时，需要从易用性原则出发，将模块化的服务平台（如终端用户检索软件模块、在线咨询交流软件、个性化服务定制与推送软件模块、快速物流传递系统等）集成在统一的用户界面下，使读者享受到快捷高效、交互型的一站式服务。以中国人民大学图书馆为例，其"数字图书馆个性化信息服务系统"集数字资源检索、个性化推荐、在线交互咨询服务为一体，读者可整合检索包含馆藏书目、馆内光盘数据库资源以及各种许可范围内的网络数据库资源；可直接进行续借、预约，在线阅读全文电子书，下载部分论文全文；还可进行在线交互式咨询。

第三节 图书馆的管理服务体系

在我国，对于图书馆管理含义的认识，是随着国外管理学理论和方法的译介，以及图书馆管理实践的发展深化而逐渐完善起来的。

一、图书馆管理

图书馆管理是研究图书馆活动及其规律的科学。它是管理科学应用于图书馆而形成的，是现代图书馆学的一个重要的分支学科。主要研究各个图书馆的管理活动以及对众多图书馆乃至整个图书馆事业的管理。

（一）图书馆管理的含义

关于图书馆管理更为明确的含义至今还没有一个确切的表述，国内外学者看法也不尽相同。

倪波、荀昌荣认为：图书馆管理是指应用现代管理学的原理和方法。合理组织图书馆活动，有效地利用图书馆的人力资源和物质资源，使其发挥最佳效率，达到其预定目标，并在此过程中不断地审查改进，最终圆满完成任务的过程。

黄宗忠认为：图书馆管理就是通过计划、组织、指挥、协调和控制等行动，最合理地使用图书馆系统的人力、财力、物质资源，使之发挥最大作用，以达到图书馆预期的目标，完成图书馆任务的过程。

吴慰慈认为：图书馆管理是对图书馆的文献信息、人力、财金、物质资源，通过计划、决策、组织、领导、控制和协调等一系列过程，来有效地达成图书馆的目标的活动。

原国家教委高教司编写的《图书馆管理学教学大纲》提出：图书馆管理是指以图书馆发展的客观规律为依据，遵循管理工作的内容与程序，建立优化的管理系统，合理配置和利用图书馆资源，实现其社会职能的控制过程。

图书馆管理是把图书馆的文献信息资源、用户、馆员、技术方法、设施等分散要素的联系起来构成一个有机的整体。没有管理，就不能开展图书馆的活动，更谈不上图书馆工作质量与效率，也就达不到图书馆预期目标，完不成图书馆任务。这种管理活动既包括信息资源的管理，也包括图书馆人力资源、物质资源、财金资源的管理。图书馆管理者必须平衡四者之间的关系，不能厚此薄彼。

图书馆管理既不是指图书的管理，也不是指图书馆的具体业务工作。与图书馆管理相关的图书馆管理学，则是研究图书馆管理的基本理论、管理过程、管理方法、各种具体管理和图书馆管理趋势的科学。它是图书馆学的一个分支学科，是管理学在图书馆管理实践中的应用。图书馆管理是遵循图书馆工作的客观规律，通过计划、组织、协调、指挥等手段，合理配置和使用图书馆资源，以达到预期目标，满足用户知识信息需求的一种活动。

综上所述，图书馆管理是对图书馆的资源，通过一定的科学手段而实施的行为过程的目标活动。它包括微观管理和宏观管理两个部分，微观管理是对于个体图书馆的管理。宏观管理则是对社会图书馆事业体系的管理。在当今信息时代，我们要抓住时代特色，全面运用现代管理理论指导现代图书馆的全部活动，提升现代图书馆管理水平。

（二）图书馆管理的特征

作为一种特殊的社会实践活动，图书馆管理具有一般社会实践所共有的客观性、能动性和社会历史性等特性，不过这些特性在图书馆管理中有其具体的表现形式。整个实践的特性对于不同的实践活动来说是一种共性的东西，而具有这种共性的各种实践活动又表现出不同的特性，因此图书馆管理具有以下几个主要特征。

1. 总合性

所谓图书馆管理的总合性，从空间上来说，就是它贯穿在一切图书馆活动中，存在于图书馆活动的一切方面和一切领域，凡是有图书馆活动的地方，就有图书馆管理存在。从时间上来说，它与图书馆共始终。在中国商代，不仅有藏书之所、掌书之人，而且有管书之法。商代设史官掌管藏书，虽然这一时期尚未形成书籍分类和编目体例，但对藏书的管理已存在一定之法。商代史官在甲骨片编连成册之后，为便于查找，在贮藏中采用标签形式将其标示。随着信息技术的发展，图书馆的形态可能会发生一些变化，传统的纸质图书馆可能会逐渐萎缩，虚拟图书馆、电子图书馆、数字图书馆或网络图书馆将登上历史的舞台。但是，只要还存在图书馆活动，不管其形式如何，仍然离不开管理。因此，在图书馆发展的长河中，管理是无处不在、无时不有的一种社会活动，它在图书馆系统中横贯各个层次，涵盖一切领域，具有总合性。

2. 依附性

任何图书馆管理都必须依附于一定的图书馆业务工作，它的全部实际内容和具体形式不能离开其他业务活动而单独存在，因此图书馆管理总是对某种业务活动（文献采选、分类编目、书刊借阅、参考咨询、文献检索、情报研究等）的管理。图书馆管理的这种依附性主要表现在：图书馆管理的目标必须依托于具体的业务活动才能实现，图书馆管理的过程总是伴随着其他业务活动的进行而展开，图书馆管理的结果则总是融合在其他业务活动的成果之中。也就是说，图书馆管理必须以其他某一种、某几种或全部业务活动作为自己的"载体"。

3. 协调性

所谓协调性是指调节和改造各种管理对象之间的关系，使他们能相互适应，并按照事物自身固有的规律性在整体上处于最佳的功能状态。图书馆管理与其他业务活动的不同之处体现在以下几方面：

首先，从活动的对象来看，一般业务活动总以某个特定的具体事物作为自己的对象，如文献采选以图书馆未收藏的新书、新报、新光盘等文献载体为对象，分编工作以图书馆已采购回来的新文献为对象，咨询服务以读者为对象等。但是，图书馆管理在一定意义上却是以图书馆系统的各种业务活动为自己的对象，是对这些业务活动之间的关系以及这些业务活动内部的各种要素之间的关系进行协调的活动。因而，为与各种业务活动相适应，就有协调这些活动的采选管理、分编管理、借阅管理、咨询管理等形式，这些管理活动通过协调各种业务活动而间接地对它们起作用，从而改变它们的存在状态。

其次，从活动的任务来看，一般的业务活动都有自己特定的具体任务，它们或者是为了购回本馆读者所需要的文献，或者是为了不改变文献的形式特征，或者是为了将读者所需要的文献传递给读者，或者是对读者进行信息检索技能培训，或者是为读者提供咨询课题的解答方案等。然而图书馆管理的任务却是"协调个人的活动，并执行生产总体的运动——不同于这一总体的独立器官的运动——所产生的各种一般职能"。也就是说，图书馆管理的主要任务是协调人们之间的关系和利益，协调人们活动的状态和过程，使图书馆各种业务活动的要素建立某种有序的优化结构。所以，图书馆管理是一种柔性的社会活动，图书馆管理者一般并不直接从事情报产品的生产或信息服务活动，它主要是通过协调各种业务活动的内外关系，特别是馆员之间的关系以及馆员和读者之间的关系，使各种要素、各种环节在共同目标最有效地满足读者的信息需求的指引下，消除彼此在方法、时间、力量或利益上存在的分歧和冲突，统一步调，使图书馆的各种业务活动实现和谐运转，成为一个有机的整体。

4. 组织性

图书馆管理的组织性，一方面指的是图书馆管理活动总是通过一定的组织（如学校图书馆、科学图书馆、企业图书馆、公共图书馆、工会图书馆等）进行的，这种组织是由进行管理活动的人所组成的一个有序结构。组织既是管理的主体，任何图书馆管理都是由一定的组织机构（即特定的图书馆）去进行的；同时，组织又是管理的对象，因为任何图书馆管理都是对一定组织（即特定的图书馆）的管理，孤立的个人，离开了一定组织的人，是无所谓图书馆管理的。另一方面，它指的是图书馆管理活动本身就是一种组织活动，这种组织活动是将分散的资源（如人力、物力、财力、信息等资源）组合起来，形成一个稳定的、能够不断根据客观环境的变化而进行物质和社会双重结构调整的过程。这种组织过程既把各种离散的、无序的事物结合成一个相互联系、相互制约的管理组织系统，这是图书馆管理活动得以进行的物质和社会实体；同时又能不断根据变化着的外部和内部情况，对管理活动的各种要素之间的关系进行调整，以寻求相适应的物质与社会匹配关系，使图书馆系统朝着管理的目标运动。前者指的是静态的组织性，它表现为一种有序的组织形式；后者指的是动态的组织性，它表现为一种能动的组织职能。图书馆管理的组织性是图书馆管理最基本的特征，也是其他特征存在的内在根据。

5. 变革性

管理在本质上是变革活动，是使人获得真正自由的活动。管理的特点就是变革——迅速的、不断的、根本的变革。图书馆管理也不例外。从现象上看，图书馆管理有保守的一面，它要维持图书馆系统一定程度的稳定，要用一定的原则、规章制度约束图书馆的成员。但是，保守性、束缚性只是图书馆获得发展的手段，因而是暂时的、相对的。稳定是运动的一种特殊状态，因此，图书馆系统中的人、财、物、信息等要素是不断变化发展的，同时，图书馆系统外部的经济、政治、文化、科技等环境也在不断变化。要实现对图书馆的真正有效管理，目标和计划就要反映对象的变化，协调活动就是要使系统内外因素的配合在变动中定向合理，要不断通过信息反馈实现对图书馆的动态控制，要根据图书馆的发展改变失去合理性的规章制度。可见，图书馆管理的变革性是由图书馆本身的运动决定的，具有客观性。图书馆管理的变革性更重要地表现为其发展演化。图书馆管理是一种主观见之于客观的活动，它要反映图书馆的变化，不仅要反映图书馆现时的变化，而且要反映图书馆变化的趋势，还要反映趋势的转变，这一切只有通过科学预测、设立目标、制订计划、完善组织、实施控制等一系列动态管理活动反复循环才能实现。

6. 科学性

图书馆管理的动态性并不意味着图书馆管理没有规律可循，尽管图书馆管理是动态的，但还是可将其分成两大类：一是程序性活动；二是非程序性活动。所谓程序性活动，就是指有章可循，照章运作便可取得预想效果的管理活动，如制定读者服务工作中的各种规章制度，制定人员管理工作中的录用、奖惩、培训等方面的条例，制定行政管理的各种规章制度，制定后勤管理的各种规章制度等。所谓非程序性活动，就是指无章可循，需要边运作边探讨的管理活动，如建造新馆、建设图书馆自动化系统、图书馆组织机构的调整、复合图书馆的设计等。这两类活动虽然不同，但又是可以转化的。实际上，现实的程序性活动就是以前的非程序性活动转化而来的，这种转化的过程是人们对这类活动与管理对象规律性的科学总结，图书馆管理的科学性在这里得到了很好的体现。此外，对新管理对象所采取的非程序性活动只能依据过去的科学结论进行，否则，对这些对象的管理便失去了可靠性，而这本身也体现了图书馆管理的科学性。

由于图书馆管理对象会分别处于不同系统（如科学院系统、文化系统、教育系统、工商企业系统等）、不同部门（如采访部、编目部、流通阅览部、典藏部、参考咨询部、研究辅导部、信息技术部、特藏部等）、不同环节（如出纳台借还、书库整理）、不同的资源供给条件等环境中，这就导致了对每一具体管理对象的管理没有一个唯一的完全有章可循的模式，特别是对那些非程序性的、全新的管理对象更是如此，因此，图书馆具体管理活动的成效与管理主体管理技巧的纯熟程度密切相关。事实上，管理主体对管理技巧的运用与发挥都体现了管理主体设计和操作管理活动的艺术性。另外，由于在达成图书馆资源有效配置的目标的过程中，可供选择的管理方式、手段多种多样，因而如何在众多可供选择的管理方式中选择一种合适的用于现实的图书馆管理方式，也是管理主体进行管理的一种艺术技能的体现。

二、图书馆管理的对象

图书馆管理的对象有三大部分：人力资源管理、物力资源管理和财力资源管理。人力资源管理包括图书馆员工管理和读者管理；物力资源管理包括图书馆的文献信息管理、图书馆的建筑和设备管理以及技术方法管理；财力资源管理指图书馆的各项经费开支以及各种经营性收入管理。

（一）图书馆人才资源管理

1. 员工管理

图书馆员工是图书馆连接文献信息与读者的纽带和桥梁，是图书馆活动的管理者和组织者。图书馆工作效益的高低和社会影响的好坏，取决于图书馆的员工，所以图书馆员工是管理的主体要素。图书馆的员工分为图书馆专业人员、图书馆技术人员和图书馆行政人员三大部分。管理者应通过定岗、定员、考核、选举、激励等多种形式，激发员工的积极性和创造性，挖掘他们的潜力，使员工的聪明才智得到充分发挥，努力做到人尽其才、各得其所、各获其荣。

2. 读者管理

读者又称为"用户"，是图书馆的服务对象。图书馆因读者而生存，读者的存在和需要是图书馆生存和发展的动力。由于图书馆读者群的复杂性、多变性和信息需求的多样性，读者管理成为图书馆管理中最活跃的要素。管理者必须树立"读者至上"的思想，一切管理工作都以用户文献信息需求为出发点和归宿，最大限度地满足读者日益增长的知识信息需求。

（二）图书馆物力资源管理

1. 文献信息资源

图书馆的文献信息资源统称"图书"，是图书馆的"立身之本"，是图书馆存在的先决条件，是图书馆系统中最基本的要素。它是根据图书馆的性质、任务和方针，以及特定读者群的文献信息需求，经过长期日积月累而形成的文献信息体系。图书馆的文献信息资源随着科学技术的发展，载体越来越丰富多样，有印刷型资源、缩微型资源、声像资源、电子型资源和网络资源等。对这些资源进行管理既要确保文献信息资源的系统完整，又要便于读者对文献信息的充分利用；既要着眼于馆藏的特色建设，又要做好资源的共建共享。

2. 建筑设备

建筑设备又称"设备"，是图书馆生存的物质条件。传统图书馆设备包括建筑、书架、目录柜、阅览桌椅等。现代图书馆设备，除了传统图书馆设施以外，还包括许多现代化技术设备，如视听设备、复印设备、缩微阅读设备、传真设备、文字处理设备、图书馆计算机自动化系统、图书馆消防安全系统、中央空调系统、局域网以及互联网接口等。这些设备可统分为两大部分：一部分是围绕着业务工作而产生的现代化技术设备系统；另一部分是为业务主体服务的行政后勤服务技术设备系统。

3. 技术设备

图书馆的技术设备，以自动化系统为核心，由计算机软件系统、硬件系统和数据库三大部分组成。随着科学技术的发展，数字化图书馆的出现，信息设施、信息资源、信息人员的智力将融为一体，图书馆的自动化系统会越来越趋于完善。图书馆的建筑设备将会随着这些技术方法的应用而发生很大的变化。为此，图书馆的管理者应用战略的眼光去规划和建设图书馆文献信息服务技术设施体系，为信息资源体系的形成、维护、发展，以及开发利用提供条件。

(三) 图书馆财力资源管理

图书馆的财力资源主要来源于政府对图书馆的拨款，以及社会各界对图书馆的资金投入。图书馆的经费开支主要用于购置各种载体的文献信息资料、业务活动开支、行政管理费用、员工工资、设备维护费等。经费预算是图书馆经费管理的一项基础工作，在预算的执行过程中，应该有严格的经费结算制度。管理者应通过核算执行情况，为经费管理提供相关信息。在经费管理过程中，应加强财务制度，严格执行有关的财务制度和规范，通过严格的财务制度管理图书馆的经费，以最低的成本产出最大的效益。

三、图书馆管理的基本要求与内容

(一) 图书馆管理的基本要求

现代图书馆管理的基本要求是管理规格化，劳动组织合理化，工作人员专业化，业务工作计量化。

具体地说，管理规格化是指有完善的规章条例和业务标准，所以，图书馆管理的规章条例化和业务技术标准化是规格化的两大内容。

劳动组织合理化是指以最经济的人力取得最佳的工作效果。这是图书馆合理的劳动组织所要达到的主要目标。为了实现这个目标，必须做以下几点：①根据本馆的性质和具体任务，以节约人力、方便管理、减少层次、提高效率为原则，合理建立业务机构；②根据本馆收藏的文献资料的类型和用户需要的特点，科学地划分工序和工作范围；③建立岗位责任制，明确规定职责范围，让每一个部门和每一个工作人员都承担起应负的责任，做到各负其责，各尽其力。

工作人员专业化是指培养一支合格的专业化队伍。这是实现图书馆管理目标的必要措施。图书馆工作人员的专业化包括两个方面：一是必须具备图书馆学、信息学的基本知识和图书馆工作的基本技能；另一个是向文献信息工作专门化的方向发展。

业务工作计量化是指建立一套系统的图书馆管理统计制度。统计数据能够反映图书馆的基本情况，是改进工作、提高服务质量的重要依据，对于图书馆实行科学有效的管理可以起到"耳目"和"参谋"的作用。

（二）图书馆管理的内容

现代图书馆管理是通过决策、计划、组织、控制、协调实现的。各环节之间不是相互割裂的，是相互联系、相互制约，共同作用于管理运动的全过程，形成了图书馆管理的特定内容。

1. 决策

任何图书馆系统及其所属的子系统的管理过程，都离不开正确的决策。图书馆系统的决策主要包括：图书馆发展方针、政策、战略方面的决策；各项业务工作的决策，如采集文献品种与复本数量的决策、分类法的选择、馆藏划分最优方案的选择、排架方式的选择、开架与闭架方式的选择等；人事方面的决策，包括人员智力结构的确定、人员更新与培训的方式、奖惩制度的制定等；财务、设备方面的决策，包括经费及其合理分配、设备和用品的选择等。

2. 计划

这是管理过程中的一个十分重要的因素。计划是一种预测未来、确定目标、决定政策、选择方案的连续过程，是图书馆各项活动的指针，图书馆系统的各方面决策都是要通过计划去实现的。图书馆计划包括两个基本方面：一是国家图书馆事业发展计划；二是个体图书馆的发展计划。

计划是由定额、指标、平衡三部分组成的。各项定额是发展计划的基础，计划的内容和任务则体现在指标上，计划就是综合平衡，平衡表是基本手段和工具。国家图书馆事业发展计划是各分项计划的集合，一个馆的总体计划是本馆内各个部门计划的集合。在制订各项计划时，应明确该项计划的主要任务及其在总体规划中的地位和作用，认真选取衡量该计划发展水平的主要指标，规定发展的规模和发展速度，突出发展重点，规定适当比例，注意各计划之间的协调。

3. 组织

组织指对各项活动所需的资源加以组合，建立组织的活动与职权间的关系的过程。组织是发挥管理职能、实现管理目标、完成计划的保证。组织工作是一个分工的行为，同时又是一个组织各方进行协作的行为。组织工作还包括人事工作，即为组织的工作过程中设置的工作岗位配备合适的职工人选。因此，在图书馆管理系统中必须要有健全的组织机构，明确各个工作岗位的职责，确立各级人员之间的相互关系，做到职责分明，权责结合。

4. 领导

领导的目的是影响人们为实现组织的目标而努力。包括激励、领导的方式方法、与他人沟通等。图书馆要建立合理的领导层的群体结构，注意选拔主导型人才，重视领导者群体的智力结构，加强领导者之间的团结协作。图书馆的领导应当注意在正确运用合法权利、奖励权力之外，还要学习和掌握图书馆专业知识和管理知识，不断完善自身各方面的素质，提升个人影响力。

5. 控制

这是按既定的工作计划、标准去衡量各项工作成果，并纠正偏差，使工作按计划的方向进行。所以，控制不仅是对现有工作成果的评定，更重要的是认识和判断工作发展的趋势并为改进工作提供信息反馈。可以说，没有良好的信息反馈，图书馆就无法对自己的各项工作进行有效的控制。这是因为控制的功能是通过输入、中间转换、输出、反馈四个环节实现的。

6. 协调

协调是管理过程中不可缺少的环节，它可以使图书馆事业的建设或一个图书馆的各项工作趋向和谐，避免矛盾和脱节现象。图书馆的协调，从微观角度看，指的是图书馆内部纵向和横向的协调。纵向协调，就是要保持图书馆各层次子系统的上下平衡；横向协调，就是要保持图书馆系统各层次彼此之间的协作，以避免各个工作环节和各个部门之间发生脱节或失调现象。图书馆的协调，从宏观角度看，是指与图书馆外部的协调。这种馆际之间的协调，也分为纵向层次的协调和横向层次的协调。纵向层次的协调指的是本系统图书馆从上至下的协调；横向层次协调指的是本图书馆系统方针、任务与其他图书馆系统的协调。

四、图书馆管理的基本原则与意义

（一）图书馆管理的基本原则

1. 集中管理

集中管理是我国图书馆事业管理的重要原则。集中管理包括两方面内容：一是图书馆事业建设要有集中统一的管理，以便协调全国各系统、各地区图书馆的工作，有目的地规划全国图书馆事业的发展，组织全国性的图书馆事业网；二是图书馆业务技术工作的集中管理，即实行图书馆业务技术工作的标准化，其中包括统一分类、统一编目、统一数据存储格式和信息交换标准等。

2．民主管理

民主管理是我国图书馆管理的又一重要原则。所谓民主管理，就是吸收图书馆工作人员和用户代表参加图书馆的管理工作，图书馆可以建立有馆员和用户代表参加的民主管理组织。建立这个组织的目的是提高图书馆的管理水平，它在图书馆管理中起着参谋作用。其任务是：①对图书馆工作提出合理化建议和改进意见；②督促图书馆工作计划的执行；③对专业人员的安排和使用提出建议；④对领导干部的工作进行监督等。

3．计划管理

这也是我国图书馆管理的重要原则。图书馆的计划管理就是要发挥工作计划在管理过程中的作用。工作计划是根据客观实际情况和工作任务的要求，预先确定开展工作的目标、措施和步骤以及方法等。工作计划可以分全馆计划、部门计划或某一项工作的专门计划。制订工作计划必须从实际出发，留有余地。在执行计划的过程中要随着客观情况的变化对计划做适当的修改。如果工作无计划，就不能有效地组织业务活动。因此，正确地制订和执行各种工作计划是图书馆管理中不可缺少的环节。

4．注重经济效果

注重经济效果就是要研究如何合理地使用人力和经费，最充分地发挥图书馆各种设备的能力，建立最优化的文献信息资料的收藏系统和服务系统，以及与之相适应的各种科学的规章制度和条件。要力求用最少的经费补充用户最需要、最有使用价值的文献资料，用最经济的劳动加工整理各种文献信息，用最快的速度为用户提供各种资料，并使图书馆的各种设备最大限度地发挥作用，从而保证图书馆各种活动的最大效能。这些应该是图书馆管理所追求的目标。人力、物力、财力和时间的浪费以及无效劳动，都是与图书馆管理的原则不相容的。注重经济效果，应当成为图书馆管理的一项基本原则。

（二）图书馆管理的意义

1．图书馆管理是图书馆事业具有全国规模的需要

图书馆工作是在科学发展和社会进步的推动下不断向前发展的，它自身同样经历着既分化又综合的过程。在科学文化信息交流中分化出图书馆系统，图书馆系统又分化成各种子系统和二级子系统；这些子系统和二级子系统相互依赖，互相制约，不可分割，共存于图书馆系统的统一体中，共同完成向社会提供文献信息的任务。

随着人类社会的进步和科学文化的发展，图书馆的数量不断增多，类型不断增加，同用户的联系面更加广泛。这说明图书馆已不是孤立的单个的存在，而是一个社会的有机整

体。因此,需要通过管理密切图书馆与图书馆之间、图书馆与用户之间的联系。

图书馆事业是由各种不同类型的图书馆组成。要使具有全国规模的图书馆事业布局合理,使之协调而又有计划地发展,必须对全国图书馆事业实行科学有效的管理,以便把丰富的文献资源当作全社会的共同财富,有效地加以开发和利用。

2. 图书馆管理是有效利用信息资源的需要

信息广泛存在于自然界和人类社会,包括自然信息、社会信息、生命信息和机器信息。对于人类来讲,每时每刻都在传递和接受着大量的信息,其核心是知识。信息是动态的概念,它只有在流通中才能发挥作用。只有运用科学的方法加以管理,信息的价值才能得到有效的体现。

当前社会中,文献是主要的信息来源,是信息存在的一种物质形态。在文献量激增的当代社会里,图书馆需要对数量庞大、内容复杂的文献资料进行准确地挑选和科学地整理加工,以便及时将信息传递到用户手中。科学有效的管理是有效利用信息资源的前提。

3. 科学有效的管理是实现图书馆工作现代化的需要

图书馆组织管理的有效性和科学性既是图书馆工作现代化的需要,也是实现图书馆工作现代化的基础。没有图书馆组织管理的科学化,也就无法实现图书馆工作的现代化。例如,要建立起拥有先进的技术和设备、能够迅速准确地将文献信息资料传递到用户手中的信息网络,就必须加强对图书馆工作和图书馆事业的科学有效的管理。没有科学有效的管理,不提高图书馆管理的水平,即使有了先进技术和设备,也不能充分发挥作用。现代化信息网络的建设及其作用的发挥,不仅取决于现代化的技术和设备,而且取决于图书馆管理的水平。

第四章 图书馆服务管理体系

第一节 信息资源共享服务体系

　　信息资源建设和信息资源服务是图书馆的基本职责和任务，其最终目的就是为了实现信息资源共享，以最大限度地满足用户的信息资源需求。构建图书馆信息资源共享，可以有效整合图书馆之间的各种数据资源，使各种文献资源在各个图书馆之间得到合理分配，从而能够为不同用户提供不同层次的信息服务。

一、图书馆信息资源共享

　　虽然自人类社会产生图书馆和图书馆员以后，信息资源共享的实践活动就已经开始了，但信息资源共享只是近年来比较流行的一个新的专业术语。这个新的专业术语的产生大致经历了图书馆资源共享、文献资源共享、信息资源共享等几个概念发展阶段。

　　信息资源共享是指图书馆在自愿、平等、互惠的基础上，通过建立图书馆与图书馆之间和图书馆与其他机构之间的各种合作、协作、相互协调关系，利用各种技术、方法和途径，开展共同提示、共同建设和共同利用信息资源，以最大限度地满足用户信息资源需求的全部活动。

　　基于信息网络通讯技术，通过图书馆信息资源共享，可以实现各类文献信息资料在各个图书馆之间的传递，这样用户就能通过一定的公共网络信息服务平台，快速获取自身所需的信息服务。促进图书馆信息资源共享，最终目的是促进信息资源共享，提升服务层次，降低信息费用，提高图书馆的经济效益和社会效益，从而最大限度地满足众多用户不同层次的信息需求。现代文献信息资源已经泛指到生活的各个领域的文字、数字、文化资源类科目的分享和共用。

　　信息资源共享的宗旨就是为了使用户的信息需求得到最大程度的满足。信息服务机构的社会效益和经济效益发挥巨大的效用，努力对信息资源进行合理配置，以最少的投入提供优质的信息服务。信息资源共享的实质是使信息资源在各主体间的布局更加合理，在空间上的配置更加优化，在有限的信息资源条件下，最大程度地满足用户的需要，提高信息资源的效用。不少学者从共享对象出发阐述信息资源共享的实质。马费成认为：信息资源共享的信息是公共的信息，是可以租让的信息，是潜在的信息。正是其多样性，将它与一般信息区别开来。李蓉认为：信息资源共享代表了现实社会公众的利益，只有在信息开放、扩大流通的基础上，建立低成本或无偿的信息使用，才能使公众的利益得到保障。查先进认为：信息资源的共享不仅减少了资源浪费，还充分体现了合作的精神。通过对信息资源共享对象的分析，使我们更加明确了信息共享的实质是为了社会公众服务的。

（一）图书馆信息资源的构成

图书馆历来被公认为是信息知识的收集、加工、利用与传播中心，在信息社会，图书馆信息资源的构成发生了翻天覆地的变化，主要包括：图书馆 MARC 格式目录库所反映的现实馆藏资源；图书馆自建的学位论文数据库、特藏资源数据库；图书馆购买的拥有使用权限的联机数据库或者安装在馆内的镜像站点；图书馆订购的光盘数据库；图书馆通过网络获取的电子虚拟馆藏。这些资源载体不同、类型不同，既包括印刷型，又包括电子型；既有一次文献，又有二、三次文献。不同类型的资源有不同的检索程序，不同的电子资源数据库也有不同的口令、密码及使用方法，给读者的使用带来方便的同时也增添了许多不便。

（二）图书馆信息资源建设

随着计算机网络技术的不断发展，信息资源已成为图书馆的重要组成部分，信息资源建设成为衡量图书馆实力的重要指标。信息资源建设是图书馆赖以存在的物质基础和保证，信息资源的质量和体系建设的优劣直接影响着图书馆信息服务的水平和效率，现阶段，信息资源建设主要包括文献资源建设、数据库建设和网络信息资源的开发与组织等。因此，研究图书馆信息资源建设对于图书馆的建设非常有必要。图书馆的信息资源建设主要包括以下三个方面。

1. 纸质文献资源建设是基础

传统的纸质文献资源是图书馆长期发展而积累下来的重要资源，具有很好的稳定性、准确性、权威性，是所有信息资源发展和建设的重要基础。为了实现纸质文献的最大化利用，应促进馆际合作，针对各馆原有馆藏特色或者用户需求，在资源建设过程中有针对性地进行采购，必要时可以在馆际间实行馆藏流动合作，避免馆藏资源的重复建设。为了达到优化馆藏资源的目的，应组织传统图书馆成员统一进行文献采访，就用户偏好、学历背景、学术背景、文献质量等多个方面向学科专家广泛征求意见，以保证资源采访的准确性，增强资源采购的针对性，满足用户群的个性需求。

2. 数字资源建设是重点

数字文献资源包括了书目数据库、数字化纸质馆藏数据库、各类数字出版物（音像制品、电子图书、电子期刊、电子报纸等）等多种资源类型，其中数字出版物采购过程中同样需要严格准确地把握资源的针对性、可靠性、权威性、兼容性，统一调配采购，既要避免资源的重复建设，也要保证数字资源的系统性、完整性。区域图书馆联盟在参考传统图书馆管理体系以及国家相关技术规范的基础上，制订本地化数字资源的建设方案，特别是书目分类标引体系、纸质文献数字化标准、数据库建设规范、数据库安全管理规范、数字资源共享传输协议等，以实现区域数据库联网建设及共享。同时要统一协调数字文献资源选配，根据成员馆资源建设需求，经过充分论证、共同协商，集中采购商业数据库或者数字文献资源，实现资源优化配置。

3. 网络信息资源为补充

网络信息资源具有分布广、增长快、数据标准不一、信息源不规范、内容丰富繁杂、检索方便快捷、时效性与实效性强等特点，想要准确、快速、高效地搜集、整理和分类权威可靠的网络资源特别是网络学术资源，对图书馆来说是一个庞大而艰巨的任务。因此，应合理安排各成员馆的资源与任务，实行分工协作，共同建设可靠的网络信息资源数据库。

二、图书馆信息资源共享的必要性和意义

（一）图书馆信息资源共享的必要性

1. 使图书馆的有限信息资源无限化

随着网络和信息技术的飞速发展，面对海量信息，面对读者需求的多元化，面对眼前有限的经费，每个图书馆馆藏能力有限，为了满足各种类型的读者需求并提供个性化的服务，图书馆只能采取合作和信息资源共享的重要手段对管理机制进行革新、对管理观念进行转变。闭门造车的模式早应该被淘汰，开启门户才是硬道理。图书馆间只有利用网络联系世界各地的信息资源，加强与国际的交流与合作，才能真正参与到资源的共享活动中以实现信息资源的共享，使有限的文献信息资源扩展到无限，从而更加丰富图书馆的文献信息资源。

2. 有利于图书馆信息对称最大化

用信息的行为和方式，成为人们生活的一部分。网络信息量与日俱增，海量信息在丰富了人们的信息来源的同时，也给人们获取信息造成了困扰：信息的不对称，用户信息需求与所得之间，存在着严重的错位。这使得用户信息需求的特定性与信息资源分布的无限分散性之间的矛盾日益加剧。用户被信息的汪洋大海所包围，在使用中人们发现要准确、快速地查找自己所需的信息已变得越来越困难。单靠自身的力量，很难采集全面的文献信息资源，更谈不上进行有序的加工，满足读者的需求更是难上加难。只有充分地联合图书馆，分工协作，信息资源共享才能提高图书馆信息服务效率，才能个性化地服务读者。

3. 有利于图书馆的有限信息资源产生无限效益

图书馆投入馆藏建设的资金和资源是有限的，"共享"可使得资金的利益最大化、资源的浪费最小化。对图书馆的利益来说，"共享"不仅能缓解单个图书馆在资金和经费方

面的压力，也弥补了本馆书刊资源不足的缺陷，这意味着可以用较少的付出就能获得满足读者的需求的回报。在这种情况下，馆际间的资源共享让有限的文献信息资源产生无限的效益，这种可行性比较高的方法在一些经济利益冲突不大的图书馆之间十分可靠，可谓"性价比"较高。

4. 有利于合理配置图书馆信息资源

目前，重复订购、资源冗余的现象在各个图书馆之间普遍存在，尤其是对某些重要文献的重复订购。众所周知，各个图书馆的购书经费有限，解决的方案可采取协调合作，多方位、多渠道、统一筹划、立体化合理构建的方式，同时进行联合采购和编目建立，构建联合电子信息资源数据库。这种做法的好处是不言而喻的，协调采购可在一定程度上避免重复订购现象，避免浪费。馆际资源共享使各图书馆间有效地避免了文献资源的重复建设。图书馆需要调整馆藏格局以降低收藏功能，突出服务功能。

(二) 信息资源共享的意义

信息资源共享的建设将成为图书馆当前及未来的主要工作中心及发展方向，对图书馆的发展具有不可替代的重要意义。信息资源共享可以解决文献量和价格的激增带来的购书经费不足的问题，合理配置资金，减少图书管理的工作量。随着经济的发展、科技的进步，各学科领域中的文献量和价格以迅猛的态势增长。据联合国教科文组织的报告，目前全世界每年以80多种文字出版的文献超过60万种。其中图书30万种、期刊15万种，其他形式的出版物（报告、专利、论文）15万种。在我国，仅期刊资源每年增长率为5%～7%，每10～15年翻一番，发表论文增长率为8%～9%。中文期刊的价格也曾以每年23%的速度上涨，外文期刊价格的涨幅也十分可观，然而同期文献购置经费平均年递增率却不到10%，有的甚至是零增长。面临如此严峻的资金短缺问题，为了更加合理地配置资金，促进图书馆的发展，优化图书馆资源，就必然要走信息资源共享的道路。如此就能保证在文献量入藏不足的情况下，满足人们对信息资源日益增长的需要，避免重复浪费。

信息资源共享可以提高文献的利用率。经调查研究发现，图书馆中的大部分文献资料都没有被合理地利用，用户的大部分需求通常集中在馆藏20%的资料中。从某种程度上来说，馆藏80%的资源无形中造成了浪费，这样不仅大大降低了文献的利用率，而且造成资金的浪费。通过信息资源的共享就能有效地解决此问题，用户可以通过共享模式在别馆中查找到所需信息资源，扩大了信息来源的途径，增加了信息资源的利用，使各图书馆之间的沟通加强了，资源得到有效的利用。

信息资源共享可以提高用户使用的满意度，解决文献分布不合理所带来的问题。随着科研水平的不断提高，信息资源的种类不断细化，用户对信息资源的需求越来越强烈，要求越来越高。但各地的文献分布并不是十分的合理，越是发达的国家其馆藏资源越是丰富，所以各图书馆已不再可能凭借自身的力量满足用户多样化的需求。这就要求各图书馆要有信息资源共享的意识，如此才能在有限的资源条件下，优势互补，最大程度地满足用户的信息需要。

三、信息资源的整合

（一）信息资源整合

1. 整合

整合是整理、汇合、聚合、融合的意思，一般理解为将看似无关、实则有关的东西整理为一个有机整体的过程或结果，形成一个有效的系统。由此看来，整合的结果是形成规模更大的事物的集合，这个集合形成的整体效益、效率大于单个事物单独状态发挥的效益、效率，更要大于各单独状态简单叠加的效益、效率。整合的实质就是各个单独事物共同遵循统一的原则、标准、规定，打破原有的界限形成有机的统一体。其内涵充分验证了部分之和大于整体的系统论观点。简言之，整合后发挥的是整体效率，体现的是整体效益。

2. 信息资源整合

信息资源整合是指信息资源优化组合的一种存在状态，是根据系统的原则，依据一定的需要，对各个相对独立系统中的数据对象、功能结构及其互动关系进行融合、类聚和重组，重新组成一个新的有机整体，形成一个效能更好的、效率更高的新的信息资源体系，从而全方位地为科学研究、决策提供信息保障。这里的信息资源指的是经过一定程度加工整序过的，一个个相对独立的，不同类型、不同学科的数字资源系统，不包括网上无序的和自身没有控制的数字信息资源。这个概念逻辑性强，组织严密，目标明确，全面、完整、准确地揭示了信息资源整合的丰富内涵。

（二）图书馆信息资源整合

图书馆信息资源整合可以概括为遵循一定的原则、规范、标准，把图书馆范围内的资源无论是网上虚拟资源还是馆藏书目资源，或是自建数据库等多种载体、多种形式、分散异构的信息资源有机地结合在一起，实现图书馆所有资源分编流通工作的融合，使用户能够在统一的数据存取模式下通过统一的用户界面完成对不同数据库和网络资源的检索。若要更好地实现图书馆信息资源的共享，首先要对图书馆信息资源进行合理的整合。信息资源整合的目标就是将各种载体、各种来源的信息资源，依据一定的需要，进行评价、类聚、排序、建库等加工，重新组合成一个效能更高的信息资源体系，使人们能够通过统一的检索平台查找和浏览相关信息资源，更有效地利用信息资源。信息资源整合对各种渠道信息的收集整理以提高读者检索效率以及对资源的统一管理有着非常重要的作用；信息资源整合还能很大程度上节省资源购置经费；满足读者对信息共享和个性化的需求，提高读者的信息利用率；有效地避免资源重复浪费，更好地为读者服务。

图书馆信息资源整合包括数据整合和知识整合。数据整合就是指信息资源在逻辑上或物理上的合并。这种形式仅表现为信息资源数量上的变化，数据之间并没有关联，为表层的整合。数据资源整合的许多数据资源仅仅是经过了简单的汇聚而成，并有形成真正的知识源以供研究人员利用。图书馆承担着提供知识查询的手段和知识组织整理的责任。知识整合就是在数据整合的基础上对信息资源的更进一步、更深层次的优化、整合，也称为应用层整合。它是通过对某学科数字资源的分解重组，按知识体系的关联性、主体性组织成网状相互联系的知识资源整合系统。这种整合模式能使不同领域的知识体系化、结构化，能被多个知识发现，重新组结成为一个新的共享的有机整体，形成一个效能更好、效率更高的新的信息资源体系，为实现资源的整体化、一体化的共享奠定基础，以达到信息资源共享的目的。

图书馆从传统的纸质文献为主的采集策略逐渐转向面向用户需求、以数字资源为主体的多元化、开放性知识保障格局，其内涵和外延已经发生了深刻变化，不断加强知识服务功能是图书馆面向未来的新的挑战。如何使异构的知识能够互通有无、交换共享，这就需要进行对于现有信息资源中的隐性知识进行知识发现和知识的组织、改造、挖掘，包括深层次的数据挖掘、文本数据挖掘、文档数据挖掘等。基于知识体系的资源整合，就是创新知识的过程，就是对信息资源进行科学的计划、组织、协调和揭示，从而有效地保证知识组织目标的顺利实现。

四、信息资源整合的分类和内容

（一）整合的分类

1. 按照图书馆信息资源整合的区域位置划分

（1）国家范围内图书馆界信息资源整合。这种整合类型也可称为宏观意义上的图书馆信息资源整合，涉及全国范围内各个地区图书馆界广泛意义的协作，信息资源从采购到利用各个环节统一协调、统一标准，实现国内图书馆界的互通有无、资源共享。

（2）地区范围内图书馆信息资源整合。在信息内容和信息服务方面，由于缺乏统一的领导和协调，造成很多地区出现了在同一区域内各个图书馆网络系统间资源开发分散、重复现象严重，处于互不相同、相互独立的局面。

（3）单个图书馆范围内的信息资源整合。指的是图书馆作为独立的个体进行的信息资源整合，这种整合具体表现为跨库检索、学科导航、学科馆员制等。

2. 按图书馆信息资源整合深度划分

（1）浅度信息资源整合，指的是多个馆藏的简单相加，没有进行深度融合。

（2）中度信息资源整合，即对相关数据库内的数据对象去除重复信息的整合，提供用户的不单是统一的查询界面，而是不重复和高质量的信息。

(3) 深度信息资源整合,这是图书馆基于知识管理理念的深层次用户服务。打破各个数据库数据资源的分割局面,按照知识单元组织信息并提供给用户。信息资源整合程度越深,用户吸收和利用信息的效率越高。

3. 按资源涵盖范围划分

(1) 学科综合性信息资源整合包括自然科学信息资源整合、社会科学信息资源整合、人文科学信息资源整合、工程技术信息资源整合等;

(2) 学科分散性信息资源整合包括几个专业信息资源的整合;

(3) 学科专业性信息资源整合仅包括一个学科专业的信息资源整合。

4. 按文献加工程度划分

(1) 全文型信息资源整合,即一次文献的整合;

(2) 检索工具型信息资源整合,即二次文献的整合、三次文献的整合;

(3) 混合型信息资源整合包括一次文献、二次文献、三次文献的混合整合。

5. 按资源类型划分

(1) 图书资源的整合;

(2) 期刊资源的整合;

(3) 报纸资源的整合;

(4) 会议论文的整合;

(5) 各种资源混合型整合等。

(二) 整合的内容

1. 馆藏信息资源与各类信息资源的整合

(1) 加强馆藏信息资源与网络信息资源的整合。网络信息资源是指以电子数据形式把文字、图像、声音、动画等多种形式的信息存储在光、磁等非纸介质的载体中,并通过网络通信、计算机或终端等方式再现出来的资源。网络信息资源的出现,打破了图书馆传统的信息组织与加工的形式,信息资源的构成类型也由此发生了根本性变化。网络资源不受空间、时间的限制,能随时随地满足读者获取信息的需要,也使得图书馆在信息资源建设上更加丰富多彩,现已成为重要的信息资源来源。因此,只有对馆藏信息资源与网络信息资源整合,才能满足读者对信息资源的全方位、综合化需求,才能使图书馆的信息资源建设朝着现代化、科学化的方向发展。

(2) 注重对数字信息资源的整合。对馆藏纸质文献资源进行 MARC 编目,形成馆藏书目,通过 OPAC 系统,把馆内信息资源与网络信息组建成馆藏文献资源数据库,使各种类型的文献资源实现纵向整合,构成系统化、整体的信息资源数据库,为读者提供检索服务,把图书馆局部资源优势转变为整体优势,方便读者获取自己所需要的信息,不断满足学校教学、科研发展的需求,发挥出图书馆信息资源的最大优势。

(3)要以学科、专业建设来组织信息资源整合。建立学科、专业信息门户,通过收集某一领域学科、专业中研究机构、实验室、图书、期刊、工具书、会议论坛、专家学者、科研报告等信息资源。根据读者的兴趣、层次、类型等变化,结合馆藏文献资源的结构,为读者提供更专业、更深入的数据检索,为读者获取相关信息提供便利。

2. 高校图书馆信息资源与公共图书馆文献信息资源建设的整合

积极参与信息资源建设,为经济文化服务,是推动图书馆信息资源建设,实现图书馆文献信息资源的共建与共享,提高图书馆文献服务价值的必然之路。建立高校图书馆与地方文献资源共建共享协调服务体系,成立以地方文化服务机构为主管,以省市图书馆牵头的高校图书馆等单位的联合机构,明确分工,以资源共享,优化基于书目管理系统OPAC的资源整合。OPAC系统是图书馆检查系统中最基础的检索工具。OPAC全称Online Public Access Catalogue,在图书馆学上被称作"联机公共目录查询系统",读者通过万维网实现图书的查找和借阅,是传统图书馆读者熟练掌握的检索工具。OPAC可以通过在MARC856字段中记录电子文献的URL,方便读者能够方便、快捷地查询实体馆藏资源和数字资源信息,实现馆内信息资源的整合。还可以通过Z39.50协议实现与外部数据的整合,生成联合馆藏书目查询系统。OPAC通过这两种形式的整合,不受馆内资源和书目服务的限制,方便地使用到馆外的或数字化的文献资源。它是一种目录级的整合,根据整合的对象可以划分为馆内资源整合与馆外资源整合。读者可以一站式查询和获取所需的信息资源。

(三)图书馆信息资源整合的模式

1. 跨库检索技术模式

跨库检索也被称为联邦检索、多数据库检索、集成检索、统一检索等。但究其原理,都是基于跨库检索系统的整合,以多个分布式异构数据库为整合的对象,整合后系统为用户提供统一的检索界面和信息反馈,从而实现多个数据库的同时检索。整合后的界面没有自己的资源数据库,它仅仅是建立一个代理界面来接受用户的检索请求,然后将这些请求转换成相应的数字资源系统方法和检索语言,并将各个资源系统返回的检索结果进行排序和整合。这种整合方式避免用户逐个登录数据库、输入检索条件,提高了用户获取信息资源的效率;检索的结果以统一的格式、统一的标准排序,方便了用户的浏览和选择。但是由于技术的原因,检索时只能利用源数据库"共同"或相似的检索模式,源数据库有特色的检索模式可能不能利用,不支持高级检索,查准率和查全率较低。当前在跨库检索系统开发方面,全球都有一些实践推进,如美国加利福尼亚大学的数字开发的跨库检索系统Searchlight开发的OCLC Search、ISI Web of Knowledge开发的Cross Search等。国内也有很多研究机构和图书馆开发了跨库检索系统,如中国科学院国家科学图书馆的"找科学数据"跨界检索系统、CALIS统一检索系统等。

2. OPAC 技术模式

OPAC 技术模式简单而言可以理解成数字化的网络图书文献资源目录，这往往是用户利用图书馆资源最常见的方式。这样的整合模式以联合目录为基础构架，依托于图书馆管理系统，显示所有本馆书目和其他馆、机构所藏书目资源，并以统一检索入口的方式向用户提供服务。从技术原理来看，往往是通过 Z39.50 协议实现馆际 OPAC 数据库的整合，利用 MARC 记录里的 856 字段揭示信息条目实现资源贯通。这种整合模式解决了实体馆藏资源和数字资源的对接问题；用户不需要熟悉新的系统和检索方式就可以利用外馆的数字信息资源。但是对于数据结构和通信协议存在差异的数据库之间的整合无能为力；由于人力、物力和知识产权等问题的限制，实现全面信息资源整合的可能性较小；电子资源的链接地址也不能随意更改，系统维护成本较高。国外本领域的实践已经进入到新的多媒体跨库整合的层面，我国也在这方面进行了很多有益的探索。我国国家图书馆的联机公共目录查询系统，也是基于 OPAC 开发的统一检索平台，整合了馆藏的中文、特藏、外文文献数据库，向用户提供便捷的服务。

3. 资源导航技术模式

资源导航是由专业人员利用相关信息方法、软件、系统和平台，对网上开放存取的有价值资源进行收集、描述、分类、重新组合，开发出更方便利用的方式，甚至还可以提炼出更有价值的深层次信息。从流程上而言，以学科学术资源导航为例，首先是通过网络信息搜索工具获得相关的信息条目，依照学科主题进行分类，再依据分类从目标开发存取数据源抓取信息，经过过滤整合存储，依照一定的格式，形成网络学术资源导航库，提供给用户使用。当前还有学者就 CIT 在信息资源导航中的应用和网络灰色文献资源导航等方面进行了深入研究。国内的大型资源导航门户以 CALIS 开发的重点学科网络资源导航门户为代表，其整合了国内哲学、经济学、法学、教育学、文学、历史学、理学、工学、农学、医学和管理学等重点学科重要研究机构和高校的网络资源，提供分学科门类和一站式检索服务。

4. 动态信息链接技术模式

信息链接，即采用一定的技术手段（如超文本链接技术），将信息实体间及信息实体基本属性间的内在关系组成一个有机统一体的资源整合方式。基于信息链接的整合是通过超文本链接机制，将存在于异构资源系统中的信息实体及信息实体基本属性间的内在关系整合起来，组成一个有机的信息网络。链接技术有静态和动态两种，动态链接由于能够随着链接环境的改变而做出调整，避免了死链接问题，在当前引发了大量的探索。如基于美国国家信息标准组织标准为由提出的开放链接标准研发相对应的资源链接模块，采用 Ex Libris 公司推出的网络数字资源无缝链接软件系统 SFX 进行图书馆数据库整合。

5. 学科信息门户应用模式

学科信息门户是一种网络信息组织工具，也是图书馆实现学术信息资源整合的一种重要方式。它是在网络信息资源飞速增长的情况下，将特定的一个或多个学科领域的资源、工具和服务集成，为学科信息用户提供更为方便和快捷的检索和服务接口。目前国内外大量的学术研究机构和图书馆都已经构建了自己的学科信息门户。学科信息门户根据 T. Koch 的观点，具有以下特点：一是以学科信息为主要服务内容的服务体系；二是高度集成和更新迅速的服务体系；三是以有针对性地提供关于学科信息资源方面的解决方案为目的的服务体系；四是以智能化为重要特征的服务体系。我国最具代表性的就是中国科学院国家科学图书馆按照学科特色并参照相关的国际标准分类开发的"图书情报学科信息门户"等五个学科信息门户。

6. 合作数字参考咨询应用模式（CDRS）

合作数字参考咨询服务是一种以用户为导向的信息资源整合和服务模式，他是在多媒体技术、网络技术等信息技术高速发展的背景下，依托网络基础设施，由多个图书馆和情报机构共同协作，在各个部门资源和服务优化重组的基础上，突破时间、地域、语言、系统等外界障碍，通过网络数字参考咨询平台为用户提供的一种分布式的虚拟参考咨询服务。这种整合方式大大增加了服务系统后台的学术资源，形成了成员馆之间的优势互补；最大限度地提高了信息资源的利用率，实现了信息资源、智力和服务的共享；克服了时间、地点和语言的限制，服务的领域更加广泛；用户能和咨询专家实时交互，需求得到充分表达，使得咨询更具时效性和针对性。但是平台相对简单、回复速度较慢、参考咨询人员素质不齐、宣传力度不够等问题，为用户对系统的使用带来一定的不便。

五、图书馆信息资源共享平台建设

（一）图书馆信息资源共享的模式

1. 文献传递模式

早期出现的文献资源共享活动主要是合作藏书和馆际互借，它们虽然是有效的，但无法解决文献资源共享活动中一些非常现实的问题，例如，在馆际互借活动中，用户如何克服空间距离障碍方便地获取文献？在网络时代，人们找到了解决这个问题的方法，这就是文献传递。文献传递可以包括图书馆传统服务，但主要是指那些新的服务，如远程的传递、结算或收费，传递者对传递物不具有所有权。在信息技术不够发达的情况下，馆际互借是最好的模式，但随着信息技术的不断进步，尤其是网络化、数字化技术的发展，文献传递所具有的更加灵活、更加高效的优点显现出来，并成为当代文献信息资源共享的主流模式。如果没有文献传递系统，用户通过文献存取系统检索到文献的信息后，或者无法得到原始文献，或者必须以很高的成本获取原始信息，这样存取的价值就会大大降低。

网络技术的发展大大改善了文献传递的环境，文献传递的商业运作成为可能，商业化文献传递（CDD）出现了。CDD 的出现对图书馆服务的冲击是显而易见的。CDD 出现后，它们以良好的服务质量、灵活的影响策略为读者提供快速便捷的优质信息服务。CDD的服务为图书馆提供了多种选择。图书馆积极探索利用CDD拓广文献资源的同时也在向CDD学习，在读者服务中引入CDD机制，使得图书馆在网络化环境利用CDD成为必然。

2. 存取与拥有模式

解决读者获取馆藏文献信息的问题，直接导致了"存取"概念的出现及其在文献资源共享理论体系中地位的上升。在现代文献信息共享活动中，人们对各种文献包括异地文献或虚拟文献的存取能力看得比拥有文献更为重要。存取是文献资源建设这一应用图书馆学领域产生的概念。但它却对理论图书馆学产生了很大的影响。存取思想建立了更加积极的图书馆发展观念，改变了图书馆学的藏用馆，也改变了图书馆合作或协作的模式。

3. 书目信息模式

随着MARC格式的应用和推广，书目数据共享成为传统图书馆自动化过程中的迫切需要。图书馆自动化管理系统的普及使得这种资源共享方式迅速发展。联机编目的发展能促进图书馆自动化工作的开展及文献编目数据的标准化，为图书馆间基于Z39.50协议、OPAC系统开展馆际数据传输及文献互借服务提供方便。书目共同体是一种新型的文献资源共享协作组织。与传统的图书馆相比，它有两个基本特点：

第一，以现代信息技术为基础。在信息资源共享中保持高的效率。利用计算机网络提供高效的书目查询，同时利用现代物流技术传送图书，使图书馆协作达到了前所未有的水平。

第二，实行自愿的、互利互惠的协作原则。书目利用共同体以经济结算制度形成对协作馆的一种约束。一个馆对一种文献，选择购入还是利用互借，取决于该馆对该文献的利用率。利用率高的文献，多次向他馆互借的话，成本可能高于自我购入。这就很好地解决了以往馆际互借过程中大馆"吃亏"的问题。

4. 区域协作模式

区域协作是一个地理概念，包括区域内协作和区域间协作。区域内协作即图书情报及信息机构之间的合作；区域间协作是指国与国之间、地区与地区之间、城市与城市之间通过合作的方式达到功能互补和资源互补的目标。除通过省际、行业集团购买数字资源外，一些图书馆通过参与CALIS特色全文数据库、学科资源导航、教学参考资源建设等项目，实现共建共享；一些服务能力强、资源较为丰富的图书馆通过OPAC提供馆藏资源检索，并提供用户网页表单发送文献需求信息，利用E-mail或文件传递协议等方式将用户所需信息发送到用户指定的接收地址。随着开放式互联协议（OAI）的应用。各图书馆不同的电子资源可通过联合检索方式实现不同数据库同一检索，文献共享的范围也从单一的传统纸本文献扩展到数字化文档。

5. 协调采购模式

协调采购是图书馆面对书刊价格上涨而采取的协作措施。这种协调主要以地区联盟方式进行。自CALIS对引进数据库实施集团采购以来，以数字资源采购为主的资源共享成为一些高校图书馆引进数据库的一种主要方式。为避免数字图书馆建设中的资源重复和浪费，促进高校图书馆整体效益的提高，通过政府行政投入等方式，以省、地区、行业集团采购的方式也日渐增加。由于市场竞争格局的不同，采购协调主要集中于价格较高、用量较大、出版商或经营者具有垄断地位的外文期刊和数据库产品。通过买方市场联合，图书馆增加了与代理商谈判的实力，有效地抑制了文献资源供应价格的上涨，提高了服务的质量。

（二）图书馆信息资源共享平台建设

通过图书馆数字信息资源服务与共享平台建设，搭建馆藏信息资源数字化、数字信息资源服务和数字信息资源共享三个平台，不断加强信息资源数字化建设、数字图书馆应用系统建设、数字信息服务体系建设，构建现代化数字信息资源服务与共享平台，最大限度实现资源共享以及对用户个性化服务和信息资源主动服务，将图书馆建设成为没有馆舍限制、没有服务时间限制的一站式统一检索的现代化数字图书馆。首先，对馆藏信息资源进行整合和深层次挖掘，使之数字化、系统化，为进一步开发利用信息资源，提供优质的信息服务与共享奠定物质基础。其次，转变传统被动低层次的服务为主动知识增值的服务，并促进图书馆服务意识和观念的根本转变。最后，将信息资源数字化，利用信息网络打破图书馆自我封闭的状态，加强横向联系和纵向联系，实现信息资源的共享。

1. 馆藏信息资源数字化平台建设

依托图书馆现有馆藏图书书目数据库，加强馆藏纸本信息资源数字化建设，逐步实现馆藏纸本资源的数字化，建立馆藏图书、期刊等信息资源全文数据库。同时，实现馆藏其他非数字化特色资源的数字化建设，包括检索科技成果全文数据库、非书资料（音频视频）数据库、数字档案信息数据库、教师著作数据库、学生学位论文全文数据库等。通过馆藏信息资源数字化建设，将馆藏非数字化纸本信息资源数字化，使得用户不用到图书馆也可以直接得到所需文献信息全文。引进专业信息资源数字化加工软件及大容量存储设备，采用元数据索引技术，加强数字信息资源的整合与利用，提高资源加工标准，保证信息资源数字化建设的高标准、高质量，建立高标准的数字信息资源加工基地。

2. 数字信息资源服务平台建设

围绕数字信息资源加强数字信息资源服务体系建设，健全和完善数字信息资源服务的制度，拓宽数字信息资源服务范围，改革数字信息资源服务模式，彻底淘汰传统的坐等用户上门的被动服务。将图书馆各类型信息资源进行整合，构建图书馆统一检索平台，开发馆藏信息资源统一分类导航，实行一站式跨库检索，使得用户可以一次完成不同类型、不同数据库的文献信息资源检索，免除用户逐个登录数据库检索的繁琐，大大节省用户检索时间。通过构建个性化服务平台，可以针对性地为单一用户开展个性化专业服务，如学科热点前沿问题报道、本学科会议展览召开信息等，为用户构建个人数字图书馆，用户通过个人数字图书馆就可以全面掌握本学科专业相关最新专业信息。采用移动云计算的架构，构建图书馆移动服务平台，与现有数字图书馆保持一致性和无缝性，实现用户利用手机等移动上网设备对各类信息资源进行统一检索和全文访问。通过图书馆移动服务平台还可以设置个人空间与图书馆 OPAC 系统的对接，实现了馆藏查询、续借、预约、挂失、到期提醒、热门书排行榜、咨询等自助式移动服务，并可以自由选择咨询问答、新闻发布、新书推荐、借书到期提醒、热门书推荐、预约取书通知等信息交流功能。随着图书馆数字化进程的深入，用户利用图书馆信息资源不再需要到图书馆才能检索，图书馆如何能及时掌握用户的文献信息需求，了解用户使用图书馆过程中的疑难困惑，这就需要建立图书馆咨询服务平台，随时和用户沟通图书馆中的各种问题，让用户体会到虽然没有到图书馆，但是图书馆服务随时伴随其左右。

3. 数字信息资源共享平台建设

在尊重知识产权的基础上充分利用数字信息资源的无限复制性，构建数字信息资源共享平台并开展数字信息资源共享服务。通过远程登录、实时咨询、代办代查等方式，开展参考咨询、定题服务、文献传递、馆际互借等共享服务，为用户提供信息服务。

第二节　图书馆门户网站服务体系

一、图书馆门户网站

1. 网站及门户网站的概念

网站是指在互联网上，根据一定的规则，使用 HTML 等语言工具制作的用于展示特定内容的相关网页的集合。简单地说，网站是一种信息发布与交流工具，人们可以通过网站来发布自己想要公开的信息，或者利用网站来提供相关的网络服务；可以通过网页浏览器来访问网站，获取自己需要的资讯或者享受网络服务。所谓门户，在网络中则是指提供某类综合性互联网信息资源并提供有关信息服务的应用系统。

2. 图书馆门户

图书馆门户（Library Portal）是一个界面友好，可以方便读者无缝、流畅、一站式地访问和利用图书馆所有的信息资源和服务的网络集成服务系统。图书馆门户网站是现代图书馆为读者提供各类信息资源和相关信息服务的系统，是数字图书馆面向用户的统一服务入口，是以资源为基础，以服务为出发点的数字图书馆信息门户。它将数字图书馆的信息资源、工具和服务有效地组织、存储、整合起来，提供个性化、科学化的单点获取方式，实现资源和服务的无缝链接。通过门户网站，读者可以根据自己的喜好和兴趣方便地存取图书馆的数字资源，使用数字图书馆的服务。现代图书馆通过门户网站构建的网络信息环境是将存储在不同的计算机载体、分布于不同地理位置的各类信息资源通过网络进行互联，在相当程度上突破了传统图书馆的时空以及物理条件制约，也突破了馆藏资源与馆外资源的界限。一方面，使图书馆从相对单向、传统、封闭的工作环境和工作方式，走向开放性、多元化的服务，大大提高了服务能力；另一方面，使图书馆的馆藏信息资源得到更大限度的利用，实现了图书馆的社会价值。在网络环境下，数字图书馆为读者提供的服务功能和服务质量，在一定程度上反映了一个图书馆的综合实力和服务水平。目前，门户网站已成为现代图书馆提供服务、实现价值的最主要平台。在现代网络环境下，各类图书馆都会根据其资源构成、服务对象、资金规模、建设环境等因素，建设适合本馆的数字图书馆门户网站，开展图书馆的网络信息服务。

二、图书馆门户网站的建设

图书馆门户网站建设包括网站建设和构建平台（集成各种应用子系统）两个部分。现代图书馆服务在较好地解决了印刷型资源的网络查询、预约、续借等传统服务的基础上，其主要的服务功能都围绕着网络化数字信息展开。通过门户网站的建设，图书馆可以方便、快捷地构建个性化的门户服务网站系统，以全方位、个性化的方式向用户提供综合信息服务。

1. 图书馆门户网站的定位

作为一个信息资源综合服务与管理系统平台，图书馆门户网站应该能够实现各种中外文异构数字资源的统一检索，并将这些原本相互孤立的数字资源及馆藏资源整合成相互关联的知识网络，消除"信息孤岛"状态，构建一个统一、友好的访问环境，实现图书馆各类资源的一站式快速搜索、定位和获取服务。同时，在网络环境下，图书馆门户网站还是一个与馆外资源交互共享服务的枢纽，通过这个服务站点，既可对外发布各种信息，又可将网上发布的图书馆资源统一集成到门户网站的资源搜索与获取共享体系，实现云图书馆门户建设。数字图书馆为读者提供的门户网站是一个内容丰富的、基于 Web 浏览的用户界面。在这个用户界面里，既有资源信息又有服务链接，包括信息发布、用户管理、网络互连和数据存储四项要素。

2. 图书馆门户网站的建设内容

门户网站的建设内容应包括网站结构与界面设计、信息资源建设及发布、信息资源的统一检索平台、统一的身份认证及个性化服务、数字参考咨询平台、网站论坛、Web 站点内部内容管理等。并且门户网站应实现如下功能：

（1）统一入口服务：通过一次登录访问一个站点入口，向读者提供各类资源和服务。

（2）统一检索服务：通过统一检索，检索所有中文、外文资源信息。

（3）全文获取服务：通过资源调度系统实现本馆及馆外资源的统一调度使用，有权限的直接获取阅读，无权限的通过云图书馆的传递系统进行文献传递服务。

（4）最新文献服务：通过及时的数据更新，使读者及时掌握最新的发展动向和获取最新文献。

（5）最全文献服务：向读者全面揭示各种内部和外部资源。

（6）优质个性服务：使用户获得优质个性化的定制与服务，并将公共检索系统功能全面拓展，实现公共目录检索和图书荐购系统定制功能的集成。

（7）强大管理功能：为图书馆提供统一的内外资源管理、用户管理、特色资源制作等后台管理方法与工具。

3. 门户网站结构与界面设计

数字图书馆门户网站与一般的门户网站和商业门户网站不同，其建设要突出信息服务和数字资源建设的特点，采用合理的组织信息的展现形式，着重于设计组织分类和导航的结构，搭建信息与用户认知之间的桥梁，从而让用户可以高效率、有效地浏览网站的内容。门户网站的结构层次要简清明了，应根据需要把信息分为几个主要的主题区域，并根据主题区域设计简单的层次结构。可以按照门户网站主页主要的主题区域相关的具体信息三个结构层次进行设计，使读者可以根据自己的意愿灵活地选择所需要的信息。在界面设计上，应充分考虑读者的使用习惯，做到美观大方、使用方便、界面友好，能够吸引读者使用，既方便不同学历层次的读者获取信息，同时还要体现出门户网站独有的文化特征。

4. 门户网站服务平台构建

为了实现相应的服务功能，在数字图书馆门户网站的建设中，要集成各种应用子系统，构建门户网站服务平台。

（1）信息资源建设及发布子系统。信息资源是数字图书馆服务的基础，也是读者最终所要获取的资源。各图书馆可根据自身所服务的对象，以本地域、本行业、本馆的馆藏特色为主，以方便不同读者的使用需求为目标，进行系统的信息资源建设，并通过 Web 发布系统将本馆和共享资源以数据库列表或资源导航方式发布到门户网站上。为了使读者能有效地利用数字资源，数字图书馆必须按照某种组织原则，系统地组织和揭示数字图书馆的数字资源，做到及时、准确、完整，并且结构清晰、层次简明，方便读者查询使用。

（2）信息资源的统一检索子系统。数字图书馆内有多个相互独立的信息资源系统，它们可能分布在不同的服务器上，运行在不同的系统环境中。读者要获取相关信息需要分别进入各资源信息系统进行逐个检索，这对读者来说极为不便。为此，数字图书馆门户网站需要为读者提供一个可一次性检索并获取各数据源中所有相关信息的统一检索平台。目前，图书馆门户网站广泛采用了基于元数据整合的信息资源统一检索系统，为用户提供同时在所有资源中进行一站式检索的服务，避免需要逐个登录数据库、输入检索条件的麻烦，使用方便、快捷。

（3）统一的身份认证及用户管理子系统。为了解决数字图书馆中数字信息资源的知识产权保护问题，只有通过系统认证的用户才能成为其合法用户。所以，数字图书馆必须建立用户管理系统，构建知识产权保护体系。当前，绝大多数数字图书馆是通过 IP 验证加防火墙隔离的方式来进行用户管理。这种模式的优点是方便、简单，系统运行效率高，能有效解决商用数字资源的知识产权保护问题；缺点是给数字图书馆合法用户在馆外利用这些信息资源带来了障碍。目前，图书馆门户网站的用户认证系统普遍采用了用户远程访问认证系统（VPN）加访问授权方式来控制使用安全，从而使得合法用户在馆内和馆外都能有效利用数字图书馆的服务。用户在统一身份认证系统中注册账号后，这个账号就可以使用门户网站上的所有服务。如果用户之前已经在相关的资源系统中拥有账号，同时也已经设置了相应的权限，那么就可以将这些资源系统的账号与统一身份认证服务的账号进行关联，使用户登录统一身份认证系统之后，能够自动使用相关的资源系统用户账号来访问资源系统。

（4）数字参考咨询子系统。数字参考咨询子系统是为读者提供一种通过计算机和网络在门户网站上进行交互式咨询的平台。读者可以通过网络与图书馆的参考咨询馆员进行交互式对话或通过电子邮件等方式进行联系，获得所需要的帮助。

（5）网站论坛子系统。网站论坛是门户网站的一个重要组成部分，它为读者提供一个交流的平台。读者可以通过论坛交流心得体会，发表意见和建议；图书馆也可以通过此论坛开设相关专题讨论组，来获取读者对图书馆服务或使用资源情况的信息反馈。

（6）统计分析与后台管理子系统。门户网站上的系统维护由网站后台的管理系统实现，包括利用统计分析、资源发布、新闻发布、用户管理、文件图片传输和各个资源系统的参数设置等系统的管理，与数据库图书馆服务与服务体系研究的链接，Web 服务的日志配置，防止黑客入侵等工作。这些都要通过后台管理系统进行定期或不定期的维护管理。

三、数字图书馆门户网站的服务功能

为了最大限度地吸引读者，数字图书馆门户网站通过整合技术，有机地把馆内外信息资源进行集成，使自己的门户网站成为读者首选的信息门户。数字图书馆门户网站包含有图书馆的概况、资源与服务，具有供读者远程利用的 OPAC 系统、数字资源访问等数字服务项目，并为读者利用图书馆资源与服务提供咨询辅导。

（一）资源服务

在这项服务中通常会提供图书馆网上 OPAC 查询服务，数字资源检索、浏览和下载服务，使读者能够跨越时空的限制，方便地通过网络从图书馆获取文献信息与服务。门户网站所揭示的信息资源包括各种纸质资源和数字资源的书目信息、收集和整理的符合本馆读者需求的网络信息资源等。门户网站以导航等形式对信息资源予以揭示,通过建立站内搜索引擎,以符合读者使用习惯的分类体系提供分类浏览、检索等功能,并通过资源调度系统为读者提供查找和获取信息资源的便捷途径。资源服务功能一般通过"统一检索平台""馆藏目录""特色资源""中文资源""外文资源""电子图书""电子期刊""学位论文""教学参考书""学科导航""试用数据库""新书通报""文献传递"等栏目提供网络服务。

(二)宣传教育

图书馆传统的宣传媒体是平面二维的,如海报、板报、宣传单等,而网络宣传则是多维的。网络宣传能将文字、图像和声音有机地组合在一起,传递多感官的信息,通过图、文、声、像结合的宣传形式,增强宣传的实效。图书馆利用网络平台开展宣传教育,既可以利用网络技术宣传资源和服务,增强用户的网络意识和网络检索能力,又可以充分发挥网络传播及时、受众广的优势,扩大图书馆的社会影响。图书馆网络宣传教育功能主要通过设置"图书馆概况""入馆须知""馆藏布局""读者指南""培训资料""文献检索课件""图书馆公告"等栏目提供服务;读者通过浏览各种指南、查找资料导引,课件、FAQ、视频宣传材料下载以及文献检索课和培训讲座的宣传、公告等服务获得利用图书馆资源与服务的帮助。

(三)交流咨询服务

在这项服务中应构建起图书馆与读者之间沟通和交流的网络平台。图书馆可以通过调查引擎、电子邮件、BBS、留言本和虚拟参考咨询系统等模块进行消息发布、读者调查、答复读者意见、解答咨询、提供联系方式等服务,与读者进行双向交流,建立良好的互动关系,准确了解读者的需求,解决读者的问题,提高服务的质量。而读者则通过网站提交申请、反馈意见、咨询问题、定制个性化服务。数字图书馆可以通过设置"留言簿""馆长信箱""书刊推荐""读者查询""交流园地"、图书馆微博、官方博客等方式提供交流咨询服务。

(四)信息导航服务

在网络时代,网上信息资源浩如烟海,尽管各种网上搜索引擎应运而生,但其信息依然是综合无序、良莠不齐的。信息需求者要从网上查询到所需信息,既费时费力,又难以查全查准,检索效率较低。因此,现代图书馆按照读者的使用习惯和需求,将各种载体、各种类型的信息资源进行合理的收集、科学的组织,并通过一定的服务模式,提供有效的网上资源导航服务。图书馆的网络导航服务一般有以下类型。

1. 学科资源导航

这类导航系统对纷繁的数字信息资源进行收集、加工和整理,形成各学科的网上虚拟资源导航库。用户通过浏览和查询这些资源库,可以用最快的速度和最短的时间获得有关学科的全面信息，真正起到网络导航的作用。

2. 搜索引擎导航

通过收集 Google、百度等著名搜索引擎，图书馆门户网站可以帮助读者快速进入不同的引擎链接，通过这些搜索引擎获得所需的信息。

3. 链接导航服务

图书馆通过收集读者经常使用的网站链接地址，如兄弟图书馆、合作单位、学术机构、公共信息服务平台等，建立相应的链接导航服务，帮助用户直接链接到所需网站，并通过这些网站获得所需信息。

四、功能模块的管理

从以上功能模块可以看出，数字图书馆门户网站通常包含多个动态信息栏目。这些栏目的信息往往源于不同部门或由不同部门的相应工作岗位处理，如办公室发布消息公告、参考咨询人员答复在线咨询问题、采访人员处理读者推荐图书信息等。数字图书馆门户网站在管理各个功能模块时，可以将相应模块按不同部门或工作岗位进行分类管理，明确责任，确保门户网站各项服务的正常运转。

（一）指定专人负责功能模块的管理

图书馆应将功能模块的管理人员按所管理的范围划分为系统管理员、管理员等不同的级别。系统管理员负责各个功能模块的总体协调和管理，并负责用户权限的分配。可以在数字图书馆门户网站的后台管理系统中建立一个隶属于系统管理员角色的用户。该管理员具有新建用户和管理用户的权限，有权根据实际需要为每个栏目添加一个或多个管理员。管理员负责各个功能模块中同类服务栏目的管理。管理员提交身份凭据（用户名和密码）登录系统，通过身份验证后，就被定向到所管理的对应栏目界面。借助该界面，管理员可以发布、更新或维护栏目信息。在后台系统内，管理员只能管理自己负责的相应栏目。如隶属于参考咨询的管理员，通过身份验证后，就被定向到"参考咨询栏目管理子模块界面"。通过该界面，他可以浏览、回复读者咨询，更新原有回复或屏蔽重复的、超出咨询范围或内容不宜显示的咨询问题。而隶属于消息公告的管理员，通过身份验证后，只能被导向到"信息公告栏目管理子模块界面"，进行消息发布等操作。

（二）指定相应岗位人员担任管理员

为了给数字图书馆用户提供更加专业的服务，应指定图书馆内信息的来源或处理部门的相关工作岗位人员担任相应服务栏目的管理员，并授予管理该栏目的权限。由他们管理对应栏目信息，既符合图书馆业务分工合作的合理性原则，也有利于信息及时、准确地发布和更新。主要包括以下几个类别：

（1）参考咨询管理员：负责管理参考咨询栏目、回复读者留言、解答读者咨询问题等，应由参考咨询岗位人员担任。

（2）消息公告管理员：负责管理消息公告、图书馆简介、组织机构等栏目，应由负责图书馆宣传的相应岗位人员担任。

（3）纸质文献管理员：负责书目查询、新书通报、读者推荐等栏目，应由纸质文献采编岗位的人员担任。

（4）数字资源管理员：负责管理自建数据库、外购数据库、试用数据库和免费数据库等涉及数字资源的栏目，以及资源导航、统一检索等栏目，应由数字资源采访岗位及技术管理岗位人员担任。

（5）读者服务管理员：负责入馆须知、读者指南、读者查询等栏目，应由借阅服务管理岗位人员担任。

为了适应不同层次读者的需求，数字图书馆的门户网站建设要始终以方便读者、服务读者为宗旨，做到资源内容丰富、服务功能齐全。同时，要配置好整个网站的架构，使其能稳定、安全、可靠地运行，最终更好地为读者提供数字图书馆服务。

第三节 图书馆自助服务体系

自助服务是现代化图书馆的一个重要标志，也是图书馆发展的必然趋势。图书馆自助服务是读者根据自己的需要，利用智能化设备和计算机网络技术，按照制定好的流程指引，完成以前由图书馆员完成的各项服务活动。公共图书馆自助服务主要包括文献自助服务、自修室座位自助登记、自助检索上机、自助文印服务，以及利用网络、手机、短信、电话所进行的各项自助服务。

一、图书馆自助服务

自助图书馆又可称为"无人值守图书馆"。有关自助图书馆的名称及表述千变万化，如：无人服务图书馆、图书自助服务站、微型自助图书馆系统等。图书馆自助服务是图书馆业务自动化处理的组成部分，也是近几年国内外图书馆行业兴起的一种现代化服务方式。它利用网络通讯、计算机、门禁监控等技术，为读者提供智能化程度较高的图书借还服务。在自助图书馆里，读者借还图书无需图书馆工作人员协助，完全由自己完成。自助图书馆是图书馆服务工作的延伸和延续。不但解决了读者借还书受开馆时间制约的问题，同时也体现出图书馆人性化的服务理念，更提升了图书馆的服务形象和服务档次。

（一）服务理念

作为现代科学技术与以人为本理念结合的自助图书馆，完美地诠释了免费、快捷、平等、开放的服务原则，将传统的"被动服务"模式转换为"主动服务"模式，使图书馆资源围绕读者展开，充分体现了"以读者为中心"这一服务理念。自助图书馆的服务宗旨是将图书馆资源实现最大化利用，使读者的阅读需求随时随地得到满足。一方面，自助图书馆以读者的需求为发展的驱动力量，对传统运行模式加以改革，对图书馆的社会价值和服务质量、理念起到了重新塑造的作用。另一方面，读者通过使用自助图书馆，可以摆脱过去主要依靠图书馆员的指导和意志完成信息咨询、图书借阅归还等服务模式，可以完全按照自己的爱好和意愿进行图书的选择和利用，这也是人性化的另一种体现。

（二）服务模式

自助图书馆系统主要由自助图书馆服务机、图书馆监控中心和物流管理系统等部分组成，核心部分是自助图书馆服务机。自助图书馆可以完成绝大部分图书馆业务流程：申办新证、自助借书、自助还书、预约服务、查询服务、资源防盗、资金处理等。由于本身具有强大的功能优势，再加上快捷、方便的服务过程，在诞生之初，自助图书馆就受到了世界各地读者的欢迎和好评。甚至有专家认为自助图书馆是继实体图书馆、虚拟图书馆之后的"第三代图书馆"。服务类型有馆内读者自助、图书馆 ATM、图书漂流亭、街区 24 小时自助图书馆等几种。

1. 馆内读者自助

许多图书馆都为自助设备设立专门的空间或者独立的附属建筑，读者可以利用这些设备完成图书馆的检索、借阅和归还等服务内容，使图书馆的全天候服务成为可能。虽然这种独立的馆内读者自助设备可以提供 24 小时服务，但必须依靠图书馆或附属建筑而存在，缺少独立性。

2. ATM 式自助图书

ATM 式自助服务设备可以根据图书馆的具体服务而定制，这种设备通过还书就可上架借出的功能可以有效减少人力和物力成本。低成本和网点化铺设是其主要优势，但是这种设备也存在着可供选择的图书资源较少、服务内容较单一（仅包括借还功能）等局限性。

3. 漂流亭式自助图书

传统的图书漂流指的是放在图书馆公共位置的图书，无需读者办理借阅手续就可以自由阅读。而漂流亭式图书馆是传统方式在馆外的延伸和补充，这种自助服务是 RFID（射频识别）技术与图书漂流相结合的产物，虽然能够辨别多种证件，有效提高图书的利用率，但是它所能提供的服务比较单一。

4. 24 小时街区自助图书馆

这种自助图书馆不仅能够为读者提供图书借阅、归还、办证、检索、预约等基本服务，而且集成了 RFID、条形码技术，在架图书对读者而言一目了然。24 小时街区自助图书馆可以提供更为全面的服务功能，也可以实现网点化建设，但是这种自助图书馆所依靠的 RFID 设备受限于技术、物等方面的支持。

二、自助图书馆的系统和特点

(一) 自助图书馆系统

对于自助图书馆起支撑作用的系统应该包括基本服务设备、图书管理系统、馆内监控设备、图书损坏识别技术、RFID 标签识别技术等。其具体功能如下。

1. 基本服务设备

要实现与传统图书馆相同的服务功能，如图书借阅、归还、预约等，就需要依靠数据的管理和存储技术的支持来实现自助图书馆与总馆之间数据的完全共享。为保证图书提取、上架工作的顺利完成，坐标定位技术可以克服机械手臂无法精确定位这一难题，完成 ATM 式自助图书馆的图书提取和自动上架。

2. 图书管理系统

为避免自助图书馆出现满架或空架现象，就需要随时对馆内的图书资源进行实时监控，以控制图书的现存数量。图书管理系统可以为自助图书馆分析图书供需情况和自动分析读者对于图书资源的需求变化，总馆可以以此为依据对自助图书馆进行资源调配。另外，图书管理系统还可以在出现故障时自动报警。

3. 馆内监控设备

馆内监控可以对自助图书馆的防盗、视频监控、门禁控制等功能发挥重要作用。在自助图书馆正常运行时，可以保证各种服务正常运行；在发生意外或违反程序私自带走图书的情况下，馆内监控能够立即自动报警，对门禁上锁，事后可以通过视频记录来查看事件全过程。这种馆内监控设备可以在一定程度上保证自助图书馆的安全性。

4. RFID 标签识别

自助图书馆内的图书都贴有 RFID 标签，这种标签和条形码、磁条是同时存在的，可以使图书不局限在某一个自助图书馆内，能够在总馆和其他自助馆内自由流动；而且贴有 RFID 标签的图书具有更易被机器设备辨别的优势，方便图书的借阅、归还等工作。此外，它还可以实现图书在书架上的定位、馆藏和存量信息显示等功能。

5. 图书损坏识别

图书损坏识别技术可以通过计算机进行控制，对损坏的程度是否需要报警可以由计算机进行设定。在识别过程中，在终端服务器上可以通过文字或者语音的方式，显示对图书损坏检测的评价和结果。

(二) 图书馆自助服务的特点

自助图书馆作为一种新的服务模式，有着不同于传统图书馆的特点。

1. 服务性

发展自助图书馆的初衷是让读者自己为自己服务，即脱离传统的馆员服务，读者根据自己的时间、兴趣、爱好等通过自主的操作来完成对图书的借阅归还等一系列活动,且其服务质量并不低于传统服务。在这种自助式的服务中,读者完全脱离传统图书馆服务中的束缚,不受时空限制地自主操作设备来实现需求,充分体现出自助图书馆的服务性特点。在整个自助服务中,读者可以根据自己的主观需求,发挥自身能动性,实现服务性。这样读者在操作过程中既是服务的实施者和操作者,又是享受服务的对象和被服务者,体现了主体与客体的相互统一。

2. 科学性

目前自助图书馆大多采用 RFID（Radio Frequency Identification）即无线射频识别技术,是一种非接触式自动识别技术,通过发出的射频信号,再以空间耦合实现无线接触信息传递,并通过所传递的信息达到识别物体的目的。依靠这种技术来为读者提供智能化的图书借还服务,并以此实现图书馆自动化服务。自助图书馆通过 RFID 技术带来全新的服务方式,提高了广大读者的满意度和便捷性,通过科学性的运用来突出人性化的服务理念,这种服务理念也不断推动着图书馆服务手段的创新。

3. 自由性

传统模式下的图书馆由于受到开闭馆时间的限制,无法满足读者对书籍的全时需求。读者需要根据图书馆的开放时间来满足自己的需求。这样读者的需求就有很大的限制性,因而这时候需要一种更加自由的服务,自助图书馆就应运而生。由于自助图书馆采用的是人机模式,运行时间不再受到限制,读者可以更加自由地根据自己的即时需求来选择时间借阅书籍。这种全自由的 24 小时服务模式也是国内外图书馆发展的必然趋势。另外,自助图书馆使民众的阅读空间也变得更加广阔。它将有范围的传统图书馆扩大,为读者提供了一种无障碍的阅读环境。

4. 高效性

作为一种全新的图书馆服务项目,自助图书馆在建设上表现出传统建筑实体形式的图书馆无法比拟的优势——占地面积小、建设成本低、展现效果快、建设周期短。这使得自助图书馆成为继第一代传统图书馆和第二代数字图书馆之后的"第三代图书馆"。在服务上更贴近读者生活,自助图书馆在选址、布局、交通等方面都体现出方便快捷。另外,在形式上自助图书馆也呈现出无专人看守、自助办证、自助借阅、自助归还等便利条件。自助图书馆的运用大大提高了图书馆文献资源的利用率,充分体现了自助图书馆工作的高效。

5. 广泛性

自助图书馆自运行后,受到越来越多的读者使用和欢迎,图书的借书量和阅读量都带来了明显的提升。由于自助图书馆的便利快捷性,越来越多的读者在茶余饭后选择借阅图书来丰富自己、提高自己。自助图书馆所产生的这种广泛性是远远超过传统图书馆的。而这种广泛性产生的影响,不仅体现在为广大读者搭建了一种便捷的阅读平台,而且使图书馆自身的品牌和形象得到了提升,对整个城市的文化事业建设也产生了积极的影响。

三、自助图书馆的建设与维护

(一)自助图书馆的建设

自助图书馆的建设可以从政策支持、经费保障、自动化现状与整合、文献资源保障、业务调整保障、运营模式规划等方面进行思考。

1. 政策有力支持

自助图书馆的建设和服务涉及社会方方面面,包括项目建设及运营经费持续保障部门、布设区域的物业主管单位、资源提供及服务融合方的区域图书馆等。而作为公益文化单位,图书馆自身的推进力度与统筹权力却非常有限,因而需要地方政府制定相关政策来予以引导和规范。具体涉及到自助图书馆的建设实施、布点规划、运营模式、绩效评估等各个层面,例如,制定配套措施将自助图书馆纳入地区公益文化设施统筹建设管理范畴。如果缺乏地方政策的强大支援,图书馆自身在项目的建设实施和服务保障上将很难得到长远发展。

2. 经费持续投入

自助图书馆资金投入分为一次性建设资金及年度运营资金。一次性建设资金是自助图书馆建设启动的保证;年度运营资金则是维护其正常运营的保障,包括能耗、维护、物流等基本费用。虽然自助图书馆是一项节约型服务设施,规模经济效益尤为显著,但启动经费和运营经费必不可少。在有限财政资金的支持下,地方政府往往会把主要财力首要投向保障基本服务,财政预算优先考虑最需要、最迫切需要解决的地方,而自助图书馆所提供的就近、便利性服务,具备一定的超前享受性。因而自助图书馆建设的周期性、延续性和运营保障的持续性,对地方财政预算的资金压力非常大。图书馆在规划和建设自助图书馆项目时,应以实际需求为出发点,以经费的持续保障作为前提,结合地区财政、图书馆经费等实际情况,适度控制建设规模;同时在后续运营过程中,选择适当的配送模式、网络组网模式、维护响应标准,以确保最高的运营投资效益比。

3. 文献充足

保障文献资源的充足性、品种的可读性、更新的及时性等极大地影响着自助图书馆的运行效益,图书馆可从资源储备与规划、资源调配与更新、资源整合与管理等层面建设和组织文献资源。在项目实施前,图书馆应详细设计文献的采购渠道、品种配备、年度更新等内容确保储备充足的文献资源,并制订长远规划保障配备自助图书馆的文献资源;项目实施后,为确保自助图书馆在架图书的可读性,图书馆应及时更新文献资源,制定可操作性的图书调配原则、滞架文献下架等;在全城统一服务后,中心图书馆须从入库办法、资产管理、流通管理等方面统一融合其他成员馆文献资源，保障文献资源的财产安全。

4. 与已有自动化设施的集成

自助图书馆相关的自动化设施整合包括RFID整合与应用系统集成。RFID技术能极大地提高图书馆自助服务水平和文献管理效率，如果目前图书馆采用基于条形码和磁条的标识识别系统，实施之前图书馆须评估本馆是否需要升级到RFID系统，因为这涉及到RFID标签及加工、基础流通设施、业务系统集成等建设投入。应用系统集成的充分性则关系到项目后期运作的稳定性及管理的规范性，因此，图书馆在项目建设实施前需着重考虑已有图书馆业务系统集成的内容、实施难度、实施过程、实施步骤等问题，包括与图书馆自动化管理系统在读者数据、业务数据的技术集成与互通，以及管理平台、资源平台、服务平台等业务平台在图书馆内部业务流程中的平稳过渡。

5. 与原有的业务体系的整合

自助图书馆投入运行和服务后，图书馆原有服务模式新增了馆外服务内容，文献资源更应以读者阅读需求为中心。因此，图书馆需调整和变革原有业务流程与部门组织结构，以顺利开展自助图书馆的各项文献服务，如建立专门的运营中心来协调与组织自助图书馆的相关工作，建立和完善预借书库并形成预借送书服务规范等。业务重组既保障了高效、顺畅的自助图书馆服务，也使其成为整个图书馆不可分割的一部分。随着自助图书馆的各项业务持续推进及服务的不断深化，图书馆需将其纳入远景规划范畴，以确保自助图书馆获得持续、稳定的应用效益；同时图书馆需要有进行重组和变革的思想准备，且这种调整将会随着自助图书馆的建设和服务规模的不断变化而持续存在。

6. 建设运营模式的长远规划

深圳地区早期在进行自助图书馆的研制开发、试点建设规划时，采取了政府全额投资立项建设和运营的模式予以实施。而随着自助图书馆应用规模的不断扩大和管理服务经验的不断成熟，其他图书馆在引进自助图书馆时，可采取先行试点的方式进行，并作长远规划，待自助图书馆品牌影响力及服务宣传效果得到充分展示后，可考虑与企业、商业团体等共同投资建设，共同进行维护和运营。同时可探讨和试点自助图书馆的全外包运营管理服务模式，包括引入银行ATM系统成功运营经验，采取租赁自助图书馆设施、采购第三方自助图书馆运营维护服务等整体模式开展自助图书馆的建设和服务，这样将可大大节约自动图书馆的建设、运营的时间成本和人力成本。

（二）自助图书馆的维护

1. 日常维护问题

考虑到人为破坏及天气情况的影响，对自助图书馆的日常维护就显得十分必要。为减少不必要的维护经费，专家建议在自助图书馆的普及推广过程中，应该加强对广大读者的辅导教育，使读者掌握其操作方法。对于天气等不可抗拒因素，可以在设计过程中采用垫高设备和防水装置等来避免。

2．技术问题

由于自助图书馆的监控、服务机和物流系统通过网络相互连接，如果发生病毒感染或恶意攻击服务机等情况，就会导致自助图书馆全面瘫痪。为此，专家推荐使用 MPLS-VPN 加密专网技术。同时与流量控制和服务等级划分相结合，为读者创建专用虚拟网络，使自助图书馆服务机与关键核心网络相隔离，以达到自助图书馆运行的安全性和应对危机的可控性。

（三）自助服务体系

自助服务是指在一定条件下，根据用户的阅读兴趣、需要偏好、研究重点，由用户自主、灵活、能动地完成以前由图书馆员按照馆员的意志和行为习惯完成的书目查询、藏书借阅、资料检索、文献复印等活动，从而实现自主服务的一种读者服务方式。图书馆自助服务的发展与新技术的发展密不可分，比如 RFID 技术是自助借还服务的基础，它为图书馆的流通服务带来了全新的契机，不仅节省了大量的人力和管理成本，更为读者提供了 24 小时无间断的服务，是一种革命性的改善；自助打印、扫描等服务则有赖于先进的设备和无缝的认证机制。

1．自助借还系统

国内最早启用自助服务的是 2005—2006 年落成的广东东莞图书馆和深圳图书馆新馆，目前国内规模较大的大学图书馆如北京大学图书馆、同济大学图书馆、中山大学图书馆、北京理工大学图书馆等，公共图书馆如中国国家图书馆、首都图书馆、杭州图书馆等都配备了多个自助借还终端。

2．自助图书馆

2006 年建成开放的深圳图书馆新馆被美誉为"第三代图书馆"，以其城市街区 24 小时自助图书馆为代表，该系统主要由自助图书馆服务机、图书馆监控中心和物流管理系统等三部分构成，其核心部分是自助图书馆服务机。自助图书馆服务机包括浏览书架、电脑操作台、网络查询台、图书信息浏览屏、还书分拣箱、现钞验收机等。城市街区 24 小时自助图书馆系统是一个完整意义上的图书馆，具备了图书馆所有的服务功能，在某种程度上甚至更为高效、便捷。通过自助服务机和网络、物流系统，读者可以得到图书馆几乎所有的服务，包括申办新证、借书、还书、预约借书、预约取书，还可以查询馆藏目录和读者的各种信息，并作为终端直接读取馆藏各类数据库。

3．自助复印/打印/扫描服务

近年来国内很多图书馆配备了自助复印打印设备，为读者提供"无人管理"的自助式打印复印服务，这种服务方式既可以节省图书馆的人力，也可以减少读者排队等待的时间，同时，其相对低廉的收费和自助结算的模式可以大大减少纠纷，并且也是图书馆执行知识产权保护策略的一种措施——图书馆可以通过在所有自助设备上张贴知识产权保护的提示语等方式,加强读者的版权保护意识,引导尊重知识产权的使用习惯,避免由于人为因素导致图书馆"带头"侵犯知识产权,无限制地为读者复印打印资料的情况发生。北京大学图书馆、清华大学图书馆、浙江大学图书馆等大学图书馆和中国国家图书馆、深圳图书馆等公共图书馆都使用了联创自助打印复印扫描系统。该系统引入"自助式无人化"的管理模式,通过一卡通等进行身份认证和收费,做到使用者、使用时间、内容、费用的精确可控,在所有接入网的电脑上,为读者和管理员提供方便和廉价的打印复印和数字化扫描服务。

4. 自助编辑制作服务

随着教学模式和学习方式的改变,大学对于学生独立或协同完成生动作品的能力、多媒体制作和展示能力,都提出了更高的要求,所以有了"多媒体素养"的提法。为了完成课程的作业,同学们常常不仅需要提交一篇文字报告,而且要提交含有实验结果或创作效果的PPT、视频短片等,读者需要图书馆提供丰富的素材以及相关设施,帮助他完成"作品"。图书馆能够提供的素材包括海量的图片资源、视音频资源、完备的数据库资源如电子图书、期刊、报纸等,能够提供的设施包括各种数码前端设备如照相机、摄像机、录音笔等,采集设备如放像机、微机、各种采集软件,各种编辑制作软件和输出设备如彩色打印机、刻录机、合成机等。

5. 自助学习空间高校图书馆

可以将原有的电子阅览室、书库和自习室三者相结合,以学科分类为依据,设置若干个集资源、设备、人员、空间为一体的自助学习空间,除了要最基本地满足学习环境(光线、温度、通风、布局、色彩等)舒适外,还要为师生配置辅助学习创作的多媒体计算机以及各种打印、复印、扫描、传真等外围设备,提供尽可能丰富的纸质和数字文献信息资源,配备经验丰富的随时准备为师生解决疑难问题的馆员。

(四)自助图书馆的工作流程

自助图书馆的设备包括门禁系统、图书检测设备、视频监控设备和自助借还机。

1. 门禁系统

用于对读者身份的验证。要进入自助图书馆首先要刷卡,刷卡器通过读取读者证的条码信息来识别该读者是否为本馆有效读者,并控制自动门的开启和关闭。

2. 图书检测设备

对图书出入馆时进行磁检测。自助图书馆使用的是可消充磁的安全磁条,检测设备与自动门形成电控物理连接,自动门根据检测设备的检测状态(无磁状态或有磁状态)做出开门、锁门的响应。例如,当读者携带未消磁的书籍通过检测门时,图书检测系统会产生一个信号给门禁系统,经过门禁系统处理后,有两个信号分别送给门禁控制器、报警主机和录像主机，这时，门会自动锁死，录像机开始抓拍。

3. 视频监控设备

对自助图书馆内的情况进行监控。它可以由多个摄像头组成。当检测设备发出报警后，便启动与之联动的录影设备，从各个角度对室内的情况进行抓拍或录像。

4. 自助借还机

由触摸屏、激光条码扫描仪、消充磁设备组件和收据打印机构成。自助借还机与业务系统通过网线和接口软件实现通信，当读者点击触摸屏操作图书借还时，借还机也几乎同步完成了对图书磁条的充消磁工作。借阅成功后，打印机会打印出借书凭证。

第四节 移动图书馆服务体系

一、移动图书馆概述

移动图书馆原指可以移动的图书馆，主要是通过汽车等交通工具向农村和偏远地区提供图书馆服务的方式。随着计算机技术、电信、互联网的迅猛发展，移动图书馆服务也拓展为通过智能手机、平板电脑、MP3/MP4、PSP等多种移动终端设备访问图书馆资源，进行阅读和业务查询的一种服务方式。它是运行于无线移动通讯互联网上的超大规模、便于使用、没有时空限制的知识信息中心。移动图书馆的信息内容可以是简单的文本信息，比如手机短信息，也可以是复杂的图片、音频、视频信息，比如电子书、彩信、音乐、移动电视等。

移动终端设备作为一种手持工具，已经成为用户与图书馆交流信息资源的桥梁，有利于移动图书馆的内涵诠释更加新颖准确，使其充满时代特色。

一方面，移动图书馆依赖于现代网络技术，是移动网络技术发展"开花结果"的成功表现。首先，强大的技术支撑使移动图书馆的推广与发展成为可能，比如云计算、3G、WAP等技术以及无线终端日臻完善的设备功能；其次，移动阅读设备的广泛普及，不仅给移动图书馆的出现提供了平台，同时也为其提供大量的移动用户群，成为其坚实的后盾；最后，技术的更新使得移动终端设备的价格越来越便宜，网络服务的收费情况也呈现下降趋势，使大众有能力承受手机阅读，这也给移动图书馆的发展创造了条件。读者群体在日渐多样化的阅读服务中，对个性化的追求得到满足，可见，图书馆走移动信息服务的道路势在必行。

另一方面，移动服务作为图书馆的全新发展方向，是当前图书馆服务功能的进一步延伸。当前多媒体、无线网络以及移动通信都是帮助移动图书馆有效推广的技术支持，以这些技术为基础，可以对数字图书馆中的数字信息资源进行技术处理，将其转换成无线的移动信息电子资源，并运用在图书阅读方面。新时期的移动图书馆，可以帮助读者摆脱时间、空间和地点的重重限制，将全方位的电子信息资源服务提供给读者。这样，通过灵活运用多种移动终端设备，就可以更加方便地获取图书馆电子信息资源。从传统图书馆到数字图书馆，再到移动图书馆，经历这三个阶段的发展，图书馆的服务越来越泛在化。服务的泛在化作为移动图书馆的建立目标，可以从两个方面加以分析：从图书馆的角度来看，主要体现在其提供信息服务的泛在化，换句话说，就是服务意识无处不在、无时不有；而从读者的角度来看，泛在化就是无拘束地获取图书信息、享受服务，具体包括时间、地点、文化、语言的障碍等，增加了获取图书馆信息资源的便利性，使读者能够享受到优质的服务。

移动图书馆作为数字图书馆的延伸，在提高图书馆数字化的同时，对数字图书馆进行了功能和结构上的创新、优化，更加凸现显数字信息时代信息的及时性、有效性和个性化，使数字图书馆的可用性、便捷性得到了很大的提高。移动图书馆的使用终端小巧玲珑、可移动性好，读者可以用移动终端主动点播和定制自己所需的各种信息，可以将信息随时、随身携带到自己活动的每一个地方自由阅读，享受实时性和个性化的信息服务，使图书馆的服务由被动转向主动，实现真正意义上的不受时间和空间限制的全天候、个性化服务。这是图书馆与读者互动的一种新途径，是现代图书馆扩大服务外延的新尝试。

二、移动图书馆服务

（一）移动图书馆服务的意义

1. 可以提供随时随地的检索服务

用户有更大的随意性和自主性，可以在户外通过无线网络查询图书馆的信息资源，确定目标图书馆是否具备其所需信息资源，更加精准有效地利用图书馆资源。

2. 实现随时随地的阅读

通过互联网和电脑可以足不出户而博览群书，而借助移动通信技术和移动终端设备实现的掌上图书馆，可以使用户把排队等候、乘坐交通工具等比较零散的时间充分利用起来，实现随时随地随身的阅读和信息交流，就像把图书馆带在身边，移动图书馆成为用户获取知识信息的重要途径之一。

（二）移动图书馆的特点

1. 移动性

读者不需要亲自到图书馆，也不必依赖于计算机，通过各种移动设备（手机、平板电脑、阅读器等）就可以获取图书馆所提供的各种资源和各项服务。

2. 实时性

移动图书馆服务平台可以随时随地将传统图书馆搬进网络，任何人、任何时间、任何地点都可以实时获取图书馆的信息资源,操作简便、快捷。

3. 互动性

图书馆传统业务是读者单方面向图书馆借阅书刊,而移动图书馆读者可以通过手机、微博等方式与图书馆员随时交流,体现了移动图书馆的互动性。

4. 延展性

对于没有时间或行动不方便的读者来说,移动图书馆的电子终端可以供用户随时阅读和收听;行动不便的老年用户以及残障人士不需要到图书馆来,通过移动设备就可获取图书馆的信息资源。

三、移动图书馆的服务模式

目前国内外已推出的移动图书馆服务模式,主要实现方式包括 SMS、I-Mode、WAP、J2ME、IDB 等几种服务模式。

（一）SMS（Short Message Service）服务模式

SMS 也称为短信服务,实质上是一种短信的存储和转发服务。发送人的短信通过 SMS 中心再转发给接收人,短消息并不是点对点的,而是始终通过 SMS 中心进行转发。如果接收人处于未连接状态（可能电话已关闭）,则消息将在接收人再次连接时发送。由于早期的移动通讯技术以短信服务最为普及,因此 SMS 模式相对较为成熟,移动图书馆的建设也是从手机短信开始。图书馆采用 SMS 模式主要包括下行业务和交互式业务,下行业务主要用于读者被动地接受图书馆发送的信息通消息,包括开放时间、新书通报、预约提取通知、图书到期提醒、图书馆讲座、图书催还等。交互业务是指读者利用手机向一个特定的服务号码以短信方式发送服务请求,主要包括证件挂失、续借图书、查询个人借阅信息、咨询问题、查找文献、提出建议等。由于短信服务模式对硬件要求低,实现容易,几乎所有开展移动图书馆业务的馆都支持该业务。SMS 服务模式的优点在于及时、快捷以及费用低廉;缺点在于消息格式简单,仅支持简单文本,无法传输图像、音频、视频等信息,因消息长度受限,难以实现复杂信息检索,交互性能较差。

目前,我国国内绝大多数的移动图书馆都能利用手机短信息进行推送服务和定制服务。对于第一种推送类服务,主要推送的服务内容有：图书馆新闻动态、会议讲座通知、图书到期通知、图书逾期通知、图书归还通知、预约图书提取通知、新书到馆通报等；定制类服务的内容主要有：书目查询、图书预约/续借、参考咨询、建议留言等。

（二）I-Mode 服务模式

I-Mode 服务模式是日本独有的一种移动互联网商业模式,由日本 NTT DoCoMo 移动通信公司在 1999 年 2 月推出的,这是一种移动电话服务。I-Mode 用户可以随时连接因特网进行浏览、网上购物、订票、订餐等,与一般 PC 机拨号上网不同,I－Mode 更像专线上网，这种随时随地传送信息的方式深受用户喜爱。日本移动公司采用分组交互叠加技术，采用简化的 HTML 来编辑网站，使传统的 Web 网站很方便地转变为 I-Mode 网站。日本富山大学图书馆和东京大学图书馆均使用该技术开发 OPAC 查询系统，提供馆藏查询、图书催还、续借通知等服务。但是这种模式除了日本，在别国就会"水土不服"。

（三）WAP（Wireless Application Protocol）服务模式

WAP 是由 Motorola、Nokia、Ericsson 等几家公司和美国的软件公司 Phone.com 最早倡导和开发的无线应用协议，是使移动通信设备接入互联网的开放的国际标准，是一种窄带宽传输数据的通信协议。WAP 是无线应用协议的简称，是一种向移动终端提供互联网内容和先进增值服务的全球统一的开放式协议标准，目前最高版本为 WAP2.0。WAP 最大特点是系统结构的灵活性和协议的开放性，并可利用开发语言的优势，开发出更具交互性的服务界面。采用 WAP 网站可以提供比 SMS 模式更为丰富和强大的功能。WAP 技术已成为被大众广泛接受的无线联网方式，用户可以通过掌上终端设备访问图书馆的 WAP 网站，享受目录检索、查询开馆时间、存取电子期刊论文等服务。目前国家图书馆、北京大学图书馆、清华大学图书馆、上海交通大学图书馆、复旦大学图书馆、西安交通大学图书馆、四川大学图书馆、兰州大学图书馆等纷纷开展了 WAP 服务，是目前国内图书馆比较普遍使用的一种服务模式。

（四）J2ME（Java Platform，Micro Edition）服务模式

根据 Sun 的定义：Java ME 一种高度优化的 Java 运行环境，主要用于消费电子设备，如移动电话和视频电话、数字机顶盒、汽车导航系统等。1999 年，在 Java One Developer Conference 大会上，正式推出了 Java ME 技术，Java 语言的特性就是与平台无关，而 Java ME 技术正好将这个特性移植到小型电子设备上，使得不同的移动无线设备可以共享应用程序。J2ME 是一种高度优化的 Java 运行环境。J2ME 开发是继 WAP 之后又一崭新的移动开发模式，采用 J2ME 开发通用的移动图书馆平台，可以较为完善地解决 WAP 的不足，系统功能、交互性等方面均有较大提升，遗憾的是目前并不是所有的手机都支持 Java 虚拟机。

（五）IDB 服务模式

IDB 信息服务方式是韩国 WIS Engine 公司所研制的数据库查询的核心技术，其原理是通过无线网络，利用移动终端的上网功能，在互联网上直接获取互联网上的信息。使用 IDB 服务模式最成功的例子是韩国的西江大学。西江大学与韩国 WIS Engine 公司在 2001 年合作推出的移动数字图书馆服务，提供了书目信息查询和个人借阅信息查询服务，同时还提供了在线预约图书的服务。

四、移动图书馆服务的内容

首先是移动通知。随着"移动性"的逐步推广，这种异于传统图书馆的存在更富个性

化，图书馆可以依据读者的个人定制来推送阅读服务，读者也可以及时了解到自己的阅读情况，比如图书订阅信息、图书到期通知等。其次是移动阅读。移动图书馆是以电子资源的方式来实现阅读服务，结合计算机网络技术，在门户网站提供下载链接，一旦下载在移动阅读终端设备内，用户就可以随时随地享受阅读。最后是移动查询。这是将传统服务与新技术相结合的典型功能，在查询服务中，读者可以利用移动设备，在Wi-Fi环境下，或者利用3G在线访问图书馆系统，查询到可借数目、所借图书、已借数目的到期时间、超期罚款等信息，甚至可以查询到馆藏位置，进行在线图书的预约。

五、图书馆移动信息服务应用的模式

（一）QQ服务模式

在网络环境下，图书馆利用QQ及其相关组件（如QQ群等），构建一个馆员与读者之间双向交流的渠道，使图书馆能够及时了解读者的需求和对图书馆的建议，使读者能更准确地利用图书馆的信息资源解决问题。QQ既可以是图书馆内部互动交流的平台，又可以作为信息发布的平台，还可以成为馆员与读者沟通，进行学术研究、数字化参考咨询的平台。通过QQ可以进行信息报道、资源推荐、读者培训、文献的代查与借阅等。

（二）博客服务模式

2003年以来，被称为第四种网络交流方式的博客（Blog）开始进入图书馆界。它不但为图书馆开辟了新的交流空间，也为图书馆的读者服务提供了更为广阔的平台。图书馆建立自己的博客后，馆员们就可以把自己工作实践中的经验、想法、学术研究等记录到博客上与读者和其他图书馆员分享；读者可以把自己利用图书馆的心得、感悟、要求、建议记录到博客上与图书馆员和其他读者分享。正是博客这种广泛的参与和互动，使得读者之间、读者与图书馆之间、图书馆员之间都可以相互交流，碰撞出思想的火花。图书馆博客几乎可以渗透到图书馆业务的各个领域，成为图书馆与用户交互的重要平台。业务包括读者服务书目导读、信息导航和知识过滤、参考咨询服务、读者培训等。

（三）微信公众平台服务模式

2012年8月，腾讯公司在微信的基础上推出新的功能——微信公众平台。微信公众平台是腾讯公司在微信的基础上新增的功能模块，通过这一平台，个人和企业都可以打造一个微信的公众号，并实现和特定群体的文字、图片、语音的全方位沟通、互动。微信公众平台是一个开放的平台，向注册公众号的用户开放API接口，任何机构都可以开发并构建基于开放接口的第三方服务平台，实现和机构应用的无缝对接。微信官方为开发者提供了翔实的开发文档和代码示例，保证了开放接口的顺利搭建。通过这种开放平台的方式，用户可以实现实时消息管理、用户管理、消息群发管理、素材管理、品牌设置等常规功能。

（四）掌上国图服务模式

国家图书馆移动服务于2008年12月22日启动，经过试运行，目前已经形成利用短信、WAP、快讯等多项移动新技术,逐步建成了移动数字图书馆、短信服务、WAP网站、国图漫游以及手机阅读等服务模块,"掌上国图"服务正式向读者开放,为读者提供更方便、更快捷的图书馆移动服务,同时也为我国图书馆移动服务提供了先进的发展理念与经验模式。服务模块包括:①短信服务模式;②手机阅读模式;③移动定位服务;④移动数字图书馆服务。

第五节 图书馆空间服务体系

一、图书馆空间

从古至今,图书馆建筑作为重要的社会公共建筑类型,在人们的心目和生活中有着举足轻重的地位,优秀的图书馆建筑都包含一种文化内涵,常常成为业界关注、学习和观摩的对象。图书馆空间作为建筑的重要组成形式,是供读者学习、活动和交流的特殊社会空间,无论其是有形的物理空间实体还是虚拟的网络空间,在人类文明的历史发展长河中无不受到社会变迁的影响和面临科学技术发展带来的挑战。

(一)图书馆空间的演变

从空间生产理论来看,空间变化的动力来自于空间形态变化和动态发展过程,即空间反映社会实践和社会关系,人们在特定的空间内进行活动时,会受到社会约束。根据社会发展规律,这种特定的社会关系的发展必然会经历社会矛盾,这些矛盾会促使空间形态发生变化,进而使空间呈现出一种动态发展过程。图书馆空间作为社会实践的产物,随着社会形态运行的不同而发生着变化,并经历了一个由低级到高级、由简单到复杂的历史发展过程。

1. "闭锁式"的储藏空间

在我国古代封建社会形态和小农生产经济模式的影响下,古代图书馆的空间形态表现为"闭锁"形式,即以私人"藏书室(楼)"为主,其规模结构与权力地位相配,仅供少数人使用,实行封闭式管理。由于当时社会经济、文化发展水平低下,原始文献载体珍贵,文献利用与传播不便,再加之封建社会自我封闭的社会特征,使得当时的图书馆仅是作为文献载体的储藏空间,功能单一,重藏轻用,藏书构成仅以藏家的兴趣为转移,形成了一个自我循环的封闭系统。随着封建社会生产力发展水平的不断提高,文献载体发生巨大变化,文献记载与传播得到发展,古代图书馆藏书范围逐渐向非统治阶级转移,私人藏书范围逐渐扩大,促进了古代图书馆社会形态的进一步发展。

2. "开放式"的公共空间

进入近代社会,图书馆呈现出不同于古代图书馆的一种质变飞跃,即面向社会大众开放，打破了自我封闭式的循环系统，开始探索建立为社会公众提供文献服务的理念。首先，图书馆作为社会文化机构的地位被确立，图书馆空间除了储藏文献，开始接纳社会公众的到馆利用，图书馆的社会教育功能、文献传播利用功能、文化遗产保存功能等多项职能被激发出来；其次，图书馆以其不同的类型和公众需求进行了划分，公共图书馆是近代图书馆类型中的主流形式，图书馆空间突破了"以藏为主"的形态模式，向"以用促藏"的模式转变；再次，图书馆的文献管理水平得到提高，管理手段得到丰富，文献目录学理论的实践应用使得文献的整理归纳更加有序，同时图书馆之间的交流与合作推进了图书馆事业的整体发展。

3. "高科技式"的互动空间

20世纪电子计算机的广泛应用与普及把人类带入了信息社会，信息社会的快速发展推动了近代图书馆向现代图书馆的转变，图书馆由此开启了现代化进程。随着信息社会网络化、信息化的发展，信息量急剧增加，加之文献载体电子化形式的出现，使得文献储藏空间受到挑战，图书馆的储藏空间演变为实体空间和虚拟空间。与此同时，社会大众的需求也在不断地发生变化，图书馆为其提供的文献服务已不能满足社会大众对图书馆空间利用的需求，社会大众渴望图书馆作为自己生活的"第三空间"而存在，成为一个集学习、交流、体验、休闲、舒适为一体的空间场所。为此，图书馆的空间重心发生改变，它不再仅仅围绕文献进行服务，而是将利用文献的"人"作为图书馆未来发展的服务主体，"人"将逐步取代"文献"对图书馆空间发展的主体影响地位。随着现代技术手段和科学管理手段的广泛应用，图书馆空间在藏借阅空间的基础上，不断呈现出多功能、多样化、个性化等相融合的特征，与社会大众之间呈现出高度互动的发展趋势。

(二) 图书馆空间的转型

从图书馆空间的变迁来看，图书馆空间经历了"以藏为主"到"以藏促用"再到"以人为主"的空间发展过程，验证了空间生产理论提出的"空间既是社会实践活动的产出结果，又是下一次实践开始的依据"，空间生产成为推动空间转型的根本动力。关于空间生产的研究，有学者提出"空间"在生产时，与其他商品一样，可进行大规模、标准化的"生产"，那么空间在被不断复制的过程中就会带来空间更迭和特色消亡，就如同事物发展变化的过程一样，在内因与外因的共同作用下不断变化、不断寻求空间更迭来适应新的空间发展。基于此，本文将从图书馆的功能空间转变和空间特性转变来阐述图书馆空间的转型。

1. 功能空间转变

随着社会发展历程的演变，图书馆不断生产出各种功能空间，而各种功能空间又随着社会的发展变迁而转变。从图书馆空间形态的发展历程来看，古代图书馆和近代图书馆的空间功能较为单一，基本是以文献储藏为主。随着社会空间的发展，图书馆功能空间出现了新的类别，除储藏空间外，还有检索空间、阅览空间、加工管理空间等，空间功能发展较为平稳。但进入信息时代后，电子技术与设备的应用正在翻转图书馆的功能空间，甚至是革新传统空间的设置理念，其体现如下：

（1）空间功能的消退。信息数字技术的广泛应用，在很大程度上改变了人们的信息获取行为，并反映在对图书馆空间的使用与利用上，使得一些特定阶段的功能空间逐渐被取代或弱化。例如，计算机的普及让图书馆的管理方式更先进，传统图书馆中的目录检索厅被计算机检索终端区取代。又如，电子阅览室空间由于现代电子移动设备的使用而导致功能空间弱化。这些特定空间的功能消失或退化，一方面体现了社会生产方式对图书馆空间功能的影响，另一方面也反映了图书馆功能空间适应社会生产关系的自我调整能力。

（2）空间功能的融合。当代图书馆处于泛在知识环境下，用户的信息获取形式趋向于通过网络技术快速取得并能接受自助式的服务模式。这就使传统图书馆的藏借阅功能空间与新时期出现的展示空间、休闲空间、交流空间等相融合，如藏阅空间中分散的网络检索空间、开放式学习空间中融入的休闲与交流空间、公共空间中的休闲阅读空间与展示空间的结合等。在这些融合的功能空间内，可根据不同需要随时调整空间的合并组合，并实现资源技术、人员组织、服务管理等与空间功能的高效融合，进而推进空间功能的不断发展。

（3）空间功能的拓展。在新技术、新设备、新理念的影响下，图书馆空间功能突破原有的空间功能，向综合化和开放化发展，拓展出新的空间概念，如互动空间、创客空间、体验空间等。这些新功能的拓展空间主要表现出以下特点：①强调信息技术与图书馆服务的有机整合，将空间、资源、馆员融为一体，向用户提供个性化服务与学习交流相结合的互动型服务空间；②利用图书馆空间，把个人、团体、组织机构的创意或创新思想通过实体空间向具有共同兴趣爱好的人们进行宣传、演示及展示，在此空间内每一个参与人都可以自由地进行知识分享、创意交流、协同创造，以此来表达人们对渴望获取新知识、新技能的需求；③这类空间设置相对独立，空间内配备先进硬件设施，空间服务围绕支持协作模式、辅助提供形式等进行，通过关注用户学习习惯的变化，支持与辅助用户学习过程，进而达到激发用户学习思维的作用。

2. 空间特性转变

图书馆空间功能与图书馆建筑大小、藏书量多少无关，其旨在通过空间设置或空间创新来促进图书馆服务方式的改变、服务内涵的延伸，进而达到环境育人的目的。从某种意义上说，现代图书馆空间生产已不再是围绕藏书、藏书量和收藏方式进行空间功能的划分，而是以空间表达、空间服务与用户实际需求相结合进行的空间分配，向开放式、多元化、人性化的空间服务场所转变。所以，图书馆空间特性的转变体现了空间形态变化的特点，具体如下：

（1）从封闭性到开放性。古代图书馆向现代图书馆的迈进，就是图书馆逐渐从封闭走向开放的过程。开放是图书馆空间发展过程中的重大转折，它让图书馆空间形式不再禁锢在小小的藏书楼内，而是逐渐走向通敞式的大空间，通过空间的开放来影响图书馆建筑的表达，进而丰富空间的层次。这种大空间不仅带来了空间组织的灵活，而且自由变化的空间布局还满足了不同功能空间的置换要求，空间的开放性贯穿于空间功能布局、空间组织及空间管理等各方面，为空间服务发展拓宽了平台。

（2）从固定性到流动性。人与空间存在着交互作用，即空间限定人的行为活动范围；反之，人的空间行为表现也会影响空间设计。最初的图书馆空间限定了出入的对象，只为社会权贵阶层所有，空间形态设计以所有人的喜好为准，其空间特性是一种固定的阶层象征。而近现代图书馆空间功能的单一性决定了空间特性，如藏阅空间、检索空间就只是藏阅、检索的功能。这种固定的空间功能正随着社会的科技化、信息化、时代化发展而被打破，图书馆各空间要素随着空间的多元化而融合在一起。在一定程度上某一空间可以集合多种功能，各功能空间的边界模糊，空间属性交融，形成一种流动的空间多元氛围。这种流动的空间特性为图书馆空间发展带来了更大的发挥余地。

（3）从标志性到媒介性。图书馆建筑往往是某一区域内的地标建筑，总是与某些寓意相结合，突出本身存在的标志性，所以以往的图书馆建筑很注重外观设计。然而具有标志性的图书馆建筑往往不一定在内部空间利用上能满足图书馆的功能空间需求，在一段时期内图书馆建筑外观特色与内部空间利用存在着一种较量，二者兼顾总有一些缺憾。但是，随着信息化社会的到来，烦冗的信息充斥在人们的周围，信息传播与利用的数字化形式使得图书馆的空间呈现出媒介性。图书馆不再仅仅是通过建筑外观来吸引人们的眼球，其内部空间的丰富形态更能传达人们所需要的信息或感受。这种空间媒介性通过视觉、听觉等空间设计表达冲击着到馆读者的感观，满足读者的行为需求，也反映了现代社会科技与信息的魅力。

（三）图书馆空间的划分

图书馆空间根据其功能属性和服务目标的不同，划分标志亦不同。

1. 按照图书馆服务功能划分

按照图书馆服务功能，图书馆空间划分为十大功能类型，即藏书空间、阅览空间、学习空间、研讨空间、数字资源空间、视听空间、展示空间、自助服务空间、办公空间和休闲空间。

2. 按图书馆建筑空间功能划分

按图书馆建筑空间功能，图书馆空间应包括信息资源获取区、信息交流区、信息研究区、学习区、信息素质教育区、信息控制区和休闲区。

3. 按照"空间"原理划分

参照对"空间"的解释原理，将图书馆空间划分为文献资源空间、信息行为空间和文献交流空间三个层面。文献资源空间是图书、期刊、资料等的"能容受之处",是社会文献收藏中最具权威性、开放性、持续性、公益性和普遍性的专门空间;信息行为空间是以提供文献满足社会成员阅读需求的专门空间;文献交流空间是文献资源和信息行为结合而形成的空间,是与读者进行沟通、交流的动态空间。人类社会是个文献、信息和知识交流的大空间,图书馆是这个大空间的基础设施。

二、图书馆空间服务

图书馆空间服务是图书馆整合自身的资源(电子、纸本、网络资源)、技术、人力和场地,为用户提供的全方位、个性化、人性化智慧服务,旨在促进读者自主学习,激发读者的灵感和创新思想,是图书馆改革与发展的方向。

(一)图书馆空间服务的形式

空间服务建设一般包含个人学习空间、协作学习空间、多媒体空间、新技术体验空间、创新空间、休闲学习空间以及研究空间等功能区域的建设。

1. 个人学习空间

该空间是为了满足个人独立学习的需要而设立的,根据学习需求不同,图书馆通常设置有安静学习区、有声朗读区、笔记本电脑区等,并配备充足的学习资源,如尽可能多的电源插座、网络接口等。日本成蹊大学图书馆个人学习空间建设比较有特色。在1至5层开架书库周围,沿窗设置了266间个人学习空间,各个空间内都配置有电源和网络接口,读者可以自带笔记本电脑进行资料查询、报告撰写;另外,各个学习空间都以落地玻璃分隔开来,视野开阔,玻璃外是绿茵茵的草坪和生机勃勃的校园,这样既满足读者个人学习的需要,又能使其放松身心,在放松中实现创造。

2. 协作学习空间

该空间主要是为了满足学生小组学习、研究和知识创造,一般设立很多间大小不等的小组讨论室或研讨室。为了便于用户灵活使用该中心,配备的家具、设备具有可移动性和重组性,如配备带轮子的桌椅、可移动和固定的白板、投影仪、电脑等,电脑中装有学习所需的多种必需软件。每个学校根据设立的目标不同,在协作学习空间设置的学习辅助项目也有所不同。有些开设写作服务中心,提供写作指导服务,如指导学生中英文论文、求职信、履历等的撰写;有的提供计算机技术服务,如提供软件工具的使用方法、电子表格的使用技巧、演讲稿的制作与演示等;有的设立同声传译室,锻炼外语学习者双语切换能力;也有的设立戏剧表演室,训练学生语言表达能力,培养学生交际能力,提高人文素养。同时,这些协助学习室提倡教师在此开课。

3. 多媒体空间

该空间旨在激发读者对新媒体的兴趣,满足读者对多媒体制作的需求,提升其创造力。在国内，有部分高校图书馆设置有多媒体空间，其中中国人民大学图书馆运作得比较好。该空间配有苹果图形工作站、缩微胶片阅读机、音视频编辑软件、55寸高清电视电脑一体机（可触摸）、蓝光 DVD 等软硬件，供缩微胶片阅读、音视频资料编辑制作与测试。该空间开放后，许多读者在指导教师和工作人员的帮助下通过小组讨论和合作，制作了一些高水平的宣传片、纪录片等。

4．新技术体验空间

该空间引进了世界前沿的新技术产品，让用户通过亲身体验，感知新技术，丰富知识，跟进时代潮流。北京大学图书馆设有苹果产品体验区和数字应用体验区，提供基于各种品牌型号的电子书、平板电脑等最新数码设备的数字应用体验服务及图书馆新服务（移动图书馆、移动经典阅读、移动多媒体课程点播等）。

5．创新空间

创新空间是一个实验、创新、学习和思想交流的空间，它为人们提供场地、材料、工具、设备和技术，使其能够进行动手性探索和参与性学习。高校图书馆构建创新空间，可以激发学生灵感，培养创新思维，提升创新能力，从而促进学生就业率，同时还是将师生所学由想法变为现实的最佳场所。清华大学的 x-lab 开设有互联网和信息技术、医疗健康、环保能源、先进制造、文化创意、新媒体、游戏、教育等领域创业项目，帮助学生学习创意创新创业的知识、技能、理念，培养学生的创造力。北京大学 2012 年 6 月创立了创业训练营，该机构成功运作，多年来，通过网络课堂、开放课堂、直播课堂、路演沙龙等多种形式服务了超过 20 万名创业青年，通过公益特训班、导师 1 对 1、投资基金和公益孵化器等多种形式，深入服务超过 1 万名优秀创业者。2016 年 10 月北京大学成立了全球大学生创新创业中心，内部功能包括新青年创客空间、创业大讲堂、创业咖啡、创新创意设计展示中心、北京大学创业训练营等，进行培育学生创新精神、优化校园创业氛围的有益尝试。上海交通大学提供 3D 打印机服务。

6．休闲学习空间

该空间是为学生放松心神、调剂学习而设立的多样服务区。空间通常设置有咖啡厅、观影厅、展览厅等，家具配备一般颜色较为明快、活泼，造型各异，其间区域放置有书籍和报刊等，这些都因学校而异。

7．研究共享空间

研究共享空间是专门为学校的科研人员设计的学术研究空间，因此学术氛围更强。它是学习共享空间服务的延伸，对图书馆技术人员、资源、设备的要求更高，因此，只有实力很强的高校才能创建，否则，徒有其形式，起不到多大作用。关于研究共享空间的概念，华盛顿大学图书馆是这样定义的：它是一个将学生和教师组织在一起，对各自的研究进行分享和讨论，并为他们研究的每个步骤（搜集文献、写作、出版、申请科研基金）提供支持的协同环境;是一个使学生和教师合作进行课题研究的空间;是一个可以为用户提供演讲机会和研讨室的空间;是一个可以帮助用户了解同行研究进展的空间。

(二)图书馆共享空间的形式

1. 信息共享空间

信息共享空间(Information Commons,IC)是20世纪90年代在美国兴起的在共享式学习和开放获取运动背景下,以培育读者信息素养,促进学习交流、协作和研究为目标的一种创新服务模式。信息共享空间是一个经特意设计的学习、交流、创作和研究环境,是目前国外大学图书馆的信息服务核心,是以最先进的计算机、网络和通讯设备为基础,以丰富的知识库、电子资源和教育资源将校园内的学生、教师、技术专家、图书馆员、写作指导教师等联在一起,为读者提供一站式信息服务。因此,美国的罗伯特·希尔认为信息共享空间具有普遍性、适应性、灵活性和公共性四个基本特征。

2. 第三空间

奥登伯格从社会学的角度提出社会空间分为三个层次:第一空间是家庭环境;第二空间是职场环境;而第三空间便是前两者之外的其他所有空间,如酒吧、美术馆、图书馆、书店、咖啡馆、公园等。"第三空间"是人们停留、消退、交流、思考并能够自由地释放自我的地方,是人与信息、人与人之间交流的知识共享空间。图书馆的"第三空间"可以实现从"书本位"到"人本位"的转变。书本位强调的是静态信息,而人本位则更加强调动态知识的交流。图书馆为用户提供了一个平等、温馨、自由、互动的学习与交流空间,最大限度地发挥了图书馆的社会公益性作用。2009年,在意大利都灵市举行的国际图书馆协会联合会上,"作为第三空间的图书馆"主题备受关注。

3. 创客空间

创客起源于美国硅谷人的"车库精神",他们将创意点子从脑子"搬上"桌子,让越来越多的原创者自愿通过网络公开和分享自己创意源代码。自1981年在德国柏林诞生全球第一家创客空间后,"创客空间"概念随后在世界各国传播并引发热议。"创客空间"是美国图书馆近年来开展的一项创新服务。此项服务的目的是吸引具有计算机、艺术设计、手工制作等共同兴趣爱好的群体通过分享软件、硬件和设计观念进行聚会、社交、协同创作等活动。创客空间常被视作开放社区的实验室,整合了机器工厂、工作坊和工作室的元素,人们可以在其中分享资源和知识,以制造事物。截至2012年4月,全世界范围内建立了超过500个创客空间组织,图书馆提供创客空间开创了图书馆新的服务类型,充分发挥了图书馆空间激发创新力的作用。

4. 泛在空间

泛在图书馆是数字图书馆发展历程中提出的又一新概念,是以用户为中心、重构用户需求服务方式的图书馆服务新模式,主要体现在服务范围、服务对象、服务内容、服务功能、服务空间、服务手段和服务机制等的泛在化。泛在空间是由网络设施、硬件、软件、信息资源和人有机组成的新一代的知识基础设施。它是一个无所不在的、自然的、易于使用的学习环境，任何人都可以在任何地方、任何时间以他们身边的便携式设备来获取他们所需要的信息资源。

（三）信息共享空间建构策略

1. 图书馆信息共享空间的组织结构

信息共享空间一般由总服务台、电子阅览室、个人学习空间、小组学习空间以及休闲娱乐空间组成。总服务台为读者提供基本信息服务，其中包括服务内容、项目、图书馆制度、信息服务流程等。电子阅览室则是读者获取信息的基本平台，配有多媒体计算机、打印机以及其他多媒体设备。个人学习空间则是专属于读者的学习和研究的独立空间，其中配备有常用的工具书、互联网接口等。小组学习空间则适用于专业学习以及科研活动。一般由研修室或是网络小组组成。休闲娱乐空间则是一种人性化的阅读空间，读者可以休息，或是享受多媒体娱乐。

2. 信息共享空间的服务内容

信息共享空间主要提供的服务有以下几方面：

（1）信息检索服务以及数据检索处理。图书馆工作人员为读者提供其所需的各种媒体资源、设备以及设备使用的技术指导，并根据学习者的需求提供信息。图书馆工作人员亦可以参与到读者的研究活动之中，根据项目的发展情况为学习者提供服务。

（2）读者培训。在信息共享空间中，读者不仅能够获得其所需要的信息，而且能够得到信息素养方面的培训。例如信息检索课程，以及其他网络数据资源的使用课程。

（3）参考咨询服务。图书馆工作人员应当为读者提供如何利用图书、期刊、报纸等信息资源的方法，帮助读者撰写论文，以及其他科研工作。

3. 图书馆信息共享空间的构建策略

信息共享空间在建构过程中应当注意以下几方面内容：

（1）树立综合服务理念。信息共享空间与传统图书馆服务不同在于，其所要提供的是一种综合性一站式信息服务。因此，图书馆工作人员必须树立起信息化的服务理念。在提供服务时，应当以读者为中心，从读者的角度去思考问题，提供更为人性化的信息服务。

（2）树立可持续发展的理念。在信息共享空间的设计上，既要充分考虑当前图书馆的规模、资金。同时，也要为图书馆今后的发展留下足够的空间。在具体设计的过程中，应当因地制宜，从实际情况出发，不能盲目追求规模，而忽视质量。

（3）整合服务资源。信息共享空间之所以能够为读者提供一站式的信息服务，关键在于其利用信息化的技术将传统图书馆所能够提供的服务全都整合到一个信息化的平台。同时，利用信息化提供的技术将原有的服务质量提升到一个新的高度。因此，整合服务资源是实现信息共享空间的关键。

（4）加强信息人才的培养。信息共享空间的建构离不开高素质的信息人才。因此在建构过程中，应当注意人力资源的配置工作。一方面，要加强优质人才的引入；另一方面，要加强工作人员的学习和培训。同时，争取多方面的合作，也是提升服务质量的关键。具体而言，图书馆可以采用馆际合作的模式，将一些成功经验引入自身信息共享空间的建设中来。尤其是一些优质的数字化馆藏资源，可以作为完善自身信息服务的基础。

（5）加强信息服务的质量管理。信息共享空间的良性发展离不开严格的质量评价体系。质量评价应当以读者的需求为中心。从读者反馈的信息中，可以有效地发现当前服务所存在的问题。从而有效地改进工作，提升服务质量。

第五章　现代图书馆信息管理及服务体系的构建

第一节　图书馆服务管理系统的理论技术基础

一、图书馆信息服务管理的指导模式：忠诚管理

信息和网络技术的出现和发展，极大地促进了信息服务业的繁荣，各组织之间的竞争也日趋激烈。这种竞争不再局限于信息产品本身，而是更多地趋于附加价值和潜在价值的需求竞争，在竞争中更多地体现了人的作用和价值。

管理模式的发展，总体上可分为两个阶段：前期主要关注生产性因素，偏向于以利润、质量、技术作为企业管理的核心；后期则将管理焦点转至人，更多的是探求服务、人才、与企业发展的。显然，前者忽视了对利润、质量、技术起决定性作用的人的因素，具有明显的短视行为，而忠诚管理的理念模式，是在前者生产要素的基础上整合了人本因素的观点发展而成的。忠诚管理是对组织、员工、顾客三者及其相互关系的良好调控和管理，其中心是调控顾客需求和顾客感受，围绕这一中心，通过制定一系列富有感召力的原则和策略，形成组织特有的文化，促使员工和顾客的忠诚。员工在感受被尊重和自我价值实现的同时，也带来了顾客的忠诚；反过来，顾客的忠诚，促使员工更努力回报和忠实于组织。而员工和顾客的忠诚促使组织获得更多的利益，从而可以对员工、顾客投入更多的人文关怀，这样便形成一个良性循环。忠诚管理虽源于企业管理，但图书馆信息服务管理与它有着许多共同点：一是二者都是以追求自身价值的实现为目标；二是都是有投入和产出；三是都有服务对象且视为自己的中心；四是都有基础设施。图书馆信息服务的需求动力原理和信息选择原理要求图书馆把用户需求作为图书馆信息服务管理和工作的中心驱动力，注重对图书馆信息用户需求的全方位、多层次的需求研究，以赢得用户的忠诚，实现图书馆信息服务的最大经济和社会价值。忠诚管理的理念正是以顾客为中心，以顾客需求为导向的一种管理模式。所说的忠诚管理，并不仅仅是面向个人和团体的忠诚，更重要的是忠于某个企业据以长期服务于所有成员的各项原则。为此，图书馆信息服务管理应从整体和系统的角度出发，研究具有战略性的图书馆组织文化和图书馆组织制度、原则，不能把图书馆信息服务管理看作仅仅是对几个相关的信息服务部门的工作与管理。

图书馆从上到下逐步建设自己的组织文化，以体现图书馆信息服务的价值主张和理念。这个价值主张即是图书馆为用户提供最优异的服务和价值，满足用户的需求。价值主张是图书馆生存的灵魂，它将指引图书馆信息服务在竞争日益激烈的信息服务业中独占鳌头。在图书馆价值主张的指导下，研究用户的需求，分析用户的类型，针对不同用户制定具有个性化的信息服务策略，打造图书馆信息服务的品牌，满足用户的需求，并通过忠诚用户的效应发展潜在用户。吸纳合格的图书馆信息服务人员，努力营造图书馆信息服务组织价值与利益同图书馆员工个体利益与价值的和谐发展的氛围和环境，同时采取各种积极策略留住适合图书馆发展且具有高素质的员工，让员工忠诚于图书馆。图书馆员工高质量的服务，既体现了员工价值，又促进了用户的忠诚；而用户的忠诚又激励员工忘我工作，从而促进图书馆信息服务效益的最大和最优化。员工忠诚与图书馆信息服务用户的忠诚相辅相成，相互强化。这样的良性发展，促使社会和投资者更多地关注图书馆的发展，给予图书馆更多的支持和更广阔的发展平台。而且，这种忠诚管理会引发一系列经济效益。诸如：可以导致图书馆信息服务工作量增加，直接或间接地给图书馆带来社会和经济效益；吸引和增加潜在用户，用户之间的口碑相传，无形中既减少了图书馆信息服务宣传的费用，又增加了图书馆信息服务的价值；不断提升图书馆员工的整体综合素质，用户需求是动态发展的，要求图书馆信息服务工作人员不断地学习，以增强自己适应组织和用户需求不断发展的能力。这些综合发展的结果就是图书馆信息服务整体形象的树立，而图书馆信息服务整体形象的提高会促进其社会地位的提升，这样可以带来更丰厚的效益。因此，图书馆信息服务管理的主导思想是以用户及其需求为导向，以忠诚管理为指导原则的管理模式。

二、图书馆信息服务管理的支撑平台：知识管理

图书馆信息服务管理与知识管理有着天然、密切的关联，图书馆的形成和发展本身就是知识形成与发展的结果。尤其是信息技术、网络技术及新经济的出现，使图书馆信息服务与知识的联系更淋漓尽致地突显出来。

在新经济环境的推动下，图书馆信息服务趋于知识化服务，图书馆信息服务知识化要求图书馆信息服务是面向用户的服务，要贯穿于用户解决问题的全过程，是面向知识增值的服务。图书馆信息服务的知识性、动态性、人文性、服务性、增值性等特征正顺应了知识管理的诸多理念和思维。图书馆信息服务的新特点和新趋势必然要求图书馆信息服务管理进行知识化变革，这样，知识管理很自然地成为图书馆信息服务管理的支撑平台。

知识管理对图书馆信息服务管理起着支撑的基础作用，而学习型图书馆又是知识管理的平台和关键环节，知识管理和学习型图书馆会增强图书馆信息服务的核心竞争力。

三、图书馆信息服务管理的人文策略：关系管理

图书馆信息服务管理的内外环境发生了前所未有的变化，图书馆信息服务成为信息服务业中不可或缺的一部分，市场服务导向和顾客导向成为图书馆信息服务的新理念，这必然导致图书馆信息服务管理注重人性化管理，注重内部营销和外部营销的管理以及各种关系之间的互动管理。可以说，这种关系营销管理成为图书馆信息服务取得社会效益和经济效益的关键。图书馆信息服务的关系管理包含三方面，即图书馆信息服务组织与员工的内部关系管理、图书馆信息服务组织与用户在内的各相关利益者的外部关系管理以及组织、员工和用户三者之间的互动关系管理。图书馆通过实施以人为本的内部营销，即在图书馆内部以员工为中心，围绕激发和调动员工的积极性、主动性和创造性问题展开的以实现员工与图书馆共同发展为目的的一系列活动，来赢得图书馆所有信息服务人员的忠诚。内部营销管理的开展，强调员工的参与，体现一种尊重与理解员工、关心与依靠员工、发展和服务员工的员工满意理念。需要指出的是，内部营销特别强调态度营销和沟通营销的重要性，这两种柔性管理方式更有利于提高员工的满意度和忠诚度。内部营销有利于图书馆服务文化的培育和完善，以保证图书馆信息服务系统用户服务意识的发展；有利于图书馆沟通体系的建立和完善，及时调整图书馆的服务策略；有利于图书馆系统管理战略的实施，创造员工忠诚、创造人才、创造业务、创造效益。再看外部营销，它是指对图书馆与供销商、网络运营商、用户等相关利益者之间的关系进行调控与管理。图书馆信息服务是以用户满意为出发点，识别、建立、维护和巩固图书馆与用户及其他利益相关主体的关系的活动。它的关键在于不仅争取用户和创造交易是重要的，维护和巩固关系更为重要。图书馆通过与外部的沟通吸引用户的同时，正确引导用户的需求，让用户在"真实瞬间"的服务中得到满足与惊喜，从而获得图书馆与用户或其他利益主体的双赢效益，这对图书馆信息服务管理效益是至关重要的。而互动营销存在于图书馆信息服务管理过程的每一个环节，包括图书馆组织与员工的互动、员工之间的互动、员工与用户之间的互动。通过互动营销，向员工适当授权，不仅可以提高图书馆内部的沟通能力和互相学习的能力，增强员工的综合素质和服务水平，还可以更多地了解员工的需求，进行适时针对性的管理，留住高素质的人员；同时也可以更多地了解用户的需求及变化，有效激励用户参与，适时适度引导用户需求以便提供更优质、更个性化的服务。

良好的内部营销必然会强化外部营销，同时，外部营销对内部营销也会产生良好影响。外部营销是企业获得顾客的相关信息的主要途径，以便更好地进行内部营销。而互动关系营销是内部、外部营销管理不可或缺的前提和条件。

图书馆信息服务管理的内部营销、外部营销、互动营销管理是相互作用、协调统一的关系，三方面共同构成图书馆信息服务管理的关系管理理论基础，三者共同影响和促使图

书馆信息服务利润链形成一个良性循环的发展态势，从而促进图书馆信息服务及其管理工作的良性发展。

四、图书馆信息服务管理的技术手段：全面质量管理

在服务营销学的发展过程中，服务质量是最为重要和研究最集中的领域和主题，而且这种研究还会继续深入和发展下去。同样，服务质量在图书馆信息服务管理领域中的地位和作用同等重要。从服务理论的角度来理解，服务质量在本质上是一种感知，它由顾客的服务期望与实际服务的经历比较决定。服务质量的高低是由顾客感知的，也是由顾客最终评判的。显然，个体差异会影响对服务质量的感知，从实际服务质量到顾客感知的服务质量是一个顾客按照自己的方式对服务信息多次选择、加工、理解和感受的过程，包括顾客注意、编排、解释、判断服务信息从而形成顾客感受到的服务质量。

实质上，图书馆信息服务用户获得服务的过程同样是感知的服务过程，也会受到用户不同程度的影响。为此，图书馆信息服务质量的管理应从用户的角度出发，进行组织内外的服务质量调控。而全面质量管理正是一个以了解顾客需要，提高顾客服务质量和满意度为中心的系统过程。这与图书馆信息服务质量的目标、宗旨在本质上是一致的。图书馆信息服务质量的目标、宗旨就是提供最优、最高的服务以满足图书馆信息用户的需求。

全面质量管理符合图书馆信息服务管理的本质特性，是图书馆进行信息服务管理的有力工具和技术手段。

第二节 图书馆数字化服务体系的构建

一、构建现代图书馆数字化服务体系

（一）数字资源的阅览与检索

数字资源阅览与检索主要包括对馆内电子书刊、光盘、互联网相关信息及数据库等的需求与满足状况。

（二）视频点播服务

视频点播服务，即客户对馆内视频资源进行点播并获得的服务形式。现代化数字图书馆依托网络技术，将传统图书馆中的音频、视频文献资料等以电脑数字化的形式进行储存，用户可以根据自己的需求，通过馆内网络进行点播以获取相应的资源。此外，随着信息化技术的不断进步，目前很多图书馆已经开始推出数字卫星电视转播内容，在更大范围内方便了用户的需求。

（三）虚拟化的网络信息服务

虚拟化的网络信息服务主要包括参考咨询、资源提供、读者培训、个性服务等内容。

1. 数字化参考咨询服务

数字化参考咨询服务主要是针对用户的某种疑问作出相应的解答的服务形式,参考咨询服务在传统图书馆管理所应用的 E-mail 咨询基础上,开发出新的在线咨询服务形式,以集成软件 DILAS 为基础,包括在线咨询服务、数字信息资源整合与检索、个性化服务等内容,在用户与咨询人员进行问题的提问与答疑的过程中,还需要将一些常见的问题整合起来,上传于咨询知识库中,以便日后用户的查询。此外,数字化图书馆还可以根据其服务的基本规则与服务质量标准等,建构适合数字化图书馆需求的咨询服务体系,并以实际业务需求为依据,开展联合咨询等,以促进咨询服务的发展。

2. 资源的有效提供

资源提供包括对信息资源的有效导航、电子文献与图书的借阅以及图书馆门户网站服务等几个方面的内容。网上信息资源的导航主要是结合用户实际需要与图书馆自身馆藏特点,分类出几大学科,比如金融、机电、语言、法律等,同时还应该包括学科内部及学科之间的外文文献资源的导航等;电子图书的借阅主要包括馆内人工借阅与网络借阅等服务形式;数字图书馆门户网站服务主要是将馆内相关资源整合为一个整体,通过数字图书馆的门户网站将信息快速地传达出去,给用户呈现出一个相对清晰明了的信息检索平台。数字图书馆的门户网站一般包括馆藏查询、用户个人借阅信息服务等,用户只需输入自己所需要的文献名称或者著者名称,便可实现高级检索或者跨库检索,在短时间内获得自己所需要的信息,最大限度地提高数字化资源的利用率。

3. 个性化的服务

个性化的服务反映在现代图书馆数字化服务体系中,主要表现为"我的图书馆"功能,在"我的图书馆"中,一般包括用户个人借阅信息的查询(预约、续借、借阅书籍数量与归还日期等)、新书通报、个人信息以及注意事项等基本内容。而要真正实现个性化的服务,图书馆数字化服务还应该自动记录用户的借阅信息以掌握用户个人的兴趣与需求,有针对性地向用户推送相关的书目信息等,同时还需要提供网上搜索、读书笔记、电子文献的传递等功能,以满足用户的多样化需求。

(四)信息开发与用户的信息素养培训

信息开发服务更多是针对一些企业用户来开展,以信件、传真、E-mail、电话等方式为基本途径,涵盖咨询、检索、文献传递、定题服务等内容在内的服务形式。信息开发服务发展还需要不断结合社会热点问题提供相应的专题资源库,并为有相关需要的用户制定个性化的简报。同时,还需要以 E-mail 等形式定时向用户传递所需要的或者定制的信息。而用户的信息素养教育与培训则主要是图书馆与用户之间围绕数字化服务的特点、组织形式、服务内容等来开展的沟通与交流,突出电子资源的订购、电子资源的制作与使用等内容,以方便用户自己学习。同时,还可以举办相关的电子资源有效选择与利用培训课程,培养用户的信息搜索与利用能力。

二、现代图书馆数字化服务管理体系的实现

（一）培养数字化服务意识，增强数字化服务能力

随着信息技术的不断进步和多元化、个性化服务要求的出现，现代图书馆服务也变得日益重要和多元，因此，图书馆数字化服务体系的构建也就成为现代图书馆快速发展的必然。近年来，世界级的图书馆开始不断提高自身的馆藏图书与资源量，不断开发新的文献传递服务、个性化服务、在线资源服务等，有些图书馆还启动并开发出新的、安全的电子信息传递系统，在保证文献质量的前提下，积极研究并推广图书馆门户网站，充分实现文献信息的共享，将越来越多的用户纳入到自己的用户群之中。通过这些现代化的图书馆数字化服务现状可以发现，数字化服务作为图书馆未来发展的关键因素，其重要作用也突出地表现出来。因此，我国图书馆也应该积极引进先进技术，启动先进项目，促进现代图书馆数字化服务体系的早日成熟。同时，不断培养馆内工作人员的数字化服务意识，加强对馆内工作人员以及用户的相关培训，提升其数字化服务与理解能力。图书馆还需要重点启动有关数字图书馆的相关项目，将文献信息资源检索与传递、参考咨询、重点学科建设、用户门户导航等纳入到数字化服务体系中来，重点强化电子文献的传递功能与资源的网上检索功能，真正实现现代图书馆的数字化服务。

（二）突出图书馆的公益性价值，推出免费服务内容

受现代化教育发展形势和发展理念的影响，传统的相对封闭的图书馆信息管理模式已经无法完全适应现代化图书馆的发展需要，因此，需要不断取消数字化服务的收费项目，突出图书馆的公益价值，积极引进先进的数字化研发技术，建立数字化图书馆用户信息门户网站，降低图书馆管理与服务成本，从而为免费服务打下基础。在实现图书馆公益性价值的过程中，图书馆可以将网站的有效点击率、电子文献的下载与传递次数、咨询的数量、用户访问量等作为图书馆工作人员绩效考核的新标准，从根本上维护图书馆的现代化、数字化以及公益化发展状况。

（三）加大人员培训，推动数字化服务人才的新发展

现代图书馆数字化服务体系的构建势必要依赖一批能够掌握信息化服务系统与操作技巧的人才，因此，图书馆应不断加强对相关人员的技术培训，引进具备互联网知识和相关学科知识的综合型人才，并在馆内形成岗位轮换制度，重视调动工作人员的积极性，增强自我归属感。此外，图书馆还需要根据工作人员工作状况进行适当的奖励，比如提供继续教育的机会、提高工资待遇等，真正将尊重人才的理念应用到图书馆的数字化服务体系中，以保证现代图书馆的数字化服务体系的真正形成。

第三节 图书馆知识服务体系的构建

一、知识资源要素

知识资源是知识服务体系的基础层，是人脑知识的物化存贮和反映，具有创新性、增值性、智力性、抽象性等特性。随着信息服务向知识服务的演化，知识资源也经历了"信息—知识—知识单元、知识元—知识基因—知识库、知识元库"的演化。其中，知识单元是从客观知识系统中抽取出来的，能代表并描述系统某一特性的基本单元或基本颗粒；知识元是从知识单元中按照某种规范抽取出的数据，用来标引知识结构、提供知识检索；知识基因是知识进化的最小功能单元，具有稳定性、遗传与变异性，以及控制某一知识领域（学科、专业、研究方向）发展走向的能力；知识库又称知识仓库，是经过加工、组织的知识信息及关联构成的具有知识挖掘功能的数据库；知识元库是在知识元的描述、标引基础上，根据知识元之间的内容关联和逻辑关联，建立起来的一种反映各种知识内容之间的内在网络化关联的数据库形式，它不断随着知识元的更新进行更新和扩展。

二、知识服务技术要素

提供知识服务的关键技术，即充分利用数据仓库、可视化检索技术、智能代理、搜索引擎、数据挖掘、知识发现、人工智能、知识网格、组件技术等现代化手段存贮知识、传播知识、挖掘知识，实现知识的充分共享，建立相互协作机制。总的来说，当前图书馆知识服务支撑技术主要包括：知识资源采集技术、知识存储技术、知识导航技术（包括知识网格与知识地图描述技术）、知识推送技术、智能代理技术与知识反馈技术。

三、知识用户要素

知识用户是指在科研、生产、管理、商业、贸易、军事、外交以及日常生活中需要知识和利用知识的个人或团体，是图书馆知识服务的对象，也是服务的接受者和评价者。

四、知识人才要素

知识人才是图书馆知识服务的实施者，既包括精通某一个或多个领域知识的学科馆员和知识馆员，也包括知识外脑和智囊团、知识服务团队。其中，知识馆员作为精通学科领域的学者型馆员，是知识服务的主力军；知识服务团队是图书馆学习型组织的构成，它分为技术服务、管理协调、学科服务、专题服务和用户研究五个分团体，团体间相互合作和支持，实现知识共享；知识外脑是图书馆知识人才库的有效补充，也是图书馆与时俱进的生力军，包括竞争情报从业人员、大学研究人员、企业业务和技术专家在内的知识领域问题解决和知识方案提供的各方面专家。

五、知识产品要素

知识产品是图书馆员在知识生产中劳动的凝结，也是知识服务的承载体。一般来说，图书馆向用户提供的蕴含创造性、知识性和增值性的服务和服务成果都可视为知识产品，如传统服务形式下的咨询报告、文献资料，数字时代的各种数据库、知识库、专家库和知识系统。其中，能对领域知识和具体问题解决提供方案、对策和智能推理的知识集合是今后知识产品的发展方向。

六、知识服务网络平台要素

知识服务网络平台是一个面向知识创新、提供知识服务及成果共享的分布式图书情报网络平台系统，能向跨地区、跨系统、跨部门、跨行业、跨学科的知识用户提供快捷有效的知识服务。该平台由分布异构统一检索平台、原文远程传送服务平台和电子商务管理平台等几部分组成。

七、知识服务制度要素

图书馆知识服务制度是图书馆有效开展知识服务的保障，主要包括服务提供和收费制度、用户反馈和监督制度、知识产品推送和保密制度、图书馆文化建设制度、知识人才激励制度等。

第四节 图书馆成人教育服务体系的构建

一、以人为本：现代图书馆对成人教育服务理念的基础

现代图书馆的管理者在对成人学员服务时应该具有一种"以人为本"的服务理念。"以人为本"的服务理念，是构建现代图书馆对成人教育服务体系的思想基础。

（一）树立成人教育关怀意识

成人教育在我国所有年龄段教育中占有不小的比重，成人教育所具有广泛性与自由性的特点，要求现代图书馆始终以"人文精神"来关怀这样一批坚持终身学习理念的人，其首要的工作就是对成人学员接受教育的认同与鼓励。教育最终的目的是以人的受益为准则，"以人为本"就是要"把关心人，尊重人，培养人，调动人的积极性和创造性，促进人的发展作为组织工作的基本任务"。树立起对成人学员的关怀意识，是现代图书馆对成

人教育服务体系建构的根本。它主要表现在：第一，关心成人学员的学历水平和层次，为他们提供与其学习能力相符的资料，这有利于促进成人学员的学习信心；第二，对待成人学员热情友善，从而加强他们终生学习的理念；第三，对所有成人学员平等如一，为他们营造一个公平自由的学习氛围。对成人学员的关怀意识不仅要求现代图书馆的管理者恪守职业道德、爱岗敬业，更需要本着一种人文关怀的理念去关心成人学员，建立平等交流的关系，提高成人学员接受知识的效率和质量。

（二）树立成人教育的责任意识

以教育为本位的思想，主要关注人的成长与社会文明的进步。"以人为本"的服务理念中包含了一种对人成长、对社会进步的责任感。成人教育是全民教育的一个重要的组成部分，它关系着整个社会文明的进步与发展，关系着文化国力的提升，所以，现代图书馆对成人教育的服务意识，更带有一种强烈的责任感。要实践这种责任感，就需要：第一，本着对教育负责任的态度去帮助成人学员进步，尽己所能为成人学员的进步创造条件；第二，尊重成人学员的学习背景，为他们选择多样化的信息获取方式，保证成人学员们对知识的有效获取；第三，倾听成人学员的学习需求，制订合理的知识接受计划。树立对成人学员的责任感，是现代图书馆应有的服务意识，必须坚持"从人出发，对人负责"。

二、构建现代图书馆对成人教育服务体系

（一）塑造良好的文化氛围是根本

图书馆是一个文化机构，塑造良好的文化氛围是图书馆兴盛的关键。技术正在改变着图书馆的工作方法与服务流程，但是图书馆的文化理念与传统不能被改变。培育良好的图书馆文化，树立正确的价值体系，将成为图书馆能否可以持续发展的关键。良好氛围可以通过理念识别系统、行为识别系统和视觉识别系统来实现。所谓理念识别系统，指明确图书馆的价值观、精神理念以及社会职能、服务宗旨与发展目标，使之成为全馆员工的共同愿景、共同信念与共同目标；所谓行为识别系统，指通过对所有图书馆行为、员工行为实行系统化、标准化、规范化的管理，从而将共同的理念贯穿于图书馆活动的具体过程、组织制度和机制系统中，渗透到岗位设置、人员配置、教育培训、福利制度以及读者工作、研究发展、公共关系等一切活动中，它是理念识别系统的具体实施；所谓视觉识别系统，是指借助多种形态的传播形式，有组织、有计划地将精神理念传达给成人学员，并让成人学员识别、认知、认同的过程。

（二）加强信息技术建设是关键

现代信息技术的发展使图书馆从传统图书馆向数字图书馆转变，图书馆的发展已与信息技术的进步紧密相关。现代信息技术主要包括计算机技术、网络技术、通讯技术、存储技术、数据库技术、多媒体技术和数字化处理技术等，具有传递性、共享性和可处理性等

特征。图书馆工作的实质,就是转换文献信息,实现文献的使用价值和部分价值。文献信息是以文献为载体的人类思想信息,但文献信息又不全是内容信息,它还包括形式信息(文献的载体形态信息)。图书馆工作的任务,就是充分揭示文献的形式信息和内容信息,从而使文献的内容信息得以传播。信息技术在图书馆的应用已使图书馆实现图书馆管理的计算机化、文献信息资源的数字化和网络信息资源的共享和发现。现代信息技术已经成为数字图书馆建设的技术基础,信息技术的每一步发展都推动了图书馆的建设和发展。因此,加强信息技术建设是提升图书馆各项功能发展的关键。图书馆信息技术的建设既包括基础设施的建设,如机房、计算机、网络、存储、数字化等设备的建设,也包括图书馆自动化系统、办公系统、公共检索系统、网上服务系统和各种信息资源的建设等。在新的信息环境中,图书馆要充分利用信息技术带来的机遇去发展自身优势资源,提升各项服务功能,并以信息技术为支撑推动图书馆信息化建设。

(三)加强成人学员与图书馆的密切程度是基础

加强图书馆与读者间的密切程度,是现代图书馆建设中不可缺少的一个环节。这首先是一种社会现象,社会上读书的氛围浓度值得探讨,而图书馆自身建设也要把联系读者、密切与读者的关系作为一项重要指标。图书馆可以向社会做主动积极的宣传,加强信息资源的建设;加强图书馆的资源利用培训,提高读者的求知欲和阅读能力;通过报告会、展览会、文化墙等活动,以及人文的环境设置,向读者介绍新书、新信息、新资源动态等,来吸引更多的读者;建立与读者的联系,及时推介图书馆的信息与资源,等等。所有这些,都是为了使图书馆扩大读者群,为图书馆功能发挥奠定基础。

(四)协力提升咨询能力是有效途径

现代图书馆在探讨新媒介如何提升咨询能力,也就是说,成人学员有不少问题需要从图书馆找答案,于是以图书馆馆长为首的图书馆微博承担了解答读者问题的咨询工作。除了图书馆馆长的微博和图书馆的微博,图书馆员的个人微博也在提升图书馆咨询能力方面起到重要的作用。图书馆员的微博在开展图书馆参考咨询服务、加强图书馆与读者之间的交流等方面也发挥了突出的作用。因此,对每个图书馆来说,都应该在馆长的牵头下,发动图书馆内的各种力量,全馆协力才能提升咨询能力,才能为广大成人学员提供一个咨询问题通达的管道,并在这个过程中不断改进图书馆的服务功能,转变现代图书馆对成人教育服务的方式,对现代化的成人教育做到有的放矢。

第六章　新媒体技术在图书馆服务中的应用

图书馆的数字化、网络化建设，特别是网络图书馆、手机图书馆和数字电视图书馆服务的应用和推广，不仅体现了公益性、基本性、均等性和便捷性的发展定位，而且拓展了图书馆信息服务的深度和广度，为图书馆间的合作提供了基础平台，促进了信息资源的共建共享，提高了图书馆的服务效能。

第一节　网络媒体在图书馆服务中的应用

目前网络新媒体在图书馆服务中的应用已经普及，图书馆的互联网门户网站和官方微博等迅速发展，但至今对于网络图书馆并无明确定义，人们常常把数字图书馆、电子图书馆、网络图书馆、在线图书馆、虚拟图书馆、图书馆网站等不同说法混为一谈。为了便于研究，在此做了简单的梳理，把网络图书馆从数字图书馆、电子图书馆中分离出来。网络图书馆是借助互联网平台，以建设图书馆门户网站等为主要形式的，融信息资源的建设、管理与服务为一体的在线数字资源接口。网络图书馆，可以理解成数字图书馆的网络版，它可以通过互联网为读者提供全方位、个性化的数字信息服务，包括用户管理、阅读引导、信息检索、资源查询等。

网络图书馆的建设必须依托强大的数字资源的支撑，这就要求图书馆以资源建设为核心，围绕馆藏文献数字化，做好信息资源的加工、存储、管理和传输，同时加强馆际联合，开展文化资源的共建共享，建设跨库无缝链接与智能检索的知识中心，进而更好地为广大用户提供实时的、便捷的、个性化的信息服务。

一、网络图书馆的服务优势

随着全国文化信息资源共享工程和数字图书馆推广工程的深入推进，图书馆对数字门户网站的建设十分重视，并不断地积极拓展数字资源的开发与利用。网络图书馆的规模在不断扩大，服务也在不断加强，它已经成为昼不关门、夜不闭户的全天候图书馆；成为百问不厌、百答不烦的服务型图书馆；成为开门建馆、惠及大众的全民型图书馆；成为技术先进、功能全面的智能型图书馆。它充分继承了数字技术与互联网的优秀基因，具有与生俱来的服务优势，可以整合不同载体、不同地域的信息资源，可以跨越区域、跨越时空，最终为用户提供方便、快捷、个性化、高效能的信息化服务，并成为大众获取价值信息的精神家园。

（一）资源丰富，形式多样

网络图书馆利用先进的计算机技术及网络技术，积极开发和利用网络信息和数字资源，突破了传统图书馆以纸质文献为主要载体的局限，转向以包括电子文献在内的数字资源为主的格局，成为集各种数字信息于一身的资源中心。以国家数字图书馆为例：早在2015年底，国家数字图书馆数字资源总量超过10000TB（超过世界上主要发达国家的国家图书馆馆藏文献总量之和，相当于26亿册图书或926万小时视频），其中电子图书达到200万种，电子期刊12000种，电子报纸2000种，音频资源20万小时/100万首曲目，视频资源30万小时/150万部集，网络信息资源1000TB；使每个省级数字图书馆拥有资源100TB，每个市级数字图书馆拥有资源30TB，每个县级数字图书馆拥有资源4TB，如此庞大的数字文化资源，为新时期图书馆事业的发展提供了强有力的技术支撑，也为网络图书馆的建设打下了坚实的基础。

（二）覆盖广泛，惠及全民

根据调查，我国省市级图书馆全部拥有自己的网络图书馆，而市、区、县级开通网络图书馆的更是数不胜数。它们大多资源完备，覆盖广泛，被人们称为"没有围墙的图书馆"。首先，网络图书馆对读者没有条件限制，它面向全体社会成员，为所有人提供信息服务，特别是给那些没有机会到图书馆读书的群体创造了良好的服务平台。与此同时，它还可以为个人、企事业单位及政府部门等提供多样化的、灵活的、有针对性的个性化服务。其次，网络图书馆对场地和时间也没有限制，人们对馆藏信息资源的利用不必受时间和地域的局限，摆脱了实体图书馆只能到馆借阅的束缚，可以随时随地享用信息资源。人们可以在图书馆，也可以在办公室；可以在社区文化站，也可以在家里；可以在白天，也可以在深夜，总之，只要能够登录到网络图书馆的主页，就可以在任何时间、任何地点享受它的资源信息。网络技术的广泛应用，为进一步拓宽图书馆服务范围提供了条件，网络图书馆的服务能够覆盖全国省、市、县、乡镇（街道）、村（社区），充分体现了图书馆的公益性，做到了惠及人民，成为普通百姓加油充电的供给基地和修身养性的精神家园。

（三）开放互联，共建共享

网络图书馆可以实现全方位的开放性服务，因为它具有开放性的建设平台、开放性的整合资源、开放性的管理模式。图书馆文献信息传播的网络化，促进了文献信息资源的传播与共享，推动了文献信息资源的社会化，提高了图书馆的服务效能。网络图书馆作为开放的知识与信息服务中心，充分给予社会中每个成员自由获取知识和信息的权利，为所有用户提供了不受时空限制的网上书目检索、参考咨询、文献提供等服务，从根本上改变了人们获取信息和使用信息的方法，提高了人们的学习效率，并且便于人们随时随地分享、互动。网络的高速传输为图书馆的数字化建设提供了强有力的保障，为读者提供了网络信息服务的基础。其中省级图书馆包含省（自治区、直辖市）、副省级市（计划单列市）级图书馆；地级馆包含地（市、地区、盟、州）级图书馆；县级馆包含县（市）级图书馆。可以预见，随着网络技术的发展，特别是"云计算"和"三网融合"技术的开发利用，网络图书馆的服务能力和水平将会进一步提高。同时网络图书馆可以借力文化共享工程，利用文献资源共享信息平台，加强公共数字文化资源生产，打破资源独立的壁垒，实现信息资源和知识资源的智能共享，创造近乎无限的资源空间，提高资源利用效率。网络图书馆的共建共享不仅极大地丰富了公共文化产品服务的内容和形式，提高了文献信息资源的保障能力，更提高了新媒体环境下图书馆数字文化产品的供给与服务能力，形成了一个资源丰富、方便快捷、技术先进的满足人民群众基本文化需求的重要阵地。目前，国家图书馆已向黑龙江省图书馆、浙江省图书馆、福建省图书馆、贵州省图书馆、广西壮族自治区图书馆、辽宁省图书馆、广东省中山图书馆、厦门市图书馆共八家图书馆开放了总量超过120TB的中外文数字资源，包括一百万余册中外文图书、七百余种中外文期刊、七万余个教学课件、一万余种图片、十八万余份档案全文以及三千余种讲座和地方戏曲等，使读者在当地就可以方便快捷地访问全国各地建设的特色资源。

（四）发挥特色，区域互补

网络图书馆在共建共享的同时，瞄准区域特点，重点开展地方特色资源的发掘和整理，实现了对地域性文化资源的传承与利用，为地区地方特色文化和民族特色文化的传承和发展提供了支撑。这不仅避免了因重复建设造成的资源浪费，而且极大地丰富了图书馆的信息容量。所谓馆藏特色资源是各个图书馆具有特色的资源，是各馆经过长期建设积累，在某一方面形成一定规模、结构且比较完整的优势文献资源。馆藏特色资源形式各异、内容丰富多彩，能为读者提供多样的视角和具有特色的服务。

二、网络图书馆存在的问题

随着我国公共文化服务体系建设的大力推进，网络图书馆的建设也在蓬勃发展。2013年9月，国家图书馆将馆域网与互联网的接入带宽由250兆拓宽至1200兆，为提高数字资源的供给和传输能力奠定了基础，使人们对网络图书馆的信息保障水平和信息服务能力充满期待。但从整体上来看，我国网络图书馆还存在发展不均衡、资源重复、人才匮乏、资金短缺等问题。

（一）重复建设之痛

目前网络图书馆建设热情持续高涨，数字门户网站成为各地图书馆的标配门面，但由于各馆之间的沟通和融合还存在很多问题，缺乏统一的规划与协调，所以无论硬件设施还是文献数据都难以兼容，不能充分利用网络资源、共建共享资源，重复建设情况依然严重。比如中国知网、维普网、万方数据、超星数字图书馆等，它们的数据库虽各有侧重，但为了各自的"大而全"不可避免地交叉重复收录，各级图书馆也有类似现象，这种"各自为政"、完全独立的建设方式带来了大量的重复性工作，造成人力、物力、财力的极大浪费。因此，图书馆应结合本地数字资源的实际需要，转变观念，提高资源共享意识，扩展馆际互联，综合利用目前国内已经建立的各种数据库、知识库资源，补充和完善馆藏数据库，尽量避免重复建库；同时应结合本地的历史文化和人文特点，建设一些具有本地特色的地方文献数据库，丰富具有特色的馆藏资源。总之，各地图书馆可以借力全国文化信息资源共享工程和数字图书馆推广工程，杜绝重复建设，在打造自己特色资源的同时，实现中华优秀文化资源的共建共享。

（二）人才匮乏之忧

《全国图书馆事业发展"十三五"规划》提出，要重点提高基层图书馆骨干的业务素质，加大对优秀中青年人才队伍的培养，特别是围绕古籍保护、未成年人服务、信息资源建设、数字图书馆建设等事业发展重点领域，培养一批领军人物，造就一支数量合理、结构优化、素质优良、有良好职业道德与服务能力的人才队伍。但是目前图书馆中这样的领军人物实在匮乏，甚至可以用凤毛麟角来形容。尽管人们越来越重视图书馆的发展，不断加强馆员队伍知识结构的调整，但是目前馆员的专业知识和技能还不能适应网络图书馆发展的需求，仍然缺乏同时具有图书馆专业知识和网络应用技能的高素质复合型人才。随着网络图书馆的快速发展，数字信息资源的挖掘、整理与传输成为图书馆的核心竞争力，这也对图书馆的管理和工作人员提出了更高的要求，管理图书馆不仅需要文献资料数据的加工人才，需要开展参考咨询服务的专业导师，需要能够支撑技术维护的网管高手，需要独具慧眼采集情报的信息猎头，需要既有信息创新能力又具备专业学科知识的学科馆员，更需要一支学有专长、爱岗敬业、善于管理的专业队伍。

（三）资金短缺之苦

图书馆是政府扶持的公益服务性的事业单位，建设经费主要依靠上级主管单位的拨款。近年来，尽管政府投入资金有所增加，但要建设自动化、数字化、先进化的网络图书馆，目前的投入资金还远远不够。随着图书、刊物价格的大幅上涨，书刊订购费每年以30%的速度在增长，采购新增数字资源以及续订维护的投入资金也在快速增长，这必然加重各馆的支出负担，许多图书馆只能维持现状，保障基本经费支出，开展网络图书馆建设更是举步维艰。尽管国家图书馆于2010年就实施了"县级数字图书馆推广计划"，通过文化信息资源共享工程的服务网络，将国家图书馆优秀的数字资源推送到全国每一个县，使全国所有县级图书馆都具备了数字图书馆服务能力，但网络图书馆的建设是一个庞大、系统、长期的工程，硬件设备、软件资源、人员培训、数字化资源的更新、馆藏文献的数字化转换等，都需要充足的经费作后盾，因此，资金短缺仍是建设网络图书馆最关键的问题，也是困扰网络图书馆发展的难题。

三、网络图书馆的发展前景

十八届三中全会通过的《中共中央关于全面深化改革若干重大问题的决定》中提出："建立公共文化服务体系建设协调机制，统筹服务设施网络建设，促进基本公共文化服务标准化、均等化。"这表明了政府对公共文化事业的高度重视，为图书馆建设指明了方向，也为我们加快建设网络图书馆提出了要求。

（一）坚持公益理念，发挥教育功能

网络图书馆作为图书馆的主要组成部分，作为公益性公共文化服务的重要阵地，也必然承担着保存人类文化遗产、提供知识信息、传播先进文化、开展社会教育的重要职能。网络图书馆具有信息资源丰富、覆盖范围广泛、传播速度快等特点，应该积极抢占网络文化阵地，维护和保障广大公众的基本文化权益，突出公益性，在尊重和保护知识产权的前提下，提供广域网范围的免费服务。作为资源中心和服务阵地，它不仅要能够提供各种数字信息资源，更应该充分发挥社会教育功能，创设良好的学习环境，成为聚集优秀文化资源的信息宝库，成为开展公众教育的坚实堡垒，成为重组与更新知识的第二课堂，成为分享人类文明成果的精神家园。

（二）加强技术研发，制定标准规范

网络图书馆要加快高新技术在图书馆领域的应用与推广，就要利用"云计算"和"三网融合"技术推动技术研发与标准规范的制定，为公共数字文化建设提供强有力的服务资源保障和技术标准支撑。标准规范的建设，尤其是在开放和可以相互操作基础上的标准与规范建设是数字图书馆建设高效、经济、可持续的根本保证，是数字图书馆能够长期发挥作用的必要条件。忽略数字图书馆标准规范体系建设，将会导致资源的重复开发，影响资源的共建共享，限制数字图书馆的作用空间和发展能力。网络图书馆作为数字图书馆的网络平台，要借力数字图书馆推广工程，加强标准规范的制定，统一技术平台标准规范，统一资源建设标准规范，统一资源服务标准规范，坚持共建共享、开放共赢的原则，加强合作共建，联合建设超大规模的资源库群，建设互联共享的知识网络，扩大资源总量，形成规模效益，有效扩充网络图书馆的数字资源。

（三）创新服务模式，提高服务效能

网络图书馆应坚持"需求主导、服务为先"的原则，了解群众对公共数字文化的需求，建设丰富适用的数字资源，加强公共数字文化的惠民服务，创新服务模式，拓展服务渠道，扩大服务功能，丰富服务手段，为广大人民群众提供多层次、多样化、专业化、个性化的数字文化服务，切实保障信息技术环境下公共文化服务的公益性、基本性、均等性、便利性。网络图书馆不是简单地把自己的信息服务推送到网络上，而是要打破被动局面，采取主动的服务方式，以用户信息活动为中心，建设立体化的服务网络，为用户提供全方位的交互服务，以精准的智能信息检索服务、一体化的综合信息服务，向用户提供个性化、高效、快捷的服务。

第二节 手机媒体在图书馆服务中的应用

互联网与移动通信的结合，造就了一种全新的网络环境——移动互联网。利用移动互联网传播公众信息的新媒体——手机，已成为具有巨大发展空间的信息终端。目前，移动信息服务广泛应用于各个领域，在图书馆中利用手机移动信息平台来扩展服务，已成为图书情报界的研究热点。手机图书馆具有便捷性、实时性、互动性和个性化的特点，不仅可以实现网站浏览、借阅服务，而且可以提供文献检索、互动阅读、参考咨询、自助服务等形式丰富的动态服务，成为大众欢迎的"口袋图书馆"。

手机图书馆就是利用移动信息服务技术，在图书馆提供无线接入方式的基础上，通过手机、平板电脑等接入网络的移动终端享用数字资源的"移动图书馆"，它是一种新兴的图书馆信息服务，具有手机增值服务和图书馆服务的双重属性，是图书馆信息服务的延伸与补充。手机图书馆将无线通信网络和图书馆系统结合起来，利用高普及率的手机终端延伸拓展了传统的图书馆服务，信息通知、借阅管理、在线阅读等几乎所有的数字图书馆功能都将在手机平台上得以实现，极大地方便了读者，拓展了图书馆的服务范围，提高了图书馆的服务效率。

一、手机图书馆的服务优势

（一）便捷性

手机图书馆能以最方便快捷的方式获得信息与服务。有线网络服务的方式无法随时随地获得图书信息资源，手机图书馆打破了时间、空间和电脑终端设备的限制，用户可以利用短信、登录网站和安装 APP 等方式，随时随地接收或浏览文字、图片、声音等各类信息。手机图书馆的移动性，让手机真正成为读者的"随身图书馆"，手机的便携性、随身性让其无所不能、无处不在。在手机图书馆的环境下，借助于人工智能和移动通信环境，读者可以通过手机向馆员提问并获取帮助，读者不必限制在电脑桌前，可以自由自在、随时随地进行不同目的、不同方式的信息获取和帮助，从而提高读者对图书馆资源的利用率。

（二）实时性

手机图书馆服务不受时间、地点、空间的限制，能随时随地提供信息与服务，最大化地利用图书馆的资源，成为读者的"随时图书馆"。图书馆的实体资源服务时间有限，用户在服务时间以外无法获取所需的信息资源，即使全天开放服务的数字化资源也会受外在环境的影响，如受 IP 地址、硬件水平的限制等，只能到图书馆或局域网范围内才能获取相应的服务。手机图书馆具有"无处不在、无时不在"的特点，不仅可以让读者在任何时间和地点都可以享受到图书馆资源的服务，还可以让用户充分利用"垃圾时间""碎片时间"来阅读各种信息，极大地提高了图书馆的信息服务能力，使图书馆的服务范围、服务时间不断扩大和延长，满足读者随时随地获取信息的需求，最大限度地实现图书馆的价值。

（三）互动性

手机媒体可以随时随地发出和接收信息，图书馆可以通过手机进行信息传递，包括图书续借、借阅证挂失、问答咨询、书目查询、借阅信息等，这类服务的特点是图书馆与读者之间有互动过程，读者收到短信后随时可以用回复的方式咨询详细业务。读者向图书馆发送请求，图书馆将相应的信息反馈给读者，让读者及时了解相关信息内容，可以做到随时随地交流，方便了图书馆员和读者间的互动。此外，手机用户可以加入图书馆移动信息服务系统。在线阅读时不仅可以做书签、笔记，而且可以划词翻译，可以写书评等，还可以参与读者社区聊天、在线评论、写博客、网上发帖等。可以说手机扩大了图书馆的影响力，加强了图书馆宣传的渗透力。

二、手机图书馆的服务模式

（一）基于短信的模式

基于短信的服务模式是图书馆利用手机短信的服务平台为读者提供的主动推送式服务，如读者借阅情况查询、图书预约、图书到期提醒、读者证挂失等。这种服务方式对软硬件的要求较低，只要具有短信收发功能的手机都可使用此业务。

优点：及时、快捷，便于跟踪，能够覆盖较大的用户群体。

缺点：格式简单，文本消息字符长度受限，长消息需要分拆成几个短信发送，对于数据库复杂的信息检索无法实现。

手机短信作为最基本的手机图书馆服务实现模式，由于其技术含量相对较低，容易实现，我国的手机图书馆几乎都实现了手机短信服务。

（二）基于 WAP 网站的模式

WAP（Wireless Application Protocol）即无线应用协议，是一项开放的、通用的、全球性的网络通信协议。手机 WAP 上网已经成为移动用户常用的功能之一，因其不受时间、空间的限制，非常方便。2012 年 4 月 21 日，天津图书馆开通了"天津市民移动阅读平台"，该平台资源丰富、操作简便、互动性强，持证读者可利用手机或平板电脑等移动终端登录并免费访问该平台上的所有资源。读者通过具有上网功能的手机，可以脱离计算机随时随地访问手机图书馆网站，从而方便地进行文献检索、个人信息查询、借阅信息查询、图书到期或逾期信息查询、图书预约或续借手续办理等，同时还可以访问图书馆电子资源、点播视频节目、在线阅读、在线咨询、定制个性化互动服务，甚至下载数据库资源等，实现与图书馆自动化和数字化系统的交互操作。

优点：与手机短信功能相比，手机图书馆使用方便，与使用互联网一样快捷；具有将通知、查询、阅读三种服务方式于同一平台上完成的优势，提升了手机服务的功能，满足了读者手机阅读的需要。

缺点：受限于WAP模式，其网络访问带宽与数据传输速率较小，导致服务效果有时不稳定。

（三）基于客户端软件的模式

基于客户端的实现模式是图书馆为读者提供的个性化软件服务。读者在使用时，需下载软件到手机上，再进行功能操作。手机客户端是一种G/S模式，比WAP的B/S模式更方便快捷，采用的是J2ME技术。2013年12月温州市图书馆推出名为"温州市图书馆"的手机APP，读者只要通过手机移动设备下载安装，即可轻松获取各类活动信息、查询馆藏书目、续借图书、下载电子图书、阅读手机端提供的各类报纸杂志、观看视频等。

优点：J2ME客户端开发更具灵活性，功能更丰富，操作更方便快捷，可以实现最佳的读者体验、最精美的用户界面、最从容的交互方式，可以有效地减少网络流量，同时还可以为上网的手机提供丰富的图像、视频等多媒体内容。

缺点：操作系统各异，配置参差不齐，各种多媒体文件格式不兼容，图书馆以现有的技术能力开发手机客户端软件难度相当大，多平台移植与维护成本更新代价高。

三、手机图书馆的服务功能

（一）借阅、查询服务

图书查询检索功能和原来数字化检索功能基本一致，读者通过手机上网登录图书馆自助服务网站，点击相应菜单，通过任意词匹配检索，用高级检索和简单检索两种进行书目、文献查询，查询所需图书的具体状态、在库信息。不仅如此，用户还可以检索到联盟共享图书资源信息，使得数字图书信息的利用率最大化，能快速查找到所需信息。

（二）通知、提醒服务

通知提醒服务是手机在图书馆服务应用中内容最基础的部分，当读者所借图书或者读者证快到期时，图书馆通过手机为读者提供图书到期催还提醒服务。读者登录个人信息界面就可以进入借阅信息、续借、借阅证件挂失、预约信息、超期欠款、我的书库以及系统推荐资源等功能。当读者所借图书或者读者证快到期时，图书馆通过短信方式向已在图书馆网络平台绑定的手机号码发出到期提醒短信，提醒读者还书或者延期读者证。提醒服务使读者不用时刻惦记着书籍的借阅状态，不用怕超期被罚款。

（三）新书推荐、信息发布服务

图书馆可以定期更新 WAP 网站上的新书目录、活动精选、书摘书评、新闻公告及讲座信息等，也可以通过 APP 软件把这些信息推送到用户桌面，还可以用短信、微信的方式发送给读者，为读者提供更多、更快的信息服务，使读者能及时了解馆藏新书和各种活动动态，这样就大大拉近了图书馆与读者的距离，加强了两者之间的互动性。

（四）咨询服务

通过手机 WAP 网站和定制的 APP 软件，图书馆可以在读者和图书馆员之间建立一个虚拟的"面对面"的交流平台，从而使双方可以随时互动交流；同时建立知识累积库，通过智能语义分析，为读者提供自助服务，简化图书馆员的咨询工作。

（五）个性化定制服务

手机图书馆将无线通信网络与数字图书馆系统结合起来，在方便用户、提高服务效率的同时，也为读者提供个性化服务。个性化服务是图书馆根据读者的兴趣、爱好、需求等开展的一种服务，也是图书馆信息服务向纵深发展的一种体现。目前手机图书馆个性化服务主要有短信定制和信息资源查询定制。读者通过登录图书馆移动服务网站，根据自己的兴趣和需求定制信息与服务。具体来说，就是读者将自己所要咨询的问题以短信的方式发送至手机图书馆咨询中心，图书馆工作人员通过手机短信或 WAP 平台针对读者的问题进行解答，以最快的速度将这些信息传递给读者，以满足图书馆用户个性化需求。

四、手机图书馆的发展策略

随着移动通信技术的进步和"三网融合"的不断深化，特别是 5G 网络的铺开，促进了手机图书馆的建设与服务快速发展。5G 通信技术不仅有利于开发图书馆丰富的馆藏信息资源，而且有利于提升图书馆服务的质量和效能，可以为用户提供更高质量的多媒体服务和量身定做的个性化服务，从而满足读者的阅读需求。

（一）完善手机图书馆服务内容

当前，手机在图书馆的应用只是将成熟的移动通信技术应用到图书馆服务中来，把图书馆自动化系统的 Web 模块功能从 PC 机转移到手机上，这就造成手机图书馆能够提供的服务内容不可能太深入，服务内容较为单一，目前大部分图书馆的手机服务只是单向的短信提醒、信息公告，或者只停留在读者预约、续借、书目查询等文献借阅的最基础的浅层次服务上，为读者提供的数据库交互检索、咨询交流等内容相对较少。此外，许多图书馆并未将电子图书、期刊、专业数据库全文服务延伸到移动终端设备，有些图书馆虽然实现了文献信息资源的在线阅读和下载，但其提供的文献信息资源在数量和范围上与读者的需求还有很大差距。

读者对于图书馆的要求是：希望通过手机界面便捷地获取阅读的多样化服务。因此，图书馆应该考虑更多的内容提供方式，与资源供应商深度合作，推出适合手机图书馆的信息内容和服务项目，如此才能实现图书馆应用手机服务的真正价值。

（二）加强整合图书馆信息资源

目前，图书馆的文献数字信息资源丰富，但这些资源的检索查询方式、数据格式和界面不同，加之手机的操作系统各异，兼容性较差，读者每看一个数据库都要重新登录，通过一个界面无法浏览所有的数据库，这就要求图书馆要充分考虑到用户利用信息服务的便利性，对信息资源进行深度加工，加强整合图书馆的数字信息资源，建立标准化的数据库，实现信息资源、信息技术、信息内容的集成，提供统一的检索平台和信息服务体系，形成统一的 WAP 界面，使读者能够利用同一检索入口对信息资源进行同步检索，方便快捷地查询所需要的资料。

（三）建立资源与服务的共建共享平台

要解决技术、资源、经费、推广等方面的问题，建立一个优质的手机阅读平台，盘活图书馆馆藏文献，避免资源的重复建设，不仅需要依托互联网技术，同时也需要各图书馆之间的合作，建立资源与服务的共建共享，从而弥补单个图书馆资源与服务的不足，提高图书馆服务水平和公共服务价值。

2011 年底，以国家图书馆牵头，充分利用全国文化信息资源共享工程平台，启动了"数字图书馆推广工程"。数字图书馆推广工程通过建设分布式公共文化资源库群，搭建以各级数字图书馆为节点的数字图书馆虚拟网，建设优秀中华文化集中展示平台、开放式信息服务平台和国际文化交流平台，打造基于新媒体的公共文化服务新业态，最终实现数字图书馆的服务惠及全民，切实保障公共文化服务的公益性、基本性、均等性、便利性，最大限度地发挥数字图书馆在文化建设中引导社会、教育人民和推动发展的功能。

国家数字图书馆基于新媒体服务资源建设的重点是：重点开展基于手机、数字电视、网络电视等新媒体服务的资源建设，拓展国家图书馆服务阵地，开展跨行业合作。推广工程将在国家数字图书馆资源成果基础上，加强全国各级图书馆的资源共享推广与合作共建，在全国范围内形成有效的数字资源保障体系，从而使图书馆的手机服务实现最大化的资源共享。

第三节 数字电视在图书馆服务中的应用

在新媒体环境下，图书馆服务的创新手段——数字电视图书馆，已成为国家数字图书馆资源建设重点中"基于新媒体服务的资源建设"的重要组成部分。随着推广工程的深入开展，各地图书馆在硬件配置、技术平台和资源建设方面取得了长足发展，同时也带动了国家数字图书馆服务形式的全面创新,越来越多的省、市和县级图书馆会加入数字电视图书馆的建设中来。数字电视图书馆是图书馆为读者(用户)提供到馆服务、互联网服务、手机服务以外的又一种新型服务载体,是现代图书馆延伸服务的新模式;是图书馆为读者提供多元化服务的新载体,是保障公共文化服务公益性、基本性、均等性、便利性的有效举措,是现代图书馆实现自身进一步发展的新手段。

数字电视又称数位电视或数码电视,是指从演播室到发射、传输、接收的所有环节都是使用数字电视信号,或对该系统所有的信号传播都是通过由 0、1 数字串所构成的二进制数字流来传播的电视类型。数字电视是一个从节目采集、节目制作、节目传输到用户端都以数字方式处理信号的端到端的系统。

数字电视图书馆是利用数字电视的交互功能,开发相应的接口,将数字图书馆与数字电视连接起来,结合数字电视传播技术和数字信息技术,以专业服务频道的形式把图书馆的资源和服务主动提供给用户,让观众能以新的方式观看和利用电视节目内容,可享受到丰富的数字化图书馆服务。目前图书馆主要通过交互式数字电视、IPTV(交互式网络电视)和互联网电视三种业务形式进行数字电视业务的拓展,它借助数字电视网络把图书馆搬到千家万户,通过数字电视这一载体,使读者(用户)随时随地阅读、观看图书馆提供的相关信息、资源,成为用户按需索取的图书馆,成为通过电视荧屏就能免费享受图书馆提供的文献信息等服务的名副其实的家庭图书馆。数字电视图书馆将丰富的馆藏资源同先进的传输手段结合,充分利用电视网络资源,为用户提供 OPAC(Online Public Access Catalogue,联机公共目录查询系统)查询、图书预约续借、看展览、听讲座、接受远程教育、进行参考咨询与互动等服务,实现图书馆的功能拓展和服务延伸,进而为用户带来不一样的阅读体验,最大限度地满足人民群众的精神文化需求。

一、数字电视图书馆的服务特点

(一)广泛性

数字电视图书馆把图书馆的馆藏资源通过视频、音频、文字、图片等多种内容形式呈现给用户,可看、可听、可读,将不熟悉或不习惯使用计算机、手机的用户通过电视这个大众平台纳入图书馆的用户范围内,扩大了数字文化服务的人群覆盖面。以国家图书馆为例,其开通的数字电视图书馆,将经典文化和优秀资源借助广电双向平台实现了入户服务,仅北京地区的受众就达 280 万户。所有数字电视用户都可随时享用图书馆的服务,不仅可以看公益文化视频节目,还可以读书看报、浏览图文信息等资源,并通过交互技术体验图书馆的特色功能,从而提供全方位的阅读服务,使图书馆融入广大用户的生活中,满足不同用户的需求。

(二)跨时空性

数字电视具备时移(回放)功能,在收看电视节目过程中可随时暂停、快进、后退,从而使数字电视图书馆能够突破传统媒体受困于时间、空间的限制，不受传统图书馆馆内服务的约束，为丰富群众业余生活提供了新途径，使得读者足不出户就能享受图书馆的各种优质资源，享受数字电视图书馆带来的高效便捷服务，为社会发展和人民生活质量的提高提供知识和智力的保障。

（三）交互性

数字电视提供的最重要的服务就是视频点播。视频点播是一种全新的电视收视方式，它不像传统电视那样，用户只能被动地收看电视台播放的节目，它为用户提供了更大的自由度，更多的选择权，具有更强的交互能力，传用户之所需，播用户之所点，有效地提高了节目的参与性、互动性。随着"三网融合"的不断推进，电视图书馆将成为巨大的交互式多媒体平台，用户不仅可以自由操控电视的各项智能功能，而且可以收藏自己喜欢的栏目，还可以对视频节目、书刊内容进行评论、分享，用户互动交流等成为信息传播和普及的重要渠道。以"国图空间"为例，它是国家图书馆与北京歌华有线电视合作开通的世界上第一个由图书馆制作的专业电视频道。该频道采用双向信息传输技术，增加了交互能力，将传统的单向传播方式转变为双向交互式传播，使数字电视图书馆成为方便快捷的交流信息的互动平台。

（四）可控性

与良莠不齐的网络资源不同，数字电视图书馆的内容具有可控性。数字电视内容是经过编辑、整理并由国家新闻出版广电总局授权的数字电视运营商严格审核后才允许发布的。电视阅读内容条理清晰、健康、安全，便于查找，用户不会淹没在海量信息之中。此外由于有线电视网络是一网专用，不易受到黑客攻击，版权保护容易实现，不易盗版侵权，为数字出版提供了安全保证。

（五）专题性

数字电视图书馆以图书馆为依托，可以充分发挥图书馆的资源优势，注重开发多样化资源，策划多种类型的选题，运用图书馆学、情报学、信息管理学专业手段整合图书馆馆域网内外资源，对各个专题进行策划、加工、制作、揭示，通过专业化的信息处理，改变一般数字图书馆只是将物理馆的内容移植到网络上的局限，打造多元文化形态的综合性信息服务平台。通过数字电视，图书馆可以将特定的信息向特定的用户群进行定时或滚动发布，从而提高了图书馆服务的针对性和有效性。以镇江电视图书馆为例，它是在国家大力推进"三网融合"的背景下，由镇江市图书馆与江苏有线镇江分公司联合创办的，其资源总量已达10GB，目前开设了1个视频类栏目和8个图文类栏目。视频类栏目轮流播放精选的舞台精品、名家戏曲、优秀电影、文化讲座和多媒体课堂等节目；图文类栏目包括欢乐家园、文心讲堂、文心展厅、发现镇江、翰苑撷英、心随阅动、童学书香、期刊博览等，其中"期刊博览"引入了大型期刊数据库，把当前流行的100种期刊制作成电视期刊供观众收看,并实时更新。

二、数字电视图书馆的服务功能

图书馆通过数字电视平台走入家庭,不断研发具有图书馆特色的电视服务功能,不仅可以提供查阅图书馆馆藏书目、办理图书续借手续、浏览图书和期刊等功能,而且可以通过开展专业频道播出、视频点播、参考咨询等服务项目,为用户提供更开放、更灵活的图书馆服务内容,提升图书馆的文化传播能力,丰富人民群众的文化生活。数字电视图书馆的发展,使图书馆的信息服务得到了进一步的深化,从而提升了数字图书馆的服务水平。

利用数字电视这个新平台,图书馆可以实现下述四个方面的服务。

(一)导航服务

导航服务是数字电视图书馆的窗口服务,它利用数字电视图文并茂地介绍图书馆的一些基本情况,如图书馆的历史沿革、馆藏情况、新书通报、服务对象、借阅制度、图书馆各种活动的新闻公告等,并根据馆藏特色,利用数字电视指导读者如何利用图书馆的资源,怎样进行文献、信息的检索查询等。

(二)视频播放服务

在数字电视图书馆系统中,视频播放可以让用户通过电视终端及时收看图书馆举行的各种专业讲座、学术报告以及各种用户培训、辅导讲座等视频影像,适时为用户提供符合当前形势的视频节目播放服务。此外,图书馆馆藏光盘资源,可以统一以光盘塔的形式对外服务,为用户提供光盘点播服务,满足用户自学的需求。这样既可以避免光盘被损坏,又可以提高光盘的使用率。以国家图书馆为例,国家图书馆收藏各种视频资料共计十八万余张/盘/盒,其中录像带一万四千余盒、LD视盘一千余张、VCD视盘九万八千余张、VHD视盘两百六十盒、DVD视盘七万四千余张,这些视频资源涉及的学科范围广泛,包括语言、文字、哲学、宗教、政治、法律、军事、文化、教育、体育、经济、艺术、文学、工业技术、医药卫生、历史、地理、数理科学、化学、天文学、地球科学、生物科学、农业科学、航空、航天、环境科学、安全科学等领域。其中中外经典故事影片是视听资料收藏的一个重要方面。此外,国家图书馆每年都花费大笔资金购买国外原版的影视精品DVD光盘,其中以经典电影、电视剧为主,也包含舞蹈、动漫等领域的经典作品。

(三)预览预约服务

随着数字电视图书馆的进一步发展和完善,用户不仅可以预览图书馆馆藏电子图书,还可以利用电视终端查询图书馆的馆藏书目和自己的借阅信息,进行自助式的图书预约和续借。

(四)专题服务

根据用户的信息需求,图书馆可确定视频资源收集范围和专题内容,在对信息资源进行分类、整理、序化的基础上，制作成有针对性和实用性较强的专题视频信息，并通过数字电视快捷地提供给用户。以国家图书馆的自有品牌栏目"文津讲坛"为例，该栏目选择的多为用户感兴趣的主题，知识涵盖历史、宗教、航天等多个学科，至今已经举办各类讲座四百余场。

三、数字电视图书馆的发展方向

（一）制定规范，全面推广

目前，人们已经认识到利用现有的电视网络将图书馆服务推送到家庭是一种最经济、最高效的服务模式。为引导全民阅读的多元化发展，我国多家图书馆都已开展了基于交互电视的数字信息服务，数字电视图书馆已经成为图书馆开展无边界图书馆服务的重要延伸方向。

数字电视图书馆的快速发展，开创了以数字电视为媒介，以家庭数字图书馆为主体的服务模式，有效地促进了数字图书馆服务新业态的形成。"数字图书馆推广工程"在下一阶段将着力加强数字电视图书馆服务相关标准规范的研制，进一步完善项目体系建设。借助各地图书馆特色馆藏优势，优化资源加工流程，加大资源加工力度，逐步形成以特色服务为主体，以资源共建、共享为基础，覆盖全国的"家庭数字图书馆"文化服务体系，为提升我国公共数字文化水平发挥积极作用。

（二）发挥优势，拓展功能

数字电视具有普及率高、操作简单、传输信号稳定、画面呈现清晰、节目容量大、服务范围广、可交互操作、符合个性化要求等特点，在家庭文化娱乐和文化传播方面拥有巨大的影响力和不可替代性。数字电视图书馆继承了数字电视的这些优点，同时又具有图书馆的资源优势，二者完美的结合必将实现阅读领域的一次飞跃。把图书馆服务"搬进读者家"，实现了读者"坐享其成"的梦想，为读者省去从家到图书馆的奔波劳顿，这将在很大程度上改变人们传统的阅读习惯。电视图书馆走入家庭，结合虚拟图书馆服务，使读者建立家庭电视图书馆成为可能。家庭电视图书馆把数字资源和虚拟现实技术相结合，改变了人们被动接受或机械点播的现状，为读者提供主动选择方式，为读者提供"全息服务"，提供更为广泛的个性化服务。

（三）三网互联，高度融合

目前电信网、广播电视网、互联网在向宽带通信网、数字电视网和新生代互联网演进过程中，其技术功能逐渐趋于一致，业务范围趋于相同。实现三网融合，网络互联互通，资源共建共享已成共识。图书馆应该构建以"三网融合"为基础的数字图书馆建设框架，将网站平台、智能移动终端平台与数字电视平台整合——不仅是资源的整合，更重要的是服务的整合，来共同构筑图书馆的立体网络服务体系，为用户提供不受地域限制、不受时间限制、不受访问工具限制的服务，提高图书馆的个性化服务水平。以杭州数字图书馆为例，市民可以通过网络、电视、手机三大信息平台来登录杭州数字图书馆，当然这三种访问方式也会各有侧重：网络的定位是各层次市民，主要为用户提供书目查询、预约续借等个人图书馆服务，馆内活动信息、国内外文化资讯查询服务，以及涵盖多学科的数据库资源服务，是集中体现现代图书馆文献收藏、文化传播、社会教育和信息服务等功能的综合性重要平台；电视主要面向在家的中老年观众和周末休息人群，提供书目查询、预约续借、新书推荐、活动信息预告以及大量的数字杂志阅读服务；手机则针对上班一族和年轻人，除提供个人图书馆服务外，还有近三千种大众期刊可以在线阅读。这样全时空的数字信息服务模式打破了传统图书馆馆内服务的限制，充分发挥了数字图书馆超越时空限制的优势，使杭州数字图书馆成为杭州市民生活的"第三空间"，真正嵌入了市民生活。

第七章 现代图书馆管理服务模式创新研究

第一节 现代图书馆管理服务创新的必要性、内容与方法

一、现代图书馆管理服务创新的必要性

当前图书馆的建设与发展既面临机遇,又存在挑战,在实际的具体的用户服务过程中还存在很多问题与不足。信息时代的服务创新为图书馆的服务建设提供了新的思路与发展机遇,也是图书馆的未来转型与发展的必要与关键。

(一)更好满足图书馆用户的信息需求

图书馆用户由于其专业背景和教育背景,在资源类型上要求全面、多样化的信息资源。在资源内容上要求专业、精深、交叉、整合的知识内容;在资源服务方式上要求主动化、交互化、个性化、学科化、一站式的服务方式。图书馆传统的信息服务主要是适应大众的、群体化的服务,并且服务方式和服务内容相对基础和单一,已经无法与用户新的信息需求与信息行为相适应。新信息环境的来临与变化,使得图书馆用户的信息需求呈现新的特征,基于信息时代的图书馆服务创新能够更好地满足用户信息需求。

第一,满足用户的个性化需求。信息时代,人们对于个体选择被满足、被尊重的需求越来越强烈。信息需求不再是大同时代而是要求针对个人需求的。信息时代的图书馆服务创新能够提供针对用户个性、知识结构、从属行业、行为方式的信息,并且强调提供面对此时、此地、此场景的服务。

第二,提供多元化服务。信息时代是走向开放融合的时代,用户对于信息服务的要求强调多元化,不仅要求在服务内容上的多元化,还要求在服务方式上的多元化。信息时代的图书馆服务丰富并创新了服务内容与服务方式,能够根据图书馆的用户学科背景提供多样化的信息资源与服务方式,具体表现在提供多样化文献载体、多语种文献服务、多样化检索方式、多元化服务类型(信息资源服务、休闲娱乐服务、学习会议支持等)等方面。

第三,提供"懒人化"的资源利用方式。"懒人化"是人类最基本的行为选择法则——最小省力法则的体现。在信息服务方式的选择上主要体现为获取便利性和易用性。

商业信息服务机构的日趋成熟和因特网的发展使得人们获取信息的渠道呈现多元化，人们面对的选择越多，基于"最小省力法则"，方式的便利性则成为人们会考虑使用的首要因素，其次才是质量可靠性。同样，如果信息使用的难度要比获取信息本身更难的话，那么这个信息或者信息系统本身也就失去了其意义。智慧技术的出现为图书馆的资源服务与创新服务提供了实现高效便利的可能性，用户在最短的时间能够以用快捷简单的方式获取所需要的服务，利用所需要的资源。

第四，提供专深化的资源服务。图书馆用户主要集中于教师与学生群体，其科研需求和学习需求要求图书馆提供的信息服务不能只是简单地停留在检索和借阅层面上，他们需要经过加工和处理的整合化的信息资源，需要最新的学术动态和学术趋势分析以支持他们的科研任务和学习任务，因此专深化是图书馆用户信息资源需求的重要特点。而传统的信息服务大多停留在文献的检索与传递上，随着智能信息处理技术的发展，知识服务不断深化与创新，能够向用户提供更具针对性的，经过分析、处理的有序信息与知识成果。

第五，满足用户的即时化信息需求。大数据环境下，信息更替速度呈量级增长，全球信息增长速度每年超过50%，并且以更快的速度发展。图书馆用户呈现出全天24小时期待信息、交流和娱乐以及相应的回应的特征。移动图书馆服务的开展，基于物联网技术与云计算的图书馆服务创新为信息资源的即时化提供与共享创造了条件，用户能够在任何时间、任何地点查看图书馆信息资源与获取信息服务。

综上所述，现代图书馆管理服务创新是高校用户在新信息环境变化下信息需求转变的客观要求，只有注重用户服务创新，才能更好地满足高校用户的新信息需求，更好地应对现代图书馆管理转型与突破的挑战。

（二）弥补当前图书馆现行服务模式的不足

当前图书馆主要以复合图书馆的形态存在，是传统图书馆与数字图书馆的结合形态。当前图书馆服务的主要模式及其不足，主要如下：

第一，大众化服务模式。当前图书馆提供的服务主要是面向大众的、群体化的服务。其服务内容和服务方式没有针对性，适用于所有用户，与当前用户需求个性化、专深化，期待面向此时、此地、此场景的服务需求相差甚远，所提供的信息服务不够深入，不够细化、不具有针对性。

第二，被动化服务模式。当前图书馆的服务主要以实体馆藏资源为主，坐等用户到馆寻求图书馆服务，服务方式被动，缺乏与用户的互动和沟通，与当前信息环境下用户需求个性化、即时化的特征相背离。随着互联网技术的发展和网络信息服务的完善，用户信息行为呈现"懒人化"趋势，寻求以最方便、最省力、最节约时间的方式获取信息的特征越来越明显，但图书馆在主动推送信息服务、为用户定制信息服务的实践方面还需要进一步探索。

第三，单一化服务模式。随着用户信息需求的转变，图书馆在创新图书馆服务方面做出了诸多尝试，由传统地提供检索借阅、参考咨询向学科馆员、知识导航等多样化服务进展，以多种服务方式并存。但是在具体服务类型的深度上还远远不够，服务内容、服务方式和服务主体都略显单一和粗糙，虽然已经提供了多样化服务，但是这些服务基本还停留在基本的浏览、借阅、检索等简单、基本的服务层面，服务人员的构成单一、资源配备单一、空间布局单一。

第四，分散式服务模式。服务部门设置分散，用户往往需要往返于各个部门才能最终获取所需要的信息服务。资源分散，馆内资源、馆际资源以及网络资源的整合力度低，集成度低，缺乏跨库的一站式检索，用户在需要专业的文献资源时，往往需要在不同的资源部门、不同的资源系统、不同的检索界面进行来回切换，大大降低了资源的获取与使用效率。

此外，当前大部分图书馆的人才引进方式和人才培养方式尚不能满足图书馆在信息时代背景下的服务建设需求。现代图书馆管理服务创新在服务方式、服务内容、服务理念和用户方面都对传统图书馆的服务进行了改革和创新，能够有效弥补当前图书馆用户服务存在的主要不足，更加注重用户的个性化服务与主动服务，提供多样化信息服务，最大程度实现资源与服务的有效整合与集成。

（三）实现转型与超越，助力智慧校园建设

基于信息时代的图书馆服务创新是其实现转型与超越的需要。伴随网络信息服务的发展，图书馆传统的信息服务功能正在逐渐被弱化。新信息环境下，用户信息需求的不断变化使得图书馆的转型与超越迫在眉睫。图书馆基于信息时代的服务创新体现了高校用户群新信息需求的特征，为图书馆实现功能转型和角色创新提供了新思路，注入了新活力。基于信息时代的图书馆服务创新是未来图书馆发展模式——智慧图书馆建设的基础和需要，也是实现这一顶层设计目标的重要内容。

基于信息时代的图书馆服务创新为智慧校园建设提供有力支持。图书馆是高校的重要组成部分，基于信息时代的图书馆服务创新能够为智慧校园建设提供泛在智能的学习环境支持，提供无处不在的网络学习与融合创新的网络科研支持，为高校师生提供一个泛在多元的智能化学习环境，包括融入教学的智能学习环境支持、融入科研的学科服务平台、不受时空限制的移动图书馆服务等。图书馆服务创新能够有效助力智慧校园建设，为智慧校园更好地实现泛在智能的学习环境、协同创新的科研网络法制、高效的校务管理、丰富多彩的文化氛围、活力人性的校园生活提供有效支持。

二、现代图书馆管理服务创新的内容与方法

（一）服务创新理念

信息时代图书馆服务创新的目标主要包括四个方面：一是实现图书馆的功能创新和角

色创新，完成转型与超越；二是与智慧校园或者智慧教育建设齐头并进，相辅相成，实现共建、融合和发展；三是提供符合用户实际需求的智能化、个性化、多样化、知识化与绿色化服务，最大化满足用户需求；四是实现图书馆的可持续创新发展。因此，为实现现代图书馆管理服务创新的目标，必须建立科学的服务创新理念。

第一，以用户为中心。信息时代是注重人本性，强调以"人"为基点进行整个社会建设与运行机制的顶层设计。秉承这一理念，图书馆服务创新模式应从以文献资源建设为中心的基础模式转向以用户服务为中心的智慧模式。信息时代注重用户的智慧参与，强调公众价值和个人价值的塑造。图书馆服务创新的建设只有以用户为中心才能体现信息时代以人为本的本质追求。

第二，泛在服务。泛在服务是信息时代对图书馆服务创新提出的基本要求，是图书馆实现智慧服务的重要内容。泛在服务的实现需要高度智能化的技术支撑，尤其是网络通信基础架构的建设。最具深远意义的技术是那些从人们视野中消失的技术，这些技术已经渗透到人们的日常生活中，以致和生活难舍难分。现代图书馆管理服务创新的目标是让用户享受泛在化服务的同时却忘记技术本身的存在，如同人们使用文字一样，习惯却忘记其实文字本身也是一种技术。

第三，大同融合。信息时代是技术大同的时代，技术大同导致业务融合，反映到图书馆服务中表现为服务集成化、资源共享化、资源整合化和用户服务交互化。图书馆用户需要更加高效集成的信息服务，而冗杂分割的服务体系导致的用户流失会让服务本身失去存在意义。技术大同环境下，人们以融合的方式共建共享信息资源与信息服务，这种协同共享模式能够促进个性化服务的发展，使人们的个体选择得到尊重与实现。

第四，可持续发展。图书馆服务创新的建设必须与图书馆未来的发展趋势和顶层设计目标结合，只有这样才不会导致重复建设与资源浪费。可持续发展主要体现在绿色节能和低碳环保两个方面，体现在以最小的成本和投入实现效益最大化，体现在当前的建设能为后续发展建设服务和所利用。信息时代的本质是通过智能技术，以更低的成本保证整个系统的健康、高效、绿色、持续运行，这也是图书馆在信息时代服务创新的目标。

第五，安全可靠。安全可靠强调的是用户隐私和信息安全。随着智慧技术的应用，大数据时代的产生，服务越来越智能化的同时，用户隐私和信息安全问题随之而来。人们欢迎图书馆提供智能高效的服务的同时，也注重用户信息如何在大数据的环境下得到保护和尊重。这是一个必须引起重视和思考的问题。除了加大安全技术的研发以外，从人文和社会管理层面上，与用户读者建立相互信任的机制显得尤为重要。图书馆必须与用户一起认真思考、统一协商，并最终做出决定。

（二）服务创新内容

本书探讨的图书馆的服务创新主要基于新信息技术的服务创新、基于空间的服务创新和基于知识服务的创新的角度来构建现代图书馆管理服务创新体系。

基于新信息技术的服务创新主要指的是基于物联网、云计算技术以及移动通信技术下的图书馆服务创新。早在2003年，在芬兰奥卢大学图书馆的一项名为"Smart Library"（智能图书馆）的服务中，就提出将学生的位置信息融入图书馆的服务，根据学生所在的位置提供基于地点感知的图书馆服务。随后发表了题为《智慧图书馆：基于位置感知的移动图书馆服务》的会议论文指出"Smart Library"（智能图书馆）是一个不受时空限制且可被感知的移动图书馆服务，它可以帮助用户随时随地找到所需的信息资源。

信息时代的图书馆服务离不开移动图书馆的服务创新。我国首个推出移动图书馆服务的高校是2003年北京理工大学推出的移动图书馆服务。而物联网技术与云计算技术是信息时代的核心关键技术，信息时代的泛在互联离不开它们的支撑，基于物联网与云计算的图书馆服务创新是信息时代发展理念的集中体现。新信息技术的发展为图书馆服务建设创新了服务方式和服务内容，合理利用新兴技术给图书馆带来的有利影响有助于其更好地实现服务创新和突破。

基于知识服务的创新模式主要指的是在新信息环境下针对图书馆用户新信息需求而进行的知识服务优化与创新。图书馆用户由于其学习科研需求，对知识服务的需求更为突出和强烈，强调知识服务的全面性、专业性、系统性、持续性与前沿性。知识服务指的是根据用户的信息需求与所处的信息环境，利用自身拥有的信息产品、知识资源以及知识设备，以知识搜集、整理、分析、整合与重组为基础，提供满足用户信息需求的知识产品与服务，提供参与到用户解决问题的整个过程中的"一站式"综合服务，是面向用户目标、面向知识内容、面向解决方案，贯穿用户解决问题的整个过程的服务，是基于分布式多样化动态资源的系统服务，而不是基于固有资源或系统的服务，具有专业化、个性化、泛在化、增值化、合作化、集成化以及全过程一体化的特征。优化和创新知识服务是图书馆服务建设的核心竞争力。

（三）服务创新方法

现代图书馆管理服务创新建设要结合各个学校的学科专业设置情况，依据其图书馆的实际建设与发展情况，结合用户信息需求具体构建。当前我国图书馆服务创新的主要建设方法包括：

第一，基于原有服务和空间，优化改造与创新。这种方法是对现有的图书馆服务和空间进行优化改造，包括已经开展的移动图书馆服务、知识服务以及现有的电子阅览室、研讨空间服务等。结合现代图书馆管理的新服务理念和用户的新信息需求，从新的维度全方位拓展新功能，改造和优化原有的服务。基于原有空间与服务的优化改造不仅节约了成本投入，并且充分利用与整合了图书馆资源，实现图书馆服务的功能再造与创新。

第二，应用新技术，拓展新服务。这种方法主要是指利用新信息技术创新图书馆服务方式、服务内容，实现图书馆服务创新，包括引进技术和云计算技术、采用新的服务设备和终端，结合移动网络技术的发展，拓展移动图书馆新功能等。新技术的研发和应用是图书馆更好实现立体互联、全面感知、泛在智能的智慧服务的关键。

第三，寻求合作，实现效益最大化与最优化。与其他图书馆或者第三方合作机构共建合作联盟模式，这种方法立足于图书馆现有的资源、技术和服务，能够有效整合馆内资源和馆外资源，弥补自身不足。包括与校内其他机构、其他图书馆、非营利性第三方机构、商业机构（如数据库系统商、系统开发商、网络运营商）甚至是不同项目间的合作建设等主要模式。通过开展与利益相关者的有效合作，寻求图书馆服务的效益最大化和最优化。

第二节 现代图书馆管理服务的创新体系及运行模式

一、图书馆服务创新体系的构建

（一）构建以智慧技术为基础的技术支撑体系

第一，拓展与升级图书馆自动化集成管理系统。首先必须强调的是图书馆的自动化集成管理系统应该是构建现代图书馆服务创新模式的基础系统，是图书馆管理与服务的基础。现代图书馆管理的自动化集成管理系统应该要突破单馆应用范围的局限，覆盖范围更大的图书馆和更为广阔的应用领域，支撑图书馆的业务拓展和新技术的应用，成为更广泛范围的图书馆用户、资源、设施、业务流程等的服务与管理的综合管理平台，例如深圳市图书馆采用的面向对象的统一技术平台的基础架构。图书馆应该注重基于联盟的图书馆自动化集成管理系统的建立，实现图书馆联盟之间的统一服务和共建共知共享。

第二，搭建图书馆网络通信基础架构。搭建无线局域网络、传感网络和移动通信网络（图书馆网络覆盖体：Wi-Fi、蓝牙、移动通信网、互联网、校园网），实现图书馆的多网融合立体型基础网络架构，实现泛在互联，保证图书馆服务的连贯性与一致性，实现泛在化、跨时空、无缝移动的服务路径。目前大多数图书馆基本都有比较完备的有限局域网络的覆盖，但基于移动技术和RFID技术的图书馆移动服务和部分自助服务需要无线网络的支持，因此需要搭建无线局域网络，使无线热点区域基本覆盖图书馆的全部服务范围。物联网在图书馆的应用是基于互联网的基础上将图书馆的物与人、物与物、人与人通过RFID技术、传感器技术、智能处理技术、全球定位系统等按照约定的协议连接起来，以实现对图书馆的智能化管理和实现智慧化服务的手段。图书馆的物联化程度与传感网络的搭建直接相关。目前实现真正意义上"物联"的图书馆还未出现，图书馆的传感网络的搭建尚处于空白或者不健全的状态。因此，搭建图书馆传感网络是图书馆基础网络架构中的重中之重。通过无线局域网络和传感网络的建设使图书馆全面覆盖无线传感网络，使图书馆的感知层和网络层实现真正意义上的连接，构建真正意义上的物联网智慧图书馆。

第三，以物联网技术和云计算技术为支撑。图书馆的服务创新需要基于"物联网"技术的信息感知和基于"云计算"环境的分布式信息技术的支撑，让物联网承担起数据感知、获取、交换、处理与响应的任务，云计算承担起对大型数据中心、跨数据中心硬件资源及软件数据的统筹调度与集群服务。物联网技术主要是通过对布局在图书馆内图书、设备的传感器节点进行管理，通过无线传感网，传输到云计算中心，进行分析处理和共享应用，实现对图书馆的高效管理和向用户提供便捷服务。相对简单的信息处理如图书位置的定位、图书环境的温湿度传感信息由本地节点处理；相对复杂的信息相互理解或者需求如图书借阅信息分析、读者的兴趣爱好分析以及由此综合这两种信息提供的个性化服务则需要由本地的计算平台甚至被送至云计算平台进行综合处理。"云计算"为图书馆提供了一个共享式的计算环境以及强大的信息存储和处理的支撑环境，通过将计算任务分布在由大量计算机构成的统一管理和调度的资源池上，各种应用系统根据需要获取所需的计算能力、存储空间以及各种软件服务。通过"云计算"节点，将远程的各种网络资源、专题数据库、数字图书馆以及一些官方的或者私人组织所发布的信息融汇在一起，再由运行在"云计算"节点上的数据挖掘系统、数据综合处理系统等相关的工具和软件对所有信息和数据进行综合的预处理，为综合和个性化的信息服务、参考咨询、个性化服务提供有效的支撑。以"物联网"和"云计算"为支撑的技术实现的功能主要有文献资源的智能化管理、服务内容的智能化创新（个性化服务）、服务方式的智能化应用（异构终端使用、异构网络接入、基于位置和情境的个性化服务）、事务管理的智能化辅助（安全门、智能监控系统等）和资源、服务、技术的共建共享。

（二）构建完善的信息资源保障体系

现代图书馆馆藏资源呈现出多样性和复杂性的特征，既有纸本资源的形式多样性，又有数字资源的载体多样性；既有结构化数据的存储，又面临半结构化数据、非结构化数据存储和建设的挑战。在资源建设上，既有资源获取的复杂多样性，又有资源存储编目的复杂性。图书馆的馆藏非本地化使得普通图书馆能够获得与大型图书馆同等量级的馆藏和基础服务的无差别化，图书馆的资源服务若想在众多图书馆中脱颖而出，就必须注重自身资源建设，在保证与其他图书馆馆藏无差别化的前提下，扩容自身资源，优化自身资源，建设差别化、专业化、特色化馆藏资源。

第一，明确图书馆信息资源体系的建设原则。图书馆的信息资源体系建设首先要从自身定位出发，制订适合本校教学、科研发展的信息资源建设方案。其次，要全方位完善资源获取和建设方式，充实和丰富本馆资源库。再次，注重特色资源建设，凸显本馆优势和功能。最后，要同本校教学、科研部门保持实时关注和密切联系，不断调整、创新和优化资源建设渠道和服务渠道。

第二，拓展和优化图书馆信息资源的建设方式。首先，加强自身资源的建设，包括馆藏纸质资源建设的优化采购和数字化以及原生数字形式资源的建设。其次，建立图书馆联盟，寻求区域合作，加强与其他图书馆之间的资源、技术和服务的共建共享，共同构建共享平台（资源发现系统、资源获取系统、原文传递系统等）。再次，推进与第三方机构的协同合作，寻求资源、技术和专业人员方面的支持与合作，达到效益最大化、服务最优化的目标。最后，加强和注重网络资源的补充建设，最大限度挖掘符合用户需求的各方面的网络信息资源，包括资源和非营利性机构的网络免费资源等。

第三，构建图书馆网络平台与数据中心。搭建基于云计算的数据服务平台和存储中心。信息技术的发展对图书馆的网络存储容量提出了挑战，图书馆的资源存储和网络容量需要云计算技术的支持。应用云计算技术扩容图书馆的数据存储空间，通过语义 Web 技术、本体技术、网格技术，对海量信息进行挖掘、抽取、关联、整合，实现图书馆数字资源从数据库走向数据海，建立起智慧的云服务。

第四，优化资源发现渠道。资源发现渠道的优化能够帮助用户直观了解图书馆的信息资源，直接找到所需的信息资源。构建一站式的资源发现系统和知识服务平台，使得用户能够在最短的时间发现和获取符合自身需求的信息资源，包括馆藏纸质文献、电子书、电子期刊、数据库、多媒体资源、网络资源、商业资源以及其他图书馆、第三方机构的资源。创建学术资源或者知识导航系统，直观揭示图书馆的现有"馆藏"和馆外资源，便于信息资源的推介和用户查找所需要的资源，弥补了现有资源分类相对简单、宽泛的不足。在图书馆中较常见的有学科知识导航系统的构建、数据库导航系统的构建以及一站式学术资源导航系统等。资源导航系统的构建不仅要揭示本馆馆藏资源的分布，而且还要覆盖网络资源、联盟图书馆资源，甚至更广范围内的其他图书馆、第三方机构资源。完整的资源覆盖率才能保证用户获取最直接、最全面的资源信息。

第五，建立资源利用分析模型。对馆藏数据资源进行有效的分析可以直接了解馆藏资源的利用情况、用户访问资源的情况、用户感兴趣的资源情况，在此基础上调整和优化资源建设和服务策略。分析的数据应当包括用户访问各个数据库页面的数量、原文传递的数量、检索的数量、RFID 管理系统下图书资源的借阅率、访问率、阅读率等。

此外，随着移动网络技术的发展以及移动图书馆服务的逐渐推广，图书馆在采购数字资源方面应该兼顾移动平台建设的需求，使其所购买的数字资源能够最大限度地在各种移动终端得到使用。

（三）构建以创新型人才为依托的人员体系

图书馆的服务创新不仅是在服务内容与方式上的创新，同时包括服务主体的创新。在信息时代背景下，图书馆应该注重新时代馆员形象建设、价值理念建设、能力建设以及职业素养建设。图书馆的主体是图书馆员和图书馆用户，图书馆服务的来源和关键在于图书馆馆员智慧。通过馆员智慧吸引用户，将潜在用户转化为当前用户，传播和推广信息、知识，塑造服务品牌，实现图书馆的功能创新和角色创新，承担图书馆伟大使命，实现图书馆可持续发展和创新。为了适应快速变化的现实环境，图书馆馆员不仅要能胜任对现有体系和服务的执行和管理，还应具备卓越的洞察力和执着的献身精神，能时刻关注所在高校的用户有哪些信息需求，了解如何通过建设新信息源来提升服务质量，并聚焦那些能有效传播信息的新技术。

图书馆的人员体系宏观上应从服务理念、服务技能上进行建设。信息时代图书馆服务创新不仅是服务方式和服务手段上的创新，更应该是服务精神和服务理念的创新，体现出"以用户为中心""注重用户价值与参与""可持续发展"的理念，图书馆员需要具有卓越的洞察力，关注和发现用户的信息需求，掌握提升图书馆服务的建设渠道，在此基础上，接受新技术，学习新技术，为现代图书馆服务创新做足思想、理论、技术上的准备。

从微观上，针对图书馆信息服务的特征和用户需求，图书馆服务创新的人员体系建设应该着重从以下五方面进行：

第一，建立图书馆馆员行业准入制度和资质认证制度，注重馆员素养和技能培训。图书馆馆员的综合素质是决定图书馆创新服务能力和水平的核心因素。建立图书馆馆员行业准入制度和资质认证制度，注重馆员培训，对于图书馆整体服务水平的建设有着重要的作用。

第二，建设创新型的学科馆员队伍。学科服务是图书馆知识服务的重要内容，建设创新型的学科馆员队伍，提升学科馆员对学科信息服务建设的整体驾驭能力，从多个维度开展学科服务建设的内容，构建学科服务平台，创新服务项目，优化服务方式，为高校师生提供无缝、全方位的学科服务，有助于提升图书馆知识服务的整体水平。

第三，打造图书馆服务研究与推广团队。图书馆的服务创新需要一支专门探讨和研发服务的专业团队，如此图书馆的服务才能更加专业、系统，更具核心和品牌价值。需要强调的是现代图书馆员不仅需要具备创新的服务理念，新型的服务素质、服务技能以及职业素养，还需要具备促使政府、企业、用户对图书馆的重要性的认知，让他们了解图书馆对于社会、城市发展的积极意义，以激励他们对图书馆的支持和贡献的素质。这就需要图书馆员强化对外沟通技能、公关技能、品牌推广技能等市场营销知识，打造一支充满活力、开放、正能量的图书馆服务团队，以提高社会、公众对于图书馆的认知度。

第四，组建"知识工作者社区"。组建由知识工作者（图书馆员、高校教师和学生、其他信息机构人员、政府人员、企业人员、科研人员、专业社会团体人员等）组成的具有信息技术能力和知识开发能力的团体，旨在通过智慧协作，应用知识，开发知识产品，提供知识服务，实现知识创造和创新，形成决策方案，提供和共享智慧服务。知识工作者社区有实体知识工作者社区和虚拟知识工作者社区。通过鼓励对话、组合团体、促进合作三个方式，集合图书馆员、高校师生以及其他知识工作者的智慧，旨在促进个人共同发展，通过建立在线社区，促进合作伙伴关系，分享经验、知识和工作，提升能力和创新知识，发展工作者，为图书馆、高校、学科、行业，乃至经济、社会以及个人发展提供决策支持和信息解决方案。知识工作者社区的建立帮助智慧馆员创新服务理念，提升服务技能，强化服务能力，拓宽服务视野，实现综合发展。

第五，引入个人图书馆员。个人图书馆员的引入是对参考咨询服务的拓展和深化。图书馆根据学科设置参考咨询室，个人图书馆员针对到馆咨询的用户以及网络参考咨询用户提供咨询服务，最大程度实时解决用户的信息需求。针对用户复杂、专深的信息咨询问题则进行汇总和分类，同时提交专门学科馆员或者咨询团队，进一步制订信息解决方案，以最快速度为用户提供最优质量的信息服务。

二、图书馆服务创新的主要运行模式

（一）以引导自助型服务为基础创新模式

现代图书馆管理的自助服务主要是基于以用户为中心的建设理念，提供满足用户个性化信息需求的服务模式，体现用户的主体地位与个性需求，保护用户隐私，以期加强用户的自主意识，鼓励用户参与。图书馆的常规化服务和基础服务将主要通过图书馆的统一门户、自助服务平台或者用户自身的终端设备实现和完成。根据用户的兴趣爱好、信息需求特点、信息行为习惯自行利用图书馆提供的各种资源和服务，通过用户自主式参与实现自助服务，不必人工干预。湖南大学图书馆所开启的"读者服务系统"就是其中的典型，该系统由面谈式服务模式、网络虚拟式服务模式以及读者自主式服务模式构成，检索的内容包括借书、咨询、查新、阅览、自习、平面图六大部分，向在校师生提供图书馆馆藏与服务信息的检索与查询。

引导自助模式的目标是实现用户的自主化参与服务，最大限度地提升图书馆服务的智能化、高效化、便捷化，实现图书馆资源的优化配置，构建以自助服务为导向的现代化图书馆。

图书馆的自助服务体系主要包括自助检索系统、自助借还系统、自助文印系统、自助缴费系统、自助座位管理系统、研读空间自助预定管理系统、基于RFID的自动定位系统、网络自助服务和移动自助服务。

（1）自助查询系统包括图书馆馆藏书目的查询、电子资源的查询、座位与空间的查询以及图书馆的服务模块和流程查询等主要内容，通过自助查询终端一站式获取用户需要获取的信息和服务。

（2）自助借还书系统主要是指基于RFID的自助借还服务，支持实现的设备包括自助借还机和24小时自动还书箱，可以实现多册图书的同时借还。用户只需要将所需要借的图书拿到自助借还设备指定的区域，阅读器将自动识别统一认证的校园"一卡通"，读取图书信息，便可轻松完成借阅。而还书流程更是简便，只要将要归还的图书放置指定区域读取，然后放入还书箱，便可完成还书。

（3）自助文印包括自助打印、自助复印和自助扫描。图书馆通常采用校园一卡通作为自助文印的身份认证方式与扣费手段，用户持卡便可在图书馆的任何自助文印点进行打印、复印和扫描。例如，北京大学图书馆为了方便用户使用，推出了基于校园一卡通的自助文印与扫描服务，用户只需凭借手中余额大于 0.2 元的校园一卡通，便可轻松自如地在图书馆的各个自助文印服务点进行自助打印、复印和扫描。

（4）自助缴费指的是用户通过自助缴费设备完成的自助缴罚款的服务。用户可在校园内任意一台自助服务一体机上，使用校园卡完成缴费功能。

（5）自助座位管理系统和研读空间的自助预定管理系统。用户可以通过在线查询预约图书馆座位和研读空间，也可以通过图书馆的座位管理或者研读空间管理系统实现自助查询和预约，还可以通过电话查询与预定。

（6）基于 RFID 的自动定位系统。能够自动定位图书存放的位置，通过 OPAC 查询到图书信息之后，可以详细查看图书的馆藏精确位置，还可以通过在微机终端或者用户的移动终端显示最优路径信息，结合导航地图，引导用户自主、迅速找到所要查询的文献。

（7）网络自助服务。用户通过访问图书馆网站，借助自助服务平台完成的自助服务。主要有网上自助查询、电子资源检索、利用与获取、网上预约和续借、虚拟参考咨询、网上书刊荐购、自助网上馆际互借、在线阅读、流媒体服务等，通过登录个人图书馆，进行个人账户管理和个人收藏、借阅、书架等的管理。

（8）移动自助服务指的是基于移动设备终端的自助服务，包括图书馆信息的查询、资源检索与获取、电子书服务、基于位置与情境的信息服务、流媒体服务、参考咨询等服务。

图书馆自助服务的实现需要自助服务支持环境的支撑和图书馆服务人员的引导。自助服务支持环境的支撑包括有线与无线网络环境的支持、统一的用户认证系统、随处可见的参考咨询服务、随处可用的自助设备和辅助设施以及自助服务使用指南。例如，清华大学的人文社科图书馆为了方便用户查询和指导用户，在馆内建立了电话咨询系统，在每一个信息查询终端都配备了一个咨询电话，摘机即通，用户不需要进行任何操作，拿起电话便有馆员接听，如果占线，将自动转接到下一位咨询馆员，用户在图书馆内的任何位置都能随时随地得到馆员的帮助和指导。据统计，国内目前使用 RFID 技术实现自助服务的图书馆已经达到 50 多所，实现图书馆的自助借还服务、导航服务、感知的 OPAC 系统服务以及一定程度上的自助事务处，实现从办理读者证到借还书等一系列服务流程的一站式、一体化、全方位的服务，这些看似无人值守的自助服务，通过前端服务机与后台强大的管理系统和集成服务,实现用户与图书馆馆员、图书馆资源与服务的互联互通。

(二)以整合共享服务为核心创新模式

图书馆、各类图书馆系统及信息服务平台都有数量众多的特色文献资源和数字资源,但绝大部分信息都处于沉睡状态,既不共建共享,也不互通互联,甚至服务也处于有限开放状态,使得信息资源的获取很不便捷,这就需要打破界限,整合图书馆信息资源库,共建共享信息成果。整合共享服务模式是图书馆信息资源服务与未来发展的需要。图书馆的数据库以及建立在人工智能基础之上的知识库是图书馆信息资源服务区别于其他信息服务机构的取胜之道。其以专题性、深入性、学科性、知识性的主要特征成为图书馆作为主要信息资源中心的支撑之一。然而由于管理体制、方式上的障碍以及各方面的因素,大多图书馆的知识库、数据库无法得到有效整合,成为"知识孤岛"。在信息时代大数据的环境下,图书馆知识库、数据库的整合,乃至社会专业性机构、全球信息服务机构间的有效协作共享是未来图书馆服务发展的趋势和重要支撑。图书馆整合共享模式的目标是实现资源集成共享和服务集成获取,以实现跨平台的服务集成、跨时空的资源共享、跨部门的深度整合、跨馆际的物流传递,使用户在使用图书馆的过程中可以一站式获取所需要的信息资源和服务,主要是通过集群与协同两种模式促成资源与服务整合共享。

集群服务模式包括基于平台的服务集群和基于空间的服务集群。基于平台的服务集群是指通过建立一个服务集成的平台或系统,将 Web 服务的一站式检索、资源获取、信息导航、个性化定制与推送、移动服务、空间服务、参考咨询、网上虚拟社区互动等集成一个平台,向用户直观地揭示图书馆的资源与服务;而基于空间的服务集群则是指在将图书馆的资源、服务、设备集成于同一个空间,以实现用户在图书馆空间内可以一站式获取图书馆的信息资源和服务,便捷使用图书馆的设备设施,而不需要跨空间跨部门获取。图书馆通过集群化的综合服务模式实现资源的共建性整合、集约性显示、无障碍转换和跨时空传递。图书馆的集群化发展趋势将表现为三大特征:整合、集群、协同。在保证各个平台和空间独立运作,履行各自职能的基础上,实现数据的同步交换、资源的整合共享以及保证系统的安全性。协同服务模式主要分为用户协同、行业协同、地区协同、国家协同以及全球协同等。

用户协同是信息时代协同服务模式的重要特征,是指集合用户智慧共同创建图书馆服务的行为,如图书馆"知识工作者社区"的构建。行业协同指的是通过与其他第三方机构的协同合作,实现共建共享。地区协同是通过以下几种形式来进行的:第一,本地图书馆之间的有效合作;第二,与本地其他各类型图书馆的合作;第三,跨地区的图书馆之间或者与其他各类型图书馆之间的合作。国家协同则主要指国家与国家之间的图书馆战略合作。全球合作的形式通常是由国际性的行业组织或者图书馆机构牵头合作,为共同促进某一个项目、达成某一个目标或者实现某一个宗旨而形成的全球范围内的合作。比如联合国教科文组织推出的"世界图书馆项目",力求实现全球范围内的知识财富和数字资源整合,包括手稿、珍本书籍、录音、乐谱、电影、建筑图纸等珍贵资源的整合,以实现全球范围的知识共建共知共享。

集群协同需注重用户参与。集群协同的着力点在于用户与用户、馆员与用户、馆员与馆员以及图书馆与图书馆、图书馆与其他社会信息机构的交互信息、服务共建,突破传统的封闭式、分割式、自治式的体制和管理方式,实现基于智能信息技术之上的服务协同,创建读者参与互动式的自主式服务与管理。智慧技术的使用应该融入图书馆参与式的用户管理和服务中去。协同模式是图书馆服务从分散走向集群,异构趋向统一,自治走向分布的信息协同服务机制。

图书馆应努力拓展与其他图书馆、行业机构以及非营利性的社会信息服务机构的合作、融合渠道。通过行业联盟、图书馆联盟或者发展总分馆制使得图书馆能够获取其他图书馆、行业机构的文献信息资源,实现最大范围内的文献信息聚合,让用户能够以最低的成本投入获取最需要的信息资源。

(三)以个性开放服务为重点创新模式

现代图书馆管理服务最主要的特征是针对用户个性化信息需求的面向此时、此地、此情境的信息服务,是根据用户环境,指向特定用户特定需求的个性化服务,是无障碍接入、无障碍沟通、无障碍交互的开放性服务。个性开放模式将用户在虚拟环境与图书馆实体环境下的信息行为结合,将馆藏文献信息与用户信息结合,建立能系统、真实、全面反映用户个性特征和需求特征的用户模型,自动识别和感知用户的当前位置及其所从事的工作、学习、研究内容,实时、主动地为其推送关联信息并提供全方位、一站式的个性化服务。泛在互联的智慧技术使得图书馆在服务时间、服务空间以及服务方式上都得到有效延伸,透明度更高,开放性更强。任何用户能够随时随地以任何方式无缝接入图书馆服务。图书馆采取个性开放的服务模式是注重用户价值的最佳体现,强调用户的参与交互和价值创造。开放性的服务方式是塑造开放创新空间,鼓励用户参与,整合用户智慧和塑造公共价值的关键。个性开放模式的目标是体现用户参与互动价值的自主式服务,通过用户分析模型以及用户信息行为分析,最大化满足用户的个性化需求。

个性开放服务强调个性化信息环境的塑造。用户在这种个性化信息的机制和框架下可以实现个人信息的自由组织,进行无障碍的信息交流,充分满足个人要求,使用户能够高效、安全、便捷地获取信息,利用优质的信息资源服务。在个性化信息环境中的信息资源与信息服务基于用户所处的信息情境,针对用户个体需求,尊重用户的个性化选择,更强调关注用户本身。

个性开放服务的主要模式包括个性化知识服务和个性化的移动图书馆服务。个性化知识服务由整合集群的个性化知识发现平台、个性化学科服务和个性化定制与推送服务三个主要部分组成。个性化知识发现平台不仅能够实现本馆自身信息资源、联盟图书馆信息资源、网络免费资源的一站式跨平台和跨地区搜索，而且还能实现针对用户个人兴趣爱好、信息行为习惯、学科背景和研究重点的知识搜索和查询，实现学科化排序；个性化学科服务是指针对图书馆用户的学科背景和研究领域提供的信息服务，例如个人图书馆员的设置以及针对学科、研究重点向用户主动推送的学科化服务；个性化定制与推送服务主要是基于技术的信息定制与推送方式，将图书馆的最新动态、电子资源的增减、服务内容的调整、服务方式的变化、用户的借阅情况和预约情况定期实时地向用户推送，结合技术下建立的用户分析模型，根据用户阅读偏好、阅读习惯、阅读行为以及通过智能搜索系统获取到的用户检索条件和需求分析，建立用户基本信息数据库、用户需求管理数据库、信息资源数据库和个性化数据库，将最符合用户信息需求特征的信息资源定期实时主动向用户推送。

个性化移动图书馆服务主要是基于位置和情境的移动信息服务，同时也包括移动个人图书馆服务。例如，移动图书馆便是利用移动终端设备，基于用户地理位置并结合社交网络特点向用户提供信息服务的一种移动服务。其最大的特点是它是通过用户情境信息的匹配，获得资源与用户需求兴趣的聚类参数，反过来应用于资源和服务发现与推荐，而不是直接满足用户的信息需求，在社交越是充分的条件下，获取的用户情境信息就越多，就越能体现服务的个性化。用户自发建立交流空间，支持用户在空间中的各类相关活动，实现图书馆虚拟空间和实体空间的立体互联和高效融合。

此外，图书馆的个性开放还应体现在图书馆建筑与环境设计的人文化、艺术化，体现在图书馆家具设施布局的舒适化和人性化，体现在图书馆空间的开放性和设计的个性化。图书馆的个性开放服务应该是融合在图书馆空间与服务中的每一个细微之处，让用户体验到真正舒适的、个性的、贴合他们需求的智慧服务。

第三节　现代图书馆管理服务协同创新机制分析

一、现代图书馆管理服务协同创新机理

当前图书馆学科服务更重视知识信息向可理解知识资源的转化，注重对知识的有效整合、深度加工与再创新，为图书馆学科服务提供全面的支持。

（一）基于个体的知识转化

知识是对信息的深度挖掘、高效整合及深度利用，分散的信息资源借助知识发现工具与信息提取技术转化为有价值的、能被有效利用的知识资源，根据知识螺旋将知识信息转换成能被用户识别、利用的知识信息，用户通过检索、学习、深度认知找到知识的内部关联，将外部知识信息转化成个人知识结构的一部分，形成完善的知识体系。现代图书馆管理服务协同创新重视以技术化、可视化为手段，借助信息检索引擎、知识传递平台将馆藏知识资源通过学科服务传递给用户，通过分析用户的知识结构、教育背景、学习能力进行

知识转化，使学科知识成为用户知识体系的一部分，帮助用户健全知识结构。

（二）基于群体的知识交互

用户群是图书馆学科服务的主要单元，借助大数据技术、用户认知模型，图书馆可以精准测算出用户的知识需求，借助数据模型分析某些用户具有的相似行为偏好，将具有相似行为偏好的用户划分成一类用户群，根据用户群的知识需求为群体用户提供学科服务。由此，在图书馆学科服务过程中，面向用户群的学科服务成为解决大多数用户学科知识需求的方式，通过有效的学科知识输出、学科资源分享，图书馆与用户群之间形成了知识交互体系，在推进知识信息、学科资源深度共享与交互利用的基础上，促进知识转化，加速知识创新。

（三）基于组织的知识拓展

基于现代管理理论的图书馆学科服务创新需要大量知识资源支持，仅凭馆藏资源或是用户加工反馈的知识是难以充分满足个体用户与群体用户多元化知识需求的，还需要依靠图书馆组织、读者组织进行有效的知识拓展，即依靠组织系统完善的网络体系，多样的信息获取渠道，从多种途径获取知识资源，依靠图书馆知识加工系统将知识信息转化为能被利用的知识资源，并通过学科服务将知识资源提供给个体用户、群体用户，使部分知识资源可供用户使用、加工，实现深层次的知识聚合，为知识创新奠定良好的基础。

二、基于现代管理理论的图书馆协同创新机制

图书馆学科服务由面向用户的服务，到知识资源的加工和再创造，推进自身服务能力强化，对知识资源进行深度加工利用，推进知识资源形成能有效加工利用的产品，使学科服务效能提升。基于现代管理理论的图书馆学科服务，可利用知识发现工具建立满足用户获取的知识数据库，满足用户个性化资源获取、知识服务等方面的需求。

（一）基于研究机构的知识组织

图书馆搜集多学科信息及对知识资源的整合，主要是满足学科服务过程中的知识创新需要，促进学科服务体系优化。在知识信息搜集过程中，对知识信息的描述、关联、组织是必不可少的流程，图书馆作为学科服务组织、知识聚集地，很难保障新学科知识及时更新，为了突破单一的知识组织局限，图书馆有必要与研究机构深度合作，基于研究机构实现新知识信息的及时抓取、高效聚集，建立基于研究机构的知识组织网络。众所周知，研究机构比图书馆在学科研究、学科知识资源共享方面更具优势，通过与研究机构深度合作，图书馆可对前沿学科领域的热点知识进行及时搜集、有效组织，及时更新馆藏资源，为学科服务提供更有效的资源支撑。

（二）基于专业学科的服务创新

基于知识螺旋的图书馆协同创新需要有不同的知识主体提供专业的学术服务支持，除

研究机构外，还要有专业学科支持，也就是根据不同学科的研究特点、教学特点、建设特点进行学科服务模式创新。一方面，图书馆要与高校重点建设学科达成战略合作协议，依靠人力、技术、资源优势，为学科师生教学研究项目提供学科查新、学科咨询、科研辅助等服务；另一方面，图书馆要从高校专业学科建设上及时搜集新知识、新技术，逐步拓展馆藏资源，丰富学科服务内容，实现学科服务的有效创新，保障学科资源有效共享。

（三）基于信息网络的学科共享平台

图书馆实现知识创新的重要前提是有效的学科交流，协同研究机构、信息管理机构、高校、读者建立满足多方交流的学科共享平台，依靠信息网络及智能交互工具实现学科资源共享。图书馆学科服务有不同的服务对象，可能是科研人员、高校教师、文化工作者，也可能是在校学生，为了满足不同服务对象的学科服务需求，图书馆有必要与多种学术服务主体深度交流并深度共享知识资源，由不同的学术服务主体联合图书馆共同开展学科服务，不仅能提高学科服务的有效性、针对性，还能对学科知识深度聚合、加工及再利用，在学科服务过程中实现知识创新，促进不同服务主体协同合作。

三、基于现代管理理论的图书馆学科服务协同创新机制实现路径

现代图书馆管理服务协同创新机制，可以推进图书馆形成完善的学科服务体系，推进图书馆知识创新与学科资源共享。这就要求图书馆树立学科服务协同创新理念，建立学科服务知识交流创新平台，打造专业的知识创新学科服务团队。

（一）树立学科服务协同创新发展理念

互联网时代，用户的知识环境处于快速变化中，可供用户选择的知识服务方式也呈现出多种变化，很多图书馆将学科服务协同创新提升到了战略高度，并提供了各类资源支持，但取得的效果并不明显。例如，为帮助某一高校重点学科建设，图书馆会根据高校学科发展情况建立学科服务团队，并对科研课题长期跟踪与巡查，而学科服务任务结束后，团队会自行解散，使得在学科服务过程中积累的知识处于孤立的分散状态，缺乏学科服务的长效性与稳定性，不能实现高效的知识创新。因此，图书馆要实现基于现代管理理论的学科服务创新机制，就要树立学科服务协同创新发展理念，将图书馆、服务对象、学科服务组建打造成统一的有机体，配备一定数量的学科馆员，建立规范化的学科服务制度，面向服务对象有效开展学科服务工作。图书馆要理清三者关系，发挥自身在学科服务中的协同作用，以协同创新发展理念为纽带保持三者的稳定联系，将学科服务中经验、知识、技能与各自优势结合起来，使学科服务成为知识搜集、组织、加工、利用、创新的重要过程。

（二）打造学科服务知识交流创新平台

知识交流创新平台是图书馆、学科服务、服务对象进行知识交流与知识分享的重要平

台。一方面，图书馆学科服务团队内部可借助知识交流创新平台从多种途径获取知识资源，丰富自身知识库；另一方面，用户、图书馆也可以吸收学科服务团队获得的知识资源，特别是在学科服务团队支持下开展多种活动。由此，图书馆、学科服务团队、学科服务对象都可以从知识交流创新平台获得于自身发展有益的知识资源，塑造各自的知识体系，更高效地开展知识交流活动。同时，知识交流与创新对学科服务团队与学科服务对象极为重要，能帮助学科服务团队与学科服务对象之间建立信任，更好地就图书馆学科服务进行沟通交流，解决学科服务中遇到的问题，通过显性的知识获取和隐性的知识共享，推进知识创新，促进图书馆学科服务协同创新机制实现。

（三）打造专业的知识创新学科服务团队

对图书馆而言，学科服务团队的作用毋庸置疑，具有高素质、高水平、高能力的学科服务团队，不仅使图书馆学科知识资源整合能力得到增强，还能推进图书馆学科服务以符合用户的个性化的方式呈现，使服务效果更明显。对于图书馆而言，提高学科服务呈现效果，必须是图书馆员嵌入到用户的科研教学环境中，掌握用户的行为偏好和需求，在推进知识交流共享的基础上，逐步帮助用户掌握学科服务协同创新的特点，更有效地推进知识创新。一方面，学科服务团队要逐步加深与外部学术机构的合作，提高知识服务效果；另一方面，要逐步强化与用户的沟通交流，结合用户需求进行知识创新。学科服务团队中的图书馆员可以依靠多种方式与用户需求建立联系，依靠用户智慧创造出更多有价值的知识产品，实现知识增值，逐步提升知识创新能力。

总之，图书馆学科服务协同创新机制是图情界学者长期研究的课题，是图书馆知识服务的重要呈现方式。在现代管理理论的快速发展背景下，现代管理理论将越来越多地运用到图书馆管理与服务之中，图书馆管理人员不仅可优化图书馆知识发现、知识咨询、知识服务、知识管理等学科服务环节，实现知识资源全方位共享与创新，更好地适应用户的知识需求，而且也能进一步提升自己的图书馆管理理论认识和知识水平，为自己的职业生涯发展注入动力。

第四节　现代图书馆管理与服务创新的模式

一、图书馆服务应融合于社会网络

（一）社会网络

社会网络是指社会成员在社会活动中由于信息内容的共同之处而缔结成的关系网络，是人与关系的一个集合，其中的关系是内核，影响着人的黏合度、信息获取度、信息的传播、交流的深度等。格兰诺维特将关系分为强关系和弱关系，强关系在信息的传递速度、可信度和影响力方面优于弱关系；弱关系在信息获取方面有优势，能获取很多有价值的外部信息。在泛在知识环境下，社会网络集中表现在行为主体在网络交流中形成的特定关系架构。社会网络稳定存在并延续的关键点在于知识的共享性、交流的平等性、互动的畅通性、目标的同属性以及目的的互利性。社会关系的协同性是普遍存在的。泛在知识环境能够实现用户的广泛参与和无察觉体验，这更推动了社会网络的协同行为的广泛深入发展。行为的主体（包括个人和组织）通过共同的信息目标形成一定的关系网络，网络中的成员会不断交流互动以求协同，这也促进了用户的聚合。这个循环的交互过程会产生不同的社会网络态势，态势和行为者之间是相互影响、相互支配的。用户的自主创作、自由交流、积极协作、主动分享等行为能构建出正价值的社会网络态势，同时有序的网络态势又会给用户带来正能量，能够加强用户对社会网络的归属感、认同感和信任感。在这些情感的驱使下用户对社会网络的贡献将变得积极、自主、充满热情，并且能延续不断。

社会网络的协同性是图书馆进行用户和资源聚类的最大助力。用户在社会网络中协同地完成主题创建、资源获取和更新、资源创作和评价、流程规划、知识的挖掘和共享、知识创新等行为。相关的知识和用户通过网络标签功能自动聚合，并相互关联起来。这种相关性越紧密，相应社会网络的内融性就越高，能融合更多的群组参与其中，知识的共享性也就更加广泛，创新价值也就更大。社会网络的协同性还避免了社群中用户的控制化趋势，用户在社会网络中平等地享受权利，没有所谓的规范化、标准化的束缚。完全由用户自发地创建、生成和推荐，是用户意愿的真实表达，具有很高的参考价值。

（二）图书馆服务嵌入社会网络

图书馆也应该跟上泛在环境发展的步伐，从政策层面制订与社会网络融合的计划、日程以及战略性规划。图书馆界也应该起到引导和鼓励的作用，促进图书馆整体发展水平的提高。图书馆在社会网络中除了推广特色化的服务外，应加大技术研发的投入力度，自主开发出相应的功能软件，这些软件可以实现图书馆服务内嵌于社会网络中。用户只需安装图书馆的该类功能软件，就能轻松实现在社会网络中一站式地享受到图书馆的服务。比如，中国科学技术大学图书馆构建的 LISER 就很好地实现了这一功能。图书馆在 SNS 网站中除了常规的关于图书馆介绍及图片展示外，还可加入各种培训、讲座、报告的视频。图书馆参考咨询馆员也参与到 SNS 网站的服务中来，是虚拟参考咨询的拓展。图书馆可尝试在 SNS 中开会，每个与会人员都以一个虚拟形象出现，在泛在环境时代相信这些尝试能大大提升图书馆网站的认知度，使图书馆主页的访问量有明显攀升。

二、创建隐性知识的外化平台

最早提出隐性知识概念的是波兰尼，之后对隐性知识概念的表述有很多，并逐步细化。综合诸家要义，隐性知识就是非编码化的，分布在个体或组织中的经验、技术、窍门、态度、信仰、价值观以及组织文化、组织内部传承的工艺等知识片段，是人们对客观事物的认识和体验，具有较突出的个性化特征，难以用标准化的语言来描述，难以用精确的数字来衡量，是一种抽象的、非结构化的知识。人们往往更多关注的是容易获取和流通的显性知识，实质上隐性知识就好比是一座大山，而显性知识也只能算这座山上比较显眼的树木而已。隐性知识中所隐藏的价值，就堪比是这座大山中深藏的矿藏，其价值是惊人的。隐性知识的挖掘是知识创新的推动力，隐性知识的交流和利用能够不断地激发出思维的火花，生成新的知识。

用户的参与性和体验性已然成为检验图书馆服务的重要参考指标。泛在知识环境下用户对存在于个体头脑中的或组织内部的隐性知识碎片的关注热度不断提升，需求更加强烈。图书馆应该着力对社会的、组织内部的、馆员的、用户的隐性知识加以挖掘并促成其显性化，使这些知识形成一种凝力，提升图书馆的服务水平和创新能力。图书馆要搭建相应的服务平台来促进隐性知识的交流利用、传播创新，并将隐性知识添加到信息组织的对象中，实现用户的学习能力和知识水平在隐性知识不断融合外化的过程中不断提高，同时，图书馆的创新服务水平也在这个过程中不断提升。

（一）隐性知识外化的主要技术

泛在知识环境为隐性知识的外化创造了最优环境。泛在环境鼓励用户的自在参与，提倡的是集体智慧。为用户建立起来的是一个平等的、和谐的、有共同兴趣爱好、有相似知识背景的交流平台。在这个平台上用户能够参与到信息的组织中，既可以对自己感兴趣的内容进行标注，也可以上传和共享自己感兴趣的文字、音乐、图片、视频或者是自己的一些创作。泛在知识环境本身就具有亲民的特点，它强调的是网络面前人人平等，每个用户都具有平等的"发言权"。这种平等的环境反而能催生用户的自尊心理，每个人都不想辜负自己的这个话语权，在发表观点和标注之前都会谨慎地理清自己的思路，查阅相关的信息来作为自己观点的支撑。而这一过程本身就是用户自我隐性知识的一个激发和外化，也是用户自身的完善和提高。

先进的计算处理技术为隐性知识的外化和共享提供了坚实的技术保障。最常见的几种技术有以下几种。

1. 博客应用分析

博客（Blog 或 Weblog）是交流共享技术的典型代表，已经被大众所认识和接受，有着广泛的用户基础。用户以网络日记的形式来展现自己，记录自己的所见所闻、所观所感、经验体会、瞬间的思想火花等很多很私人的东西，并以创作的形式展现出来。它是隐性知识的一个自由的呈现及深度的表达。在泛在知识环境下，每个博客就相当于一个知识树的枝杈，这些枝杈通过内容聚合工具聚集到一个大的知识树中。博客不断更新，聚合工具根据内容将不同发布者的博客聚合起来，搭建起一个交流共享的平台，这个平台也将隐性知识进行了聚合。Blog 的个性化的知识管理功能和系统之间的标准化交互机制是其能在隐性知识外化中发挥重要作用的主要原因。

2. RSS 应用分析

RSS 是一种多用途可扩展的元数据描述及联合推广格式。它的主要功能是将知识碎片进行聚合，并根据预定需求提供推送服务。RSS 对信息更新很敏感。用户可以通过订阅自己感兴趣的博客及时了解所关注博客的更新情况，并可以通过留言的方式进行深度交流。用户通过相互订阅博客就形成了以某个主题为中心的一个相互关联的网络，用户之间可以就这个主题展开讨论和研究，从而不断促进博客的更新，不断地使隐性知识显性化。

3. TAG 应用分析

TAG 能够实现信息的分类管理。运用 TAG 标签，可以使用户发表的文章更容易被搜索到。TAG 标签是一种由用户自定义的，比分类更准确、更具体，可以概括文章主要内容的关键词标签。其实就是对各种载体形式的信息的标识、记号，帮助用户理清思路，对资源进行快捷地归纳以便提取时的方便。用户对资源定义标签，是在对信息吸取后的一种行为，是个人隐性知识的充实。同时定义标签也是在对个人隐性知识的完善后的一种呈现，是隐性知识的显性化。

4. Wiki 应用分析

Wiki（维基）是一种超文本写作模式，最大的特色就是其开放共享性。每个用户都平等地享有对内容的阅览、标注、删改、上传下载、发表意见、创建新内容等操作、是一种共同协作、集体创作的典范。系统能够识别用户的各种操作行为，并以不同的版本形式记录下这些更新。维基百科拥有自己独到的管理体系和技术架构，确保系统开放而不混乱。首先，维基百科有提供给新用户实习的页面，用户在这里可以进行编辑练习，以避免不必要的误操作。其次，维基百科对于恶意的操作者是有记忆功能的，会对其在之后的操作权限上给予限制或者阻止。再次，维基百科记录了更新的各个版本，即使用户对某些页面进行了错误的删改，系统还是可以根据之前的版本记录进行还原。另外，由于用户在维基百科中可以就某个主题展开深入的探讨，通过这种交互式的协作交流，实现了隐性知识的调动，激发出很多创新的知识。当页面编辑的标准化达到维基百科的规范要求时，系统将限定用户对该页面的编辑操作。

5. Digo 应用分析

Digo 是一款能够对信息、群组和其他材料进行标注、分类的社会性软件。只要安装了 Digo 软件，用户就可以轻松地实现对信息资源的在线编辑，就像阅读纸质文档一样在页面上划线、添加注释、表述自己的见解等。用户在首次使用时可以注册 Digo 账户，之后只要是通过自己的账号登录的，那么接下来的所有操作都将存储在该账号下，只要用户在个人设置项目中设置了共享，这些编辑操作就可以被其他用户分享。Digo 软件还能为用户创建讨论区，每个讨论区用户可自由加入，同一用户也可同时加入多个不同的讨论区，讨论区的成员还可以邀请其他用户加入。成员间除了相互探讨学习之外，都可以对其他成员的观点给予评论和评价，这些评价对于用户而言是对自身的思考、审视、吸取和提高。这样的球状的人际网络大大地提高了用户的交互性学习的机会，有效地促进了隐性知识的转化和升华。Digo 对讨论区内用户创建的主题数，以及参与各主题探讨的人数是能够自动统计的，并根据统计数据提取出关注热度较高的主题加以标示，吸引更多的关注者参与其中，使其不断地完善。用户可以利用 Digo 的注释功能标注出在利用资源过程中遇到的难题以及需要帮助和解决的问题，图书馆可以利用这一功能发现用户的服务需求，有针对性地帮助用户解决问题，提供有导向性的服务。

6. 知识地图应用分析

知识地图也是隐性知识外化的一个重要的工具。知识地图顾名思义就是具有指向性的知识索引。它就是一个知识导航，帮助有特定需求的用户快速地查找到所需知识的源头，指向知识的所有者或者是知识专家，可以为用户和专家之间建立联系，在他们之间的连线交流中实现隐性知识的获取。知识地图是一个知识可视化显示的总目录，它反映了各个知识环节之间的有机关联，可随意通过任何一个知识节点检索到其他知识点的路径。图书馆在对隐性知识外化的探索中应该加强对隐性知识地图的构建，图书馆应在管理层面上形成机制，全方位地汲取各方面的隐性知识。加强馆际交流，将本馆的积淀以及从外部学习到的精华以总结和报告的形式在图书馆内部进行传递。逐步形成良好的图书馆人文环境，使人们在平等、公开、相互尊重、相互信任的社会关系中有展现个人隐性知识的积极性，使得隐性知识的传递成为一种需求和风尚。对用户隐性知识的挖掘更是图书馆提升创新服务的根基。根据隐性知识之间以及隐性知识与显性知识之间的关系，对隐性知识具有的类别特征进行显性化的标引，构建具有鲜明图书馆特征的隐性知识地图。

(二) 构建用户隐性知识的外化平台

图书馆应着力思考的问题是如何实现对隐性知识的深度挖掘和提高隐性知识的可获取性。图书馆建立起一个交互式的平台，将用户的经验、技术、想法以及突然萌动的灵感借助相应的技术具体化、形象化，并以文字、图片、音频、视频等形式展现出来。这个过程就是将用户隐性知识微单元串联成知识单元，并显性化体现。用户在平台中平等地分享自己的知识和见解，并能够与其他用户或是某知识领域的专家进行交流，实现多种异同认知的互动。隐性知识的交互隐含着相似性规则，就是具有相同或者相似学科背景或研究领域的用户更易于隐性知识的交流。图书馆必须尽可能地调用可用的技术手段、优化网络配置，通过学科馆员制度加强与学科专家的联系，逐步完善专家知识库，并尽可能多渠道地发掘隐性知识，不断提升图书馆的知识竞争力。平台主要包括以下几个功能区。

1. 知识发布

博客作为一种个人信息发布方式，已经广为用户所接纳。图书馆应该充分利用博客在拓展人际关系脉络、知识传播、隐性知识输出、知识创新方面的巨大潜能，结合图书馆服务性，创建满足图书馆服务目的的、能够提高图书馆服务水准的图书馆博客，内嵌于图书馆交互平台当中。图书馆博客完全可以按照图书馆的服务要求来量身定制，从页面风格、各项功能设置到专家知识库、知识的筛选、有序化标准等各方面。

图书馆博客能挖掘出用户多方面的触角，感知丰富的隐性知识世界。图书馆可以发挥自身的优势，将馆藏资源按学科特点进行深加工并以知识导航的形式引导用户学习和利用。用户在自己感兴趣的知识范畴可以分享自己独特的视角。图书馆对于这些零散的知识进行组织和深层次的揭示，最终提供给更多的用户。图书馆在博客中还可以渗透一些有关图书馆利用方面的知识和技能，使读者在轻松的状态下达到学习的目的。用户和图书馆本身都在这个隐性知识与显性知识的循环转化的过程中不断地突破和创新。

2. 交流反馈

交互平台就是为用户与用户之间、用户与图书馆之间搭建起一个沟通渠道。平台中，用户可以根据个人的偏好自由地组建社群、提出议题、发表观点、客观评价、相互交流、寻求帮助。图书馆工作人员也要平等地加入平台交流中，形成良好氛围的社会关系脉络。用户通过这个平台促进了隐性知识的流动和外化，可以更加深入地了解和享受到图书馆的创新服务；图书馆也能从与用户的互动中发现问题并指导协助用户解决，使得服务具有鲜明的个性化、泛在化的特征。

3. 资源聚合

图书馆交互平台的服务宗旨是泛在化，平台要实现资源的统一检索入口，实现一站式检索。RSS 的聚合不是单一完成的功能模块，而是融入、贯穿在整个平台中。用户通过 RSS 订阅自己感兴趣的新闻，订阅与自己关注领域相关的 Blog 或其他网络资源。在交互平台中用户还可以方便地获取教师的教学资源。另外，平台在技术上除了支持下载，还能实现资源的上传。用户除了上传自己编辑创作的一些文字、图片、视频外，还能将其在网络中发现的有价值的资源上传到交互平台中，这些资源都将作为图书馆的储备资源，在用户需求的时候以统一的检索输出形式呈现出来。

4. 知识可视化

图书馆交互平台要实现对隐性知识的深度挖掘，必须引入概念图、思维导图来实现隐性知识的可视化表现，这样才能使得整个交互平台的功能形成体系化、完备化。概念图和思维导图的功能就是将存在于人脑中的思维、观念、技能等隐性知识以明晰的脉络，可视化的逻辑关系加以外化和表示。在图书馆交互平台中要引导用户绘制概念图及思维导图，以某核心概念为中心发散思维，将关联概念用一定的词语来表达与核心概念的关联。用户通过这种隐性知识的可视化表达不仅能理清自己的知识逻辑，还能触及他人的智慧，可以说是隐性知识的碰撞。

三、以个性化为目标的图书馆推荐服务

图书馆数字化进程的推进以及网络技术的高速发展,使得图书馆的信息存储能力大幅提升。数据库整合技术使得图书馆的数据库资源在检索方面为用户提供了更加方便快捷的途径,然而呈现在用户面前的这些海量的信息往往会给用户带来压力和烦恼。另外,在泛在知识环境下,用户获取信息的手段呈现出了多样化、动态化的特质。如用户在使用移动设备获取信息和服务的时候,对网络状况、信号强弱等的依赖性比较强,这些因素的变化会引起用户意愿表达和需求目标的调整。图书馆必须适应泛在化环境,深度挖掘用户的兴趣、爱好、相似用户群体、关联规则等信息,形成以用户需求为原点的服务模式,为用户提供个性化的、恰当的推荐服务。

(一)实现图书馆个性化推荐的主要方式

1. 基于内容属性的推荐

基于内容的推荐是个性化推荐服务中应用比较广泛,也较为成熟的推荐技术和方法。图书馆对信息组织的相对规范化,为图书馆实现基于内容的推荐提供了可能。对信息数据按照他们的属性特征加以表述,并据此进行分类,每个类别都有其明确的概念描述。这些同类别信息的聚合、不同类别信息的区分就是信息聚类。另外,在泛在知识环境下,用户对信息资源可以用自己的理解的语言进行注释,这种随性的注释虽然属于自然语言,并不规范,但却能把相似或者相关的资源建立联系,从而将相同主题的信息资源聚类在一起。图书馆通过用户注册信息、浏览日志等既得情境智能地分析和挖掘用户的喜好,并结合用户的当前请求,先搜索到相关资源,并对搜索结果缓冲保存。接下来对所得资源进行深层的分析,细化到其相关文献的超链接,并将这些相关文献扩充到缓冲保存区。最后将所有缓冲存储的这些资源进行比对,找出与用户请求和用户喜好关键词或者关键词结构相同且具有相同相关文献的那些资源。这一系列的比对是对推荐结果的一个过滤机制,最后呈现给用户的是相似性较高的推荐结果。图书馆基于内容属性的推荐机制应完善以下几个问题:

第一,完善数据资源的整合平台,建立统一的资源检索入口,避免单个数据库、单个网站、单个服务部门的独立推荐。

第二,建立真实反映用户需求的用户兴趣库,从中获取最基本的静态情境信息。在基于内容的推荐服务过程中建立与用户进一步交流的渠道,如将用户检索策略和检索路径的修改过程存储下来加以分析。了解用户的真实意愿,以便及时调整推荐结果。

第三,在用户接收到图书馆提供的推荐服务之后,应有一个有效的机制来激励用户积极地完成对服务的反馈评价。对图书馆而言,这种激励可以虚拟成积分,用户的积分累积能够提高用户资历和信誉。这种资历和信誉在对图书馆图书的建构、图书的借阅时间等方

面有些合理化的差别。同时也可设定用户想看到其他用户对相关资源的评价也需要消耗一定量的积分,这样用户会对这个积分产生兴趣,以此来促进反馈机制的逐步健全。

2. 基于用户属性和用户评分的协同推荐

在复杂的网络机构中暗含着一种社团关系,这种关系的显著特点是同一社团内部成员具有较高的相似性,而跟其他社团之间却有着较为明显的差别。协同推荐也就是基于这个特点,先根据用户在利用资源过程中体现出来的兴趣偏好,来比对用户间的相似度,从而为用户找到或者是确定其所应划归的社团,然后根据社团内其他用户对资源的评分和需求情况来为用户过滤资源,从而实现推荐服务。

图书馆要实现在推荐服务方面的突破,必须注重累积能够反映用户偏好的各种相关性信息,其中用户的浏览数据有很高的参考价值,要深度挖掘操作背后所反映的实质和规律。当用户的浏览数据很充分的时候,可以为用户单独建立兴趣模型,这样能清晰地反映用户在不同时间、不同地点、不同情境下对资源的喜好。用户在检索信息资源的时候,检索行为越缜密,系统对用户的了解就越清晰。图书馆在用户培训和科技文献检索课程的授课过程中应鼓励用户尽量多使用高级检索。当用户在检索的结果中选中某一资源继续浏览时,这一资源将被关注。当这一资源多次被不同用户选中继续浏览后,它将被列入推荐列表。而当用户的查询行为与以往用户的相同时,以往用户的检索最终结果将会对当前用户的推荐服务产生影响。这种推荐也是协同推荐的一种形式,是一种隐式的协同。

用户的聚类可以通过将用户的属性信息(如学历、专业、喜好等)转换成简单的数值,例如将学历定为几个级别:初中为1、高中为2、大学为3、研究生为4、博士为5等。对于专业、喜好之类的属性可以简化表示为:属于该专业表达为1,不属于该专业表达为0;同样用1和0来表达用户对指定特性值的喜好与否,这样方便计算机对其进行计算和处理。把每次要提供推荐服务的目标用户作为用户聚类的中心,然后利用距离函数计算其他用户与该用户之间的距离,按照距离由小到大的顺序进行排列。事先设定好该聚类的最大用户数N,这样就形成了以目标用户为聚类中心,由N个用户组成的一个相似用户群。

另外,可以通过用户的资源评分的相似性来进行用户聚类。用户对资源的评分是用户对资源感兴趣程度的数值化反映。当前用户输入请求之后,符合条件的资源汇集在一起,此时相似用户群对资源的评分将与之前检索到的资源集合进行比对,其中符合当前检索条件并且用户评分较高的资源被筛选出来,推荐给当前用户。

在推荐服务中,确定相似用户是一个重要的环节,它是决定推荐结果质量高低的关键。应用最广泛的相似度计算方法是余弦相似度计算。余弦相似度计算是将用户对n个项目的评分看作是n维项目空间上的向量,通过向量间的夹角来计算相似度。夹角越小说明用户之间的相似性越高。通过余弦相似度计算出待推荐用户与其他用户之间的相似度,选取一定数量的相似度高的用户作为参考的核心用户集,通过核心用户集中的用户对某一特定资源的评分就可以预测待推荐用户对该资源的评分。同样的方法预测出待推荐用户对其他相关资源的评分。这样根据评分预估的降序排列,就形成了为用户提供推荐的资源列表。

3. 基于关联规则的推荐

基于关联规则的推荐是通过发现资源之间的内在关联关系,将常态化的关联关系以规则的形式固定下来,这些规则实际上是体现了资源之间的一个推荐关系。如多数用户浏览了a、b、c等资源后,就习惯性地访问资源K,那么资源a、b、c等与资源K之间就形成了关联规则。当前用户在访问了a、b、c等资源之后,图书馆系统将自动把资源K加入用户的推荐列表。基于关联规则的推荐要求图书馆用户的日志数据真实,能够准确地反映用户的检索行为。这就需要仔细鉴别相同用户IP是否对应同一用户。同时,图书馆系统对资源的URL进行规范处理,如去除多余的空格。通过对充足的数据进行分析和挖掘,发现它们之间关联特性,建立与之相适应的关联规则,为提高图书馆推荐服务质量提供支持。

(二)借鉴其他商务平台来拓展图书馆个性化推荐

个性化推荐目前在电子营销方面的应用已经比较广泛,图书馆可以从中吸取很多宝贵的经验,结合自身的资源特点、服务特点、用户特点加以应用。淘宝网是目前得到广泛认可的电子商务平台,它就有很多较好的推荐机制。例如:资深买家们都在推荐那些物超所值的宝贝;店铺动态(会把用户所收藏的店铺的一些更新动态展现出来);好友动态;收藏过该宝贝的人还有哪些相似的收藏;浏览过该宝贝的人还浏览了哪些宝贝;商品的累计评价(对用户查看的某个商品,其他已经购买过该商品的买家所做出的评论);一段时间内商品的成交记录(包括成交数量、价格、时间等信息);评价管理(这里记录了买家对购买过的商品的评分情况,以及对店铺的服务以及快递公司服务的评分情况)等,其中很多项目对图书馆个性化推荐服务的开展有很重要的参考价值。图书馆应着力研发适合图书馆特点的软件,为用户提供一个开放式的平台,在这个平台中用户可以向其他人推荐自己喜爱或是认为价值高的资源,并对资源给予深入、客观的点评。

所有用户都可以参与推荐,而且可以不断追加评论。所有这些不仅仅为用户拓展了推荐范围,也为图书馆有针对性地提供个性化推荐服务提供了重要的参考信息。系统应对参与其中的用户根据参与度给予一定的虚拟等级划分,使用户在参与中有一种自我价值提升的满足感,增强参与的积极性,激发创造性。

四、泛在服务创新中图书馆管理机制的形成

在泛在知识环境下,要想更好地实现和落实上述服务的创新,图书馆必须在管理机制

上有所突破和建树。泛在服务打破了过去图书馆各为其政的部门格局，强调的是协作、共享和交流。采、分、编、典、流的部门设置正在逐步淡化，注重以服务特征来整体地区分部门职能，可分为资源建设部门、用户服务部门、技术服务部门和业务协调部门。图书馆服务应注重横向的展开，尽量减少管理层，鼓励部门和馆员的协同工作，更多地尝试权力的下放，赋予馆员和组织更多的操作权和管理权，以便在开展具体工作时更有灵活性。在本书所论述的图书馆以用户为导向的创新服务模式研究中，图书馆首要任务是建立一个直接面向用户的信息服务平台。这个平台是全馆各部门工作的向心力，所有的服务工作最终可通过平台传递给用户，同时这个平台又是图书馆与用户之间交流反馈的窗口，图书馆通过平台获取用户的情境信息从而完成用户角色创建。用户则可以通过这个平台轻松地获取图书馆的嵌入式服务。

泛在知识环境使得图书馆的服务很难清晰地划分属于哪个部门的服务范畴，而更多的是服务上的交叉和融合。在这样一个大的服务背景下，在图书馆开展泛在服务中一个很好的管理模式就是根据服务类型和特点来建立各个专项服务小组。这些小组其实是跨部门的一个很好的合作模式。专项小组的人员来自不同的职能部门，他们有各自的专长，为了共同的服务目标，开始相互的合作。图书馆服务的专项小组可大致分为信息资源服务小组、信息平台技术小组、用户数据处理小组、嵌入式服务小组。每个专项小组都是由各个不同部门的人员所组成，很好地实现了各部门之间的沟通和协作。每个小组都有其明确的服务目标，信息平台技术小组可以说是图书馆泛在服务质量的一个关键点和难点，只有功能强大、界面友好、贴近用户的服务平台才有可能达到更好为用户服务为目的。这个平台需要有捕获用户情境的功能，为实现以用户为导向的服务目标奠定基石。用户数据处理小组主要是负责用户的一些调查研究，以及用户的日志分析等工作，为图书馆的泛在服务提供数据支持。资源服务小组主要是根据用户的需求来整合图书馆的各类资源以及与用户需求相关的各种网络资源。无论是个性化推荐服务、用户隐性知识的外化平台，还是图书馆服务融入社会网络，都离不开图书馆专职人员的嵌入式服务，这就是嵌入服务小组需要完成的服务目标。

第五节　网络环境下公共图书馆服务创新的对策与保障

一、网络环境下公共图书馆服务创新的对策

（一）服务理念的创新

在当前的网络环境下，图书馆服务的基础已经发生根本性的改变。无论科学技术如何发展，科技手段如何变化，服务仍然是贯穿图书馆发展的主线。但读者对公共图书馆服务

的要求发生改变，服务理念也随之转变，服务理念的创新对公共图书馆的发展至关重要。服务理念是公共图书馆服务创新的基础，是公共图书馆提供服务的主导思想，也是规范公共图书馆创新服务的准则。

关于服务理念的创新，通过翻阅资料，目前创新的服务理念包括集成服务理念、知识服务理念、特色服务理念、人性化服务理念等。无论多么先进的服务理念，"人"永远是最重要的，一切的活动都是由人来参与的。"以人为本"的服务理念是基础，其他的服务理念只是"以人为本"服务理念的具体表现形式。以人为本既是指导公共图书馆服务创新的思想理念，又是一种以人为中心、立足于人的价值管理模式与方法。"以人为本"的服务理念是把每一位读者作为图书馆的服务对象，把读者的需求和利益放在首要位置上。在服务创新的过程中，图书馆工作人员必须平等对待每一位读者，提供热情、细致、贴心的服务。

在网络环境下，公共图书馆的读者发生了改变，图书馆的读者不只局限于本地，而是遍布天南海北，读者无论在世界的哪一个角落，只要点击了图书馆的网站，就是该图书馆的读者。在网络环境下，图书馆的服务已经突破了人数、时间与空间的限制，而且纸质的图书资料也不能完全满足读者的需求，读者需要的更多的是数字电子资源。为了更好地满足读者的需求，树立"以人为本"的服务理念，公共图书馆不但要追求社会效益，还要考虑长远目标，最大限度地满足读者对信息和知识的需求，推动公共图书馆的全面发展与进步。要把内容丰富多彩的馆藏资源提供给广大读者，以满足读者的需求。因此对于服务理念的创新，公共图书馆将"以人为本"的服务理念的具体表现形式更加完美化、细节化、人性化，可以说公共图书馆的服务理念就是"持续创新"。

（二）服务内容的创新

1. 加强数字资源的建设

网络环境下图书馆资源的信息结构已经发生了改变，根据用户需求调查显示，师生对于电子资源的需求在提高，图书馆需要加强数字资源的建设。公共图书馆应该充分利用各种信息渠道，全面充实图书馆的数字馆藏。在此基础上，应加强特色馆藏的建设。特色馆藏建设是提高公共图书馆社会影响力和信息服务竞争力的核心资源，通过特色馆藏的建设既可以吸引更多的读者，又可以展示公共图书馆的个性，同时也是衡量图书馆价值的重要标准。

2. 加强信息资源的整合

大数据时代，公共图书馆信息资源数据呈几何数量的增长，数据结构呈现出多样化。为了更好满足用户的需求，公共图书馆需要对海量的数据进行搜集和存储，进行服务的数据处理，并在此基础上将这些海量的信息资源进行整合。在当今的网络环境下，单一和零散的信息资源已经不能引起人们的关注了，只有将这些分散的信息资源进行最大程度的加工、整理，使之变成有序的、精细的、专业的资源集合体，才能真正体现出图书馆信息资源的价值，真正满足用户信息资源的需求。信息资源整合是公共图书馆服务深层次开展的重要内容，也将成为公共图书馆发展的主要趋势之一。

3. 加强信息共建共享

在网络环境下，公共图书馆将共建共享的理念付诸实践，使公共图书馆的建设由传统的分散建设转为以共建共享建设为特征的整体建设，走一条图书馆联盟合作之路，实现图书馆共享服务的延伸。公共图书馆应建立高效、快捷的信息资源共享系统，并通过互联网将用户、信息资源与信息共享系统连接起来，形成一个综合性、大规模的信息传递与共享的系统。网络化的信息共享系统，使各公共图书馆打破了门户的限制，用户在本馆查询不到的信息资源可以通过信息共享系统查询其他公共图书馆的信息资源，图书馆也可以联合起来为用户提供信息服务，从而真正意义上实现了信息的共建和共享。

（三）服务方式的创新

1. 大力开展移动图书馆服务

移动图书馆服务是指面向移动终端用户提供的以智能手机、平板电脑等移动终端设备为载体，通过无线网络、手机 4G 或 5G 网络接入的方式访问图书馆资源、阅读电子书、查询书目和接受图书馆服务信息的一种新型服务方式。研究表明，绝大多数用户群体对开通移动图书馆服务持积极态度，因此对图书馆来说，大力开展并深化移动图书馆服务是大势所趋。移动图书馆业务开设应从以下两个方面展开：

第一，积极拓展手机 APP 服务。随着智能手机和平板电脑的全面普及，针对移动终端而开发的应用软件也越来越多，用户通过手机直接下载图书馆订制的移动设备应用软件，并且通过该软件可以获取图书馆的最新资源，其访问原理与访问网站的原理大体上一致，但是用 APP 访问在操作上却更为方便和快捷。

第二，深入开展移动阅读服务。对于阅读来说，公共图书馆在经典阅读方面有着得天独厚的优势，一直被誉为经典阅读的圣地。但是在网络环境下用户的阅读习惯已经开始慢慢发生变化，传统的阅读方式正在受到移动阅读的挑战。实际上，现在智能手机使用的比例已经非常高，这些人都可能成为移动阅读的潜在用户。公共图书馆应深入开展移动阅读服务，通过外借阅读器或者联合开发 APP 软件等方式来提供移动阅读服务，同时应将移动阅读与社交融合，利用用户的深度阅读实现个性化、互动化阅读。

2. 开展基于云计算的服务

在当前网络环境下，大数据、云计算、虚拟化、智能化等一系列技术的发展，使得公共图书馆的网络共享服务成为可能，也是发展的必然趋势。

云计算服务是公共图书馆新型的服务，通过云计算服务可以从基础设施层面解决公共图书馆在网络信息资源管理和服务中存在的问题，因而越来越多的图书馆考虑运用云计算提升公共图书馆的网络服务水平。从图书馆的角度，云计算降低了管理和服务的成本，拓展了公共图书馆的信息服务；从用户的角度，云计算降低了获取信息的成本，提高信息的利用率。

通过积极开展云计算服务，图书馆可以利用自身产生的用户数据、馆藏书目数据、流通数据等进行多样化的处理和分析，利用数据挖掘的结果主动开展有针对性的优化的用户服务。

3. 开展多样的个性化服务

通过对用户需求的调查发现，用户对个性化服务的需求也越来越多。个性化服务主要包括以下几个方面：

第一，订阅服务。订阅服务也叫作 RSS 服务。RSS 是基于 XML 技术的因特网内容发布和集成技术。RSS 服务最初主要用于网络的新闻频道，由于 RSS 服务具有强大的聚合信息和推送信息的功能，近几年在公共图书馆的应用也越来越广泛，主要的应用包括新书通报、电子期刊的订阅等。用户订阅 RSS 服务后，即时更新的信息便会主动推送到用户的桌面。RSS 服务满足了用户个性化信息的需求，是公共图书馆个性化服务的重要方式。

第二，推送服务。推送服务是公共图书馆提供主动服务的全面体现。推送服务是图书馆根据用户访问的行为的相关信息，利用关联技术记录关注的领域，推断用户的兴趣和需求，主动向目标用户推送其需求的信息、感兴趣的资料。图书馆提供的推送服务主要包括用户的逾期图书信息、用户的借还书信息、专题信息推送、馆藏资源的推送等。推送服务可以减轻用户的检索负担，同时也让用户感受到图书馆服务的个性化和人性化。

第三，预约服务。预约服务包括资源预约、空间预约、设备预约等。资源预约是指对图书馆的书刊等纸质资源、数字化资源等的预约服务，图书馆自动化系统除了可以对全部外借到读者手中的图书进行预约之外，也可以对保留在图书馆书架上的书刊实现"在架预约"，这些书刊可能由于对外服务时间有限，或是地理位置偏远等原因，不能随时取阅，为满足少数读者的借阅需求，提供预约服务；空间和设备预约是预约服务中最常见的服务形式，包括自习座位、研讨室、笔记本电脑、平板电脑和其他移动设施的预约等，空间预约一般采用预约管理系统，预约者需要通过身份验证，然后就可以在线选取座位以及使用时间。预约系统免除了读者排队等待的困难，方便同学更好地安排自己的时间。

4. 开展智能化的自助服务

随着无线射频识别、物联网、无线传感技术和二维码等新技术的发展和应用，公共图书馆的自助服务越来越便捷，从而产生了从自助借还系统、自助打印等服务终端，到 24 小时服务的自助图书馆的智能化自助服务。从用户的需求方面来看，智能化的自助服务也是越来越多的读者在网络环境和新技术条件下对图书馆服务提出的新需求，同时也要求公共图书馆服务的手段更加的智能化。

自助服务是指在一定条件下，根据用户的阅读兴趣、爱好，由用户自由和灵活地完成以前由图书馆员按照馆员的意志和行为习惯完成的书目查询、藏书借阅、资料检索、文献打印等活动，从而实现自助服务的一种读者服务方式。图书馆自助服务的发展与网络技术的发展密不可分，比如RFID技术是自动借还服务的基础，它为图书馆的流通服务带来了全新的契机，不仅节约了大量的人力和成本，而且为读者提供了24小时不间断的服务。目前图书馆主流的资源服务包括自助借还系统、自助图书馆、自助复印、打印、扫描服务等。

5. 积极拓展数字体验服务和空间服务

数字体验服务是图书馆为适应用户学习环境的变化，以及配合用户对于新设备的需求而开放的服务，旨在让用户体验技术的最新发展，并且使用户能够更加真切地感受新技术在图书馆服务中的实际应用。以北京大学图书馆为例，它的数字体验服务的内容包括移动图书馆服务体验、多媒体课程点播、数字化经典阅读体验和新设备的体验服务。

随着网络技术的不断发展和新设备的不断更新，数字体验服务将更加代表公共图书馆敏锐的触角，同时将更多涵盖公共图书馆服务的最新领域。由于数字体验服务可以让用户通过体验更加贴近他们学习和生活环境的服务，越来越多的公共图书馆都开始关注和建设自己的数字体验服务。

数字体验服务还可以和空间服务相结合，在公共图书馆的空间服务中应该嵌入数字体验服务，让公共图书馆的服务真正地融合到用户的所有行为之中。

（四）创新人才的培养

在图书馆的服务中，图书馆员作为知识和智力的载体在图书馆生存和发展中成为首要因素，优秀的图书馆员成为图书馆最重要的资源。因此，公共图书馆应不断推进人力资源管理的创新，改革管理体制，激发馆员的积极性，提高馆员的素质，以保证创新活动的顺利进行。

1. 提高服务人员素质

公共图书馆馆员素质的提高是提供创新服务的前提，图书馆员的素质直接影响公共图书馆服务工作的质量。图书馆员应树立"以人为本"的服务理念，进一步解放思想，开展服务渠道。为了更好地满足用户的需求，图书馆员应具有良好的理解能力和语言能力，为用户解决各种疑难问题；加强对创新知识和技能的学习，不仅包括图书情报方面的知识，还包括网络技术、计算机知识、管理方法。这是新时期图书馆员应具备的素质。在此基础上，图书馆应培养出一支现代化的创新服务团队，这是公共图书馆服务创新的需要，也是公共图书馆事业发展的需要。

2. 加强馆员的继续教育

公共图书馆正处于由传统图书馆向数字图书馆转变的阶段，图书馆员将在这个过程中扮演着十分重要的角色，不仅需要在思想上做好准备，而且需要在知识和技术方面不断提高，因此，加强图书馆员的继续教育是创新人才培养过程中必不可少的环节。公共图书馆员开展继续教育的主要途径包括：

（1）研讨会。针对某一主题，邀请专家、学者和图书馆员一起做深入的研究和探讨，图书馆员在参与讨论过程中深入了解知识，在与专家进行意见交换的同时，加深对该主题的认识。

（2）学术报告。针对某一特定主题，邀请研究该主题的权威专家或学者，对馆员进行讲解，使馆员能够开拓视野，获取新知识。

（3）学历深造。鼓励图书馆员攻读图书情报、计算机等专业的第二或第三学历或学位。

（4）进修。馆员针对特定技术和特殊技能进行进修。

（5）选修。鼓励馆员选修公共图书馆专业开设的课程，学习图书情报方面的知识。

（6）建立科学的激励机制。公共图书馆创新服务水平的提升需建立激励机制。激励是指通过客观因素的刺激，引发和增强人的行为的驱动力，简单地说就是调动人的积极性。随着信息技术和网络技术的迅猛发展，衡量公共图书馆服务创新的标准不仅仅是看拥有多少资金支持、拥有多少先进的硬件设施，人的因素也越来越多地受到重视。因此通过建立激励机制，增强人的主观能动性，对公共图书馆创新服务水平的提升具有决定性的作用。激励的方式多种多样，其最核心的方式无非就是物质激励和精神激励。通过物质激励的方式可以满足馆员的物质需求，物质激励在奖惩制度的配合下进行。例如，对于勤奋工作并取得显著业绩的馆员、研究图书领域重要课题并取得成果的馆员等，给予物质或经济上的奖励；而对于馆员的迟到早退、无故旷工，应扣除一定比例的奖金作为惩罚。通过惩罚分明的奖惩制度培养图书馆员的良好工作作风，从而调动馆员的工作的积极性。精神激励可以满足馆员的个人精神的需求，例如，对于取得工作成绩的馆员，图书馆领导给予表扬，同事给予称赞，使得馆员的付出得到了更多的尊重，从而获得精神上的满足。馆员的激励机制的完善是一项长期复杂的工作，需要对馆员的需求和状况进行不断分析，并做出及时调整，调动馆员的积极性和创造性。

二、网络环境下公共图书馆服务创新的保障

在网络和信息飞速发展的今天，公共图书馆仅仅依靠自身的能力远远不能满足用户对图书馆服务的多样化需求，公共图书馆的服务创新需要设定发展目标、制定管理制度，此外还需要政策和资金方面的支持，从而保障公共图书馆服务创新的顺利进行。

（一）政策的引领

针对公共图书馆在服务创新中面临的种种问题，很多问题往往不是单独靠公共图书馆

自身的创新和开拓就能解决的，公共图书馆自身的创新只能解决局部性的问题，而要在现有国家政策下和现有的体制框架内进行探索和创新，需要国家和政府提供宏观的政策环境和相应的一系列配套措施。

首先，在宏观上逐步完善市场机制，为公共图书馆的资源配置提供动力。受到传统体制的影响，公共图书馆的资源配置是计划性的，我国经济和文化领域大部分已经实现了市场化和社会化，而作为事业单位的公共图书馆很难实现资源配置的社会化和市场化。在网络环境下，社会化和市场化的数字图书馆开始替代公共图书馆的部分功能，用户对数字图书馆的认可程度也随之增长。面临激烈的市场竞争环境，国家和政府需要在政策方面对公共图书馆进行相应的调整，逐步优化公共图书馆的资源配置。

其次，改革公共图书馆的管理体制。由于我国图书馆分类众多，不同的图书馆系统的工作职能和管理体制各不相同，很难构建一套统一的图书馆管理体制和法规。虽然图书馆界的一些学者发现了公共图书馆在管理体制发展中的危机，也提出了公共图书馆管理体制改革的种种设想，但是体制改革涉及的面太广，触及更深层次的体制和政策，并不是单纯对公共图书馆领域进行改革就可以实现的，因此，公共图书馆事业的长久发展需要依赖国家体制的改革和政策的引领。

（二）资金的支撑

在网络环境下，用户传统的阅读习惯发生改变，对于电子资源的需求也日益扩大。但是由于文献资源数量增多的同时价格也逐渐增长，尤其是电子资源数据库的价格十分昂贵，大部分公共图书馆都面临着资金短缺的问题。充足的经费是公共图书馆服务创新实施的必要保证。

首先，加大资金的投入。大部分公共图书馆的经费除了用于购买纸质图书和价格高昂的电子资源数据库以外，已经没有更多的经费用于图书馆其他的创新服务。因而为了保证公共图书馆的服务创新工作顺利开展，主管部门应从以下几个方面加大公共图书馆资金上的投入力度：第一，采用先进的技术设备和网络设备，增强计算机的配置，开展技术创新、管理创新和服务创新；第二，提供空间服务，充分利用图书馆空间资源，拓展新的服务空间，提高服务空间的利用率。

其次，合理配置经费。公共图书馆应对现有经费加以合理配置和使用，这几乎是所有图书馆都面临的问题。图书馆的经费配置应综合考虑本馆馆藏的结构、信息资源的使用率、用户需求、学科发展需求、科研需求等因素，优化资源的分配，减少浪费，提高资源的利用率，最大限度地利用经费。针对价格高昂的电子资源数据库，公共图书馆可以尝试联合其他图书馆以联合采购的方式进行电子资源数据库的建设，从而解决图书馆经费不足的问题。

（三）制度的约束

制度建设是公共图书馆服务创新的重要保障，文化主管部门应高度重视和大力支持公共图书馆的制度建设，在政策上给予倾斜，提供人力、物力和财力上的帮助支持。在当前的网络环境下，许多公共图书馆缺乏有效的管理制度，现有的制度陈旧落后，不能很好地适应环境迅速改变，公共图书馆应该积极地科学组织，从本地区、本馆的实际情况出发，建立一套行之有效的管理与服务制度体系。

公共图书馆的管理制度通常包括图书馆工作制度、考勤管理制度、资产管理制度、安全管理制度和考核制度等。公共图书馆在设计管理制度时，不能过于僵硬、机械，在制定原则性条款的同时，注重制度的人性化，要提出制度的实施方法和操作流程，使馆员明确制度"该做什么，怎样做"。因此，公共图书馆制度的设定应注意内容和形式的完整、科学、严密，让制度变成馆员可操作的执行程序。公共图书馆制度的设计应结合馆员的利益，对所有馆员保持公平公正，并且正确处理好规范馆员行为与激励馆员创新的关系。公共图书馆的制度还需要根据图书馆所处的现实环境的变化及时做出调整，以满足图书馆的需要。此外，为了保证制度的顺利实施，公共图书馆要建立有效的监督管理，以提高制度的约束力。

（四）目标的驱动

目标是公共图书馆在一定时期内，为实现其使命所要达到的长期结果，它明确了公共图书馆发展的方向，体现图书馆具体的期望，表明了公共图书馆的行动纲领。目标要切实可行，既与时俱进，又能激发馆员热情。目标必须具体明白，并且可衡量，能够实现，有一定的挑战性，这样才能激发出目标执行者的动力。具体的目标才能产生具体的行动，易见效果；清晰的目标能让部门有共识，齐心协力，能让员工有方向感，做事有目的性；可衡量的目标是评价的标准和尺度，能激发馆员的积极性；可以达到的目标能使馆员感到通过自身的努力，完成任务不是奢望，从而激发馆员的潜力和创造力。

公共图书馆的创新服务目标可以分为长期目标和短期目标。长期目标是公共图书馆对未来的展望。短期目标是公共图书馆在一定时期内执行的目标，是为了实现长期目标而设定的，它的时限通常在一个年度内。要求明确具体、切实可行。

参考文献

[1] 董玮,詹庆东. 图书馆知识服务模式辨析[J]. 图书馆学研究,2016(3):72-79.

[2] 段蓓虹. 公共图书馆信用服务研究进展与展望[J]. 图书馆,2019(8):59-63.

[3] 范并思. 拓展图书馆阅读推广的理论疆域[J]. 图书情报知识,2019(6):4-11.

[4] 高玉清. 浅谈基层公共图书馆的社会服务效能[J]. 柴达木开发研究,2017(2):41-43.

[5] 胡敏. "馆店合作"视域下图书馆精准服务模式探析[J]. 河南图书馆学刊,2018(9):69-71.

[6] 李良艳,陈俊霖,孙杏花. 现代图书馆管理理论研究[M]. 北京:中国商务出版社,2018.

[7] 李校红. 公共图书馆智慧服务研究:关键要素、实现路径及实践模式[J]. 情报资料工作,2019(2):95-99.

[8] 刘婕. 浅谈公共图书馆读者服务工作效能的提高[J]. 图书情报导刊,2016(4):38-39.

[9] 柳益君,李仁璞,罗焯,等. 人工智能+图书馆知识服务的实现路径和创新模式[J]. 图书馆学研究,2018(10):61-65.

[10] 潘杏仙,许良,贾媛媛. 基于数据思维的图书馆精准知识服务探讨[J]. 情报资料工作,2018(5):68-71.

[11] 庞莉. 智库型图书馆知识服务的需求分析及优化策略[J]. 图书与情报,2018(4):105-110.

[12] 钱静雅,秦丽英,刘桂英. 我国现代图书馆管理理论与实践研究[M]. 北京:中国水利水电出版社,2017.

[13] 邱冠华. 公共图书馆提升服务效能的途径[J]. 中国图书馆报,2015(4):14-24.

[14] 宋微,李亚平. 基于公共图书馆服务效能调查的分析思考——以重庆图书馆为例[J]. 图书馆研究,2017(4):22-27.

[15] 王世伟. 主题图书馆述略[J]. 山东图书馆季刊,2009(4):36-38.

[16] 姚丹茵. 公共图书馆服务效能提升现状及完善对策探析[J]. 信息记录材料,2017(4):173-174.

[17] 初景利. 图书馆发展变革与服务转型[M]. 北京:国家图书馆出版社,2012.

[18] 董隽，宋戈，张毅宏. 图书馆与图书馆学简论［M］. 兰州：兰州大学出版社，2013.

[19] 段蓓虹. 公共图书馆信用服务研究进展与展望［J］. 图书馆，2019（08）：59－63.

[20] 郭晶. 图书馆学科化服务研究与进展［M］. 上海：交通大学出版社，2013.

[21] 姜爱蓉. 图书馆系统的过去、现在与未来［J］. 数字图书馆论坛，2015（08）：2－7.

[22] 孔洁. 大数据时代高校图书馆智慧服务的研究与探讨［J］. 传媒论坛，2020（06）：114－117.

[23] 李海英. 图书馆服务管理［M］. 北京：国家图书馆出版社，2011.

[24] 李科萱. 图书馆管理与信息服务［M］. 北京：光明日报出版社，2020.

[25] 李良艳，陈俊霖，孙杏花. 现代图书馆管理理论研究［M］. 北京：中国商务出版社，2018.

[26] 李焱，刘玉海. 图书馆服务社会化的理念和服务模式［J］. 科技情报与开发，2010（11）：39－41.

[27] 罗贤春，姚明. 新时代我国图书馆学研究流派分析［J］. 图书情报工作，2014（09）：5－16.

[28] 穆丽红，王丽敏. 图书馆信息研究与服务［M］. 北京：海洋出版社，2013.

[29] 欧阳红红. 图书馆服务探析［M］. 北京：中国社会科学出版社，2011.

[30] 钱静雅，秦丽英，刘桂英. 我国现代图书馆管理理论与实践研究［M］. 北京：中国水利水电出版社，2017.

[31] 沈旺. 泛在知识环境下社科信息服务模式研究［J］. 黑龙江科技信息，2014（28）：166－167.

[32] 唐虹. 图书馆信息服务模式与内容创新［J］. 情报探索，2014（09）：100－102.

[33] 王秀英. 泛在图书馆与泛在知识服务［J］. 情报探索，2014（04）：129－131.

[34] 王志军. 媒体融合背景下高校图书馆服务营销策略研究［J］. 图书馆工作与研究，2019（12）：103－108.

[35] 文庭孝. 大数据时代图书馆创新发展思考［J］. 图书馆，2019（05）：15－22.

[36] 徐新丽. 试论图书馆的服务层次及策略［J］. 黑龙江史志，2014（07）：249.

[37] 袁明伦. 现代图书馆服务［M］. 成都：四川大学出版社，2013.

[38] 张梅. 图书馆服务理念的更新以及服务方式的延伸［J］. 科技信息，2010（10）：731.

[39] 周玲元，李慧. 智慧图书馆微服务体系建设研究——以移动图书馆为例［J］. 图书馆学研究，2020（02）：55－62.

[40] 朱娜. 泛在知识环境下高校图书馆服务模式创新［J］. 大学图书情报学刊，2013（03）：71－73.